Extraordinary things unfold in S[...] ...orpse left unburied for fear of infection; a paranormal great-great aunt; bigamous and incestuous marriages; a runaway wife and her gypsy rover.

Dramatic episodes in the past are linked with the present. A sense of something missing in events now has its echo in the rich cast of characters standing behind down the generations.

Mary McCabe should know the cast in this drama. They are the author's own family. Her mother's side (the Gardens) were artisans from Banffshire. Her father's lineage (the Morrows) came to the Central Belt of Scotland from Argyll at the time of Highland Clearances and worked in ironstone mining for three generations until the early twentieth century.

Stirring the Dust is a superb mix of historical research, memoir and narrative, convincing in its detail of the lives of the author's and our own forebears.

Cover photos:
[front] Hats like tea-trays: Nell, Tibbie and Jeanie Garden
    around 1902
[back top] Jim Garden (the 'kailyard baby') with his cousin
    George Paterson, 1922
[bottom] Willie Galbraith (second from right) was newly returned
    from the Antipodes, 1915

Stirring the Dust

Mary McCabe

ARGYLL✠PUBLISHING

© Mary McCabe 2012

First edition published in 2012
Argyll Publishing
Glendaruel
Argyll PA22 3AE
Scotland
www.argyllpublishing.co.uk

The author has asserted her moral rights.

British Library Cataloguing-in-Publication Data.
A catalogue record for this book is available from the British Library.

ISBN 978 1 908931 11 5 hardback
ISBN 978 1 908931 03 0 paperback

Printing: Bell & Bain Ltd, Glasgow

for Jean Garden Drummond
selfless mother and inspired teacher
who introduced me to my forebears

The main characters in this book existed. A few are fictitious. Many of the names – relatives, servants, doctors, teachers, shopkeepers and priests – have been retained. Some have been changed to aid clarity or to protect reputations.

The bones of the events described are real, based on available documentation and contemporary newspaper reports. I've added flesh based on tales passed down by word of mouth or conjecture.

Events are presented as I or others remember them. I realise that every story has several sides and I apologise if this version causes offence.

My thanks go to those relatives, now deceased, who passed on the family legends that appear here: Nell Garden, Bella (aka Tibbie) Garden, Dan Hammond and John Morrow McCabe. Thanks also to my mother, Jean Garden Drummond and to Elizabeth McLean of the Aberdeen and North East of Scotland Family History Society.

Mary Garden Morrow McCabe

June 2012

Contents

Prologue

ON THE MORNING of the 6th April 1985 (the anniversary of the Declaration of Arbroath and the day he himself had suggested for a national holiday) Willie McRae was found in his crashed car, shot through the head. His papers, whisky and cigarettes were missing. His wallet and a gun were found in a stream 60 yards away. Two bullets had been fired. There were no fingerprints. Willie was not wearing gloves.

The BBC announced 'a road accident'.

The Procurator Fiscal declared, 'There are no suspicious circumstances.'

The obituaries in the Scotsman and the Herald chorused 'suicide'.

The pathologist felt no need to examine the wound to see at what distance the gun had been fired.

A nurse who reported finding two bullet wounds was given a warning and transferred.

For years to come, in the face of Willie McRae Societies, Willie

McRae memorial cairns and questions by prominent politicians, the authorities would remain steadfast. In such an obvious case of suicide any Fatal Accident Enquiry would be unnecessary/would upset the family/would waste public money.

The Saturday after Willie's death Mary dressed her wee boy in his best for visiting Granddad and Violet. She packed crayons and a drawing book. She promised they would not stay too long.

Her mind was not on the impending visit. It was not even on the recent newspaper reports. Any business involving Willie McRae would not be up for discussion in her Dad's house, that day or ever.

In fact her mind was on a morning thirty years before.

The morning her own mother Jenny delighted her. Excited her. 'We're not going to school today.'

Instead of going to school they're going to a place called Court, in a town called Edinburgh. And they're going in Mr McRae's car.

Mary is terribly excited at the prospect of travelling in a car, the private motor kind as opposed to a tram. As they pull out she's all over the back seat. The right hand window with the faraway people and shops. The left hand window with the much closer, clearer and more interesting people and shops. Kneeling up at the back window, resting her chin on her folded arms and thrilling at the road diminishing behind them.

The tram-cars can't compete – they fall away, poor rail-bound things. Bikes, buses, trolley-buses and lorries get left behind. Only other motor cars can keep up. Some catch up and pass them. Some fall behind. Some keep abreast in the exhilarating race.

All the while Jenny and Mr McRae mutter away at their grown-up talk. A dream journey – Mary hopes it goes on forever.

After they've been driving a long time Jenny turns round: 'The judge might ask you whether you want to stay with me or with Daddy. Mr McRae says if you were four he wouldn't ask. If you were six he would. Since you're five he might. So be prepared for that.'

Horrified, Mary pictures it. Right: Mummy. Left: Daddy. In front: the judge.

Judge: So, which do you choose? Hurry up, now, make up your mind.

Mummy (bending slightly as she does when talking to Mary): Of course you want to come home with me, pet, don't you?

Daddy (hunkered down as always): Och no, she's telt me afore she waants tae come hame wi me. Sure ye huv, Crocus? Ye're Daddy's wee lassie, sure ye ur, Podge?

Two-faced, that's what she is.

How often has she assured Mummy that she prefers her runny custard to Daddy's thick custard, when the reverse is true? Goes without saying that, on access visits, she agrees with Daddy on the superiority of his own custard.

And, yes, Daddy did once put to her that vital question, and, even while realising the importance of the question, the significance of her answer, she sacrificed truth on the altar of tact, endangered her future for short-term favour.

Scared of offending either. Wanting to be liked by both sides. Running with the hares and the hounds.

If only she can be sure that the judge will ask her the question when they're alone. Then she'll hurt nobody's feelings.

She's tempted to ask Mr McRae if the judge'll put the question to her in front of her parents. But how would Mary's asking that question look to Mummy? It would look like she's planning to choose Daddy.

If only she can be alone with Mr McRae to ask him if she might be alone with the judge when he's asking her the QUESTION.

The staging of the QUESTION is scarier than the QUESTION itself, the answer, and the future which hangs from it. Two-faced feartie that she is.

They arrive at the Court of Session. Mary's put into an ante-room with a lady writing at a desk. Mary jumps every time anyone passes in the corridor in case it's the judge come to ask her in the presence of her parents which she'll choose. She tries frantically to think of words that will offend neither while making her preference clear.

In the courtroom, Mr Mowatt, the Silk briefed by Mr McRae, focuses on the immorality within the household at 115 Allan Street. He calls neighbours to testify. Yes, Mr MacGregor remains together with Miss Kyle all night until he goes out to go to work in the morning. Every night. There's actually no need for the neighbours' testimony. Miss Kyle last year bore a son to Mr MacGregor. Awarding custody to them will mean setting a female child an immoral example. Putting her in permanent moral danger.

John MacGregor dispenses with lawyers and conducts his own case. His main argument is that Jenny has proven herself an unfit mother by taking their child to live for several months in a household ravaged by tuberculosis.

'MOTHER EXPOSED CHILD TO TB,' scream the newspapers next day.

The danger to the body versus the peril to the soul.

Five years later Mary stands at the window. Not the balcony. She wants to see them before they see her.

Only two lassies playing peever in the street. Only a dog padding along, shoved out to take its own walkies. Only some paper swirling in the wind.

Then. They appear at the corner. The big and the small. Mary's heart starts to thud. She backs away, dives into a chair. 'They're coming.' Whispering.

'I'll wait ben the bedroom,' says her mother, Jenny. Mary pictures their steps coming nearer. She counts.

The doorbell rings.

If the floor will only swallow her up. If a tidal wave will only sweep down Airgold Drive, carrying all before it. As usual, the world stays solid and unfeeling.

She opens the door. 'There's something I want to talk to you about but I'm scared.'

Die is cast. Deed is done.

Daddy's alert. 'Ye kin say onythin ye like tae me, Crocus. Ca me a cheeky monkey; ah don't cerr.'

Mary tells Daddy she's not getting on with Violet. She's scared of Violet. She asks Daddy to cut the access visits down to a Saturday only. He refuses. He says he'll talk to Violet. Ask her to be nicer to Mary.

'Please don't mention it to her until I'm away again after this weekend visit.'

Daddy promises.

That evening, ear pressed to the door, Mary hears Daddy haltingly broach the subject with Violet. She misses Violet's response because of Ronnie pummelling her, in fun. When they eat later Violet says nothing.

On each of the next two access visits Violet calls Mary 'dear' once. There's no screaming. After that things revert to normal.

Mary's mother Jenny tells her, 'Once you're 16 the court order has no further hold on you.'

Mary makes up a calendar with all the access visits on it over the next six years. She scores them off as they pass.

One autumn evening Mary is glooming out the window at Allan Street waiting for Sunday to finish. The others are seated round the hearth. A question Daddy's never asked before.

'Are ye happy, Crocus?'

Mary's big chance. Daddy in listening mood. Follow-up from their recent discussion.

Thinks: If I say 'No' they'll both ask why. There's no excuse. Nothing's happened in the past twenty minutes. Violet hasn't opened her mouth. No recent rows, no screaming. And further back than twenty minutes they won't expect me to go.

The metaphor 'walking on eggshells' is not yet in her vocabulary. Softly, reluctantly, Mary mutters, 'Yes.' Despises herself for it. The feartie. Nobody but herself to blame.

Daddy never asks her again.

The following Easter Mary revisits the subject. She brings Daddy and Ronnie in.

'I'll talk to Violet again.'

'That didn't work last time.'

'The access visits urnae worth it for jist the Seturday. Dae ye no waant tae play wi yer wee brother again?'

Ronnie plays with Mary's new dolls' house. He ignores the argument. Or doesn't notice.

Daddy flies into a fury.

'We'll call it aw aff. Write when ye're waantin the visits tae stert up again!'

He yanks Ronnie to his feet, strides out the door. Mary rushes to the balcony. She watches, hanging over the spar. Daddy and Ronnie appear out through the close underneath. Daddy dragging Ronnie, Ronnie bouncing, puppet on a string. Striding and scampering, striding and scampering. Down the path, turning left along the pavement. Striding and scampering, striding and scampering. They don't look back. They disappear round the corner.

A lightness, a lifting of the burden. No more fearful Fridays, scarey Saturdays, sickening Sundays. Mary wants to dance, to fly.

Jenny, who had been waiting ben the bedroom, joins her. 'We'll be out the next few weekends in case he changes his mind.'

Still.

A few weeks ago she and Mummy played at drawing up the family tree. Mummy showed her with two strings how the mummy line and the daddy line intertwined.

Now her own strings are separating. Unravelling.

Will she ever see her Daddy again?

The Deil's Stang

THE NORTH EAST shoulder of Scotland long kept to itself, sideshow to the main events. Migrants flocked to the Lowlands, stalkers lost themselves in the Highland hills, but the highways skirted Buchan's clean lands.

Down the generations folk with douce ways harvested the ocean. They grew barley in fields hedged with blossom. They pastured their herds where the scent of clover swamped the senses. They prayed to their different gods.

Four hundred and fifty years ago John Knox swept Scotland into the Reformed religion. The hounding of Protestants gave way to the hounding of Catholics.

Seventeenth century Scotland was fixated on witchcraft and never burnt either heretics or recusants with the zeal shown in England. Still, in the aftermath of Culloden Catholics went underground. Chapels were razed. The laity were dispossessed. Baptisms happened in secret with no records kept. For a priest to perform Mass was an act of treason.

Pockets of the population clung to the old religion through fear of damnation. They attended Mass in chapels disguised as byres. Hunkered in fields, square-windowed and without steeples.

Banffshire was one such area.

The fisherfolk along the shoreline, risking life for their daily bread, found in the Closed Brethern direct access to God. The townsfolk of Rathven and the Enzie, on the other hand, provided eleven Catholic bishops and dozens of priests.

Two self-contained worlds with little intermarriage or inter-anything else. Over the cliff-tops of Seatoun and the Yairdie, gable-ends facing windward, were scattered pebble-built cottages with wide lofts for mending nets. Lining the town streets were stone houses with rooms where an artisan might set up his workshop or a widow take in lodgers.

Catholic Emancipation in 1829 led to a flurry of building. In 1856 Sir William Gordon, Laird of Letterfourie, donated land for a splendid new chapel in Buckie.

After a century spent skulking in byres like St Ninian's at Tynet, the Buckie Catholics wanted St Peter's to shout its presence to the world. It would dwarf the heretic churches. It would pierce God's heaven with *two* spires. It would be the Cathedral for the whole diocese of Aberdeen.

Jock Garden, Enzie-born, resident in Elgin, was commissioned to oversee the construction of much of the woodwork interior. It was unusual to travel so far for work, but Jock told his family he'd been sent for because nobody else could do it.

Certainly, no other good Catholic.

His wife Elspeth England had recently borne their fifth child. Within the week they had buried her at St Ninian's beside their firstborn, Maggie.

This commission would be their saving grace. Would turn the family fortunes.

Jock's father had intended him for the family trade, the cobbling, but Jock was drawn instead to the profession of the Lord.

Now here he was, carving the frames for the Stations of the Cross.

The building was airy and light with many windows and the wood used was light too. Jock crossed the nave in a semi-trance. Laboured through his ecstacy. Climbed the scaffolding towards Heaven.

Watching his men sawing the wood for the pews, shaping the arcades for the aisles, Jock felt on his shoulder the Almighty Hand of God.

Although the chapel was at the hinner end denied cathedral status, it fair looked the part. A lasting legacy for Jock and his descendants. A gift to win God's grace for them all.

St Peter's twin spires stood proud in the flat country. Splendid from the start and improved on down the priests. Father Clapperton added an organ and a school for the Catholic bairns. Father McIntosh added paintings fit to grace the Vatican. Coloured marble from different lands: Bleu Beige from Belgium and white from Sicily. Green from Switzerland, Ireland and the Languedoc region of France. A walled garden cool and greeny as the grotto at Lourdes.

Jock Garden saw no reason why his own career should not flourish like the Chapel itself. Carpenter to all the Catholic constructions of the North East! Wad that nae be richt fine?

For a while, the House of Garden prospered. Bairn born every other year. The contract for St Peter's saw them through two hard winters. Other commissions followed without a break. The family moved to a bigger house at Murdoch's Wynd. Their aspirations grew apace.

Jock took his son James on his knee and told him the family legend about how Cullen House, stately home of the Seafields, should have been theirs by rights.

'It was ower the heid o us keeping tae God's Holy Law that we tint oor faimily fortune. They took it an gied it awa tae the heretics.'

'Fan wis that, Feyther?'

'Lang lang syne. Lang lang syne. But the Gairdens' time'll come yet, ma loonie. Oor time'll come yet, sure's fate.'

Down the subsequent years of uncertainty, that vision haunted James, visiting his thoughts by day and his dreams by night. The tall hopeful father, the legend of Cullen House.

It overshadowed the rest of his early life. It became an icon defining for him his childhood, behind the frosted glass of memory, as tantalisingly indistinct for him as Eurydice ever was for Orpheus.

For in 1860 the House of Garden fell.

The year took off with the death of Jock's mother. Eighty, she'd seen her day. But at the end of November two-year-old Nellie fell sick.

Down two bairns already, Jock got in Doctor Duff.

'Keep her weel happit an pray. Maist o the bairns win through the typhus. It's harder on the aaler anes. Keep aabody oot her wey.'

For four weary weeks they prayed hard for her. The days of sickness oozed through the rooms. The father banned from his work, likewise the bairns from the school.

In the lands of Moray and Buchan December 25th was a day like any other. However, when Jock came back from fetching water, opening the door softly so's not to disturb the sick bairn, his eldest daughter Leebie met him.

'Mam's in her bed noo.'

Jock strode past Mary and James hunkered on the bass by the ingle, ben the back room. He put his hand on Elspeth's brow.

'Ye're burnin het.'

She opened sticky eyes, licked cracked lips. 'Affa sair heid.' She raised herself on her elbow. . . 'Yer tay. . .'

'Dinna ee fash yersel. The quines'll get me ma tay. Ee sleep, noo.'

Leebie said, 'Bella's greetin fur Mam.'

'Gie her saps ev noo till we see fit this is.'

Mary was sent to fetch milk for Bella's saps from the dairy every day. She left the stoup out and returned for it. Everything at arm's length.

Three days later, when Leebie ventured in to empty the chantie, her mother's head put her in mind of the globe on top of the book cupboard in the school. Pinkish blobs standing proud. Canada, Australia and India on a white oceanic sphere.

Bella was refusing the saps. Her famished wails mingled with the low-level panic in the household.

'Should ah gang for Dr Duff, think ee?'

'Nae need. Leebie. We ken fit it is, syne, an they maun fecht it theirsels. Ah'll gang roon tae Feyther Inglis an get him tae mak special mention at Mass. Noo, aa ee bairns are tae keep oot the back bedroom, oonerstaan? Ye've nae tae gang ben.'

'Fit if Mam or wee Nellie are wintin a drink?'

'They've got yon stoup o watter by the bed, an the chantie aneath. They'll be fine.'

Hogmanay came roaring round and Elgin's doors opened. The town clock chimed the bells. First-footers lurched from door to door, on song.

The revelry passed unheeded over the shut house at 6 Murdoch Wynd. The girls spent the time after their chores in playing with the baby or with James or in grooming each other. Mary had golden-brown hair and Leebie liked pinning it into styles.

The nearest Elgin came to celebrating Christmas was the Auld Yule, on January 5th. It brought no cheer for the Gardens, for Nellie's sickness reached its crisis: vomiting, sweating, chittering and ranting. Fervently they prayed, as did the congregation of St Sylvester's.

On the morning of the 8th Mary awoke Jock, slumbering in his chair. 'Come an see the angels aa roon Mam's bed. Fite an shiny. . .'

Jock rushed ben. Elspeth was sitting straight up. 'The bonnie angels! Mary says they're aa roon!'

'There's naebody here but us.'

'Can ye nae see them?' She sank back again. 'They've come for me!'

When she lay back Jock saw the other half of the bed. The angels had been, but it was not Elspeth they'd taken.

Over the next week Jock spoke hardly a word. He spent the first part perfecting the small coffin. Leebie tried to get him to eat a suppy brose.

'Fit wey ur ye fashin yersel sae sair wi the kist, Feyther? It's gaan aneath the yird, far naebody'll see it.'

Jock stopped his planing, hovering for a moment over the job. He raised eyes so blank that Leebie could not see into his soul. She drew away and ate the brose herself.

On the seventh day Elspeth let out a scraich. They all rushed ben. She was sitting up in bed pointing to the window. 'Ye see her?'

'See faa?'

'Through the windae.'

Past the window, in front of the steeples, glided a solitary seagull.

'Ah see her!' breathed Mary.

'It's the Blessed Mither. She's got Maggie and Nellie at her side and wee Janie in her bosie. She's waitin on me, noo.'

'Nut at aa, Elspeth. Bide a fyle langer.'

'Fit's she wintin Mam for?' James threw his slate-pencil at the window. 'She's got hunnerts o angels.'

'Hoy! That's blasphemy.'

James was sent to fetch the priest.

Already repentant, he panted incantations there and back.

The last rites were delivered. Before the rim of the winter sun keeked over the slates Jock had a full-sized coffin to make.

Jock closed down the house of death. He loaded his surviving bairns on to a neighbour's cart and took them to the old family house, East Cottage at Glashturim in the Enzie. There the grand-father and their Uncle Sanny still maintained the dynastic trade.

Jeemie Gairden, cobbler, Chelsea Pensioner, relic from another century. Sunk in an armchair bursting horsehair at every crease. Greasy muffler swaddling his neck. Faded bonnet on his frosty pow. He was on a storm-tossed man o'war, picking weevils out the biscuit, quaffing the rancid rum.

'Feyther can watch ower the bairns fin ee're at yer wark.'

Sanny looked blue.

'Fit am ah tae dee wi that?' He pointed at Bella. 'Ah'll tak the big bairns for a fylie. But ah'll hae tae get some wifie in tae help. Fa'll pey for that, syne?'

Bella ended up back in Elgin at 239 High Street with Betsy Brander, a merchant woman from Fife. She took three weeks to stop her nightly wallochin for her mother's bosie. The cow's milk upset her stomach, landing Mrs Brander with day after day of runny hippens to scrub down the riverside. The bairn grew so wasted they thought she too would die.

While in Elgin Jock dropped in at his other brother George. George possessed a big house in North Street and tailor shops in Elgin and Buckie.

'Weel, ah canna tak ony o them. Ah've ma ain wife and wee Drew to think on. An Betty disna keep weel. Fit aboot writin tae Uncle George?'

'Fa?'

'He's fair feddert his ain nest – fit wey dae ye nae speir at him gin he'll fedder your'n?'

'Ye dinna mean Feyther's breether George? In Aiberdeen?'

'Ah wis named eftir him! George Gairden o Gairden an Raeburn.'

'The craitur wi aa the baker shops?'

'He's deen wi aa yon bakin an dirt. He's up in the warld, noo. Losh, man, he's laird o a muckle great estate somewhere oot New Machar wey. Wheen o fairmers peyin him rent.'

On an afternoon when the sun gave the weakest promise of spring and as yet only a few snowdrops poked above the soil, Leebie, Mary and James awaited destiny. They played tig and leapfrog about the front yard amongst the hens. They stopped every now and again to gaze over the field. Up the full length of the field and down again. Up the field. Down again. Black horse, grey man, brown rigs.

A cloud of stour appeared at the top of the road, growing bigger until it took the shape of a chaise drawn by a shiny brown horse.

The chaise pulled up at East Cottage. Great Uncle George, Baker of Schoolhill, Landowner of Lairshill descended.

Jock grasped his hand. 'Come awa in, Uncle. Mary, tak the gentleman's coat. Leebie – his bunnet!'

The overcoat with its velvet collar, fur lining and braid trimmings swamped Mary. She staggered with it to Uncle Sanny's kitchen bed and threw it across the counterpane. Leebie placed the silk lum hat on top. Great Uncle George peeled off his kid gloves and plumped down at the table. He turned to salute his brother:

'Foos yer doos is wither, Jeemie, eh?'

Jeemie raised rheumy eyes. He dragged his mind back from Waterloo, the grass slippery with blood, the mutilated and the dead.

'Aye pickin.' He blinked through the smoke. 'Fa's at till's noo? It's nae oor Doddie, is't?'

'Aye, Jeemie. Verra ane. Yer wee breether.'

'Doddie! Maan, it's been years. Foo're ye deein?'

'Tyaavin awaa, Jeemie, tyaavin awaa.' He turned back and clasped his hands on the table. 'Aye, aye, Sanny.'

'Aye aye, Uncle George.'

Jock nudged Sanny. 'Speir at him gin he'll tak a dram.'

'We're jist eftir a funeral. There's nae muckle left.'

'Will ye tak a dram, Uncle?'

'Ah will that, Jock, Ah'll nae say na.'

Dirling the glass, Great Uncle George looked the waifs over.

Leebie, eleven, humphybackit with drudgery. Hair straggly, complexion blotchy, hands worn and red. Mary, just nine, but with queenly bearing, strong features. Hair – despite the lack of a mother's care – in gleaming ringlets down her back.

Wee James pykin his snoot in the corner.

Great Uncle George beckoned to Mary. 'C'me here, ma quinie. Lat's hae a scance at ye.'

Mary granted him the ghost of a curtsey.

'Foo wad ee like tae come oot sometime an bide wi me in Aiberdeen?'

Mary sized up her options.

Uncle Sanny. Collarless sark and frayed breeks with the nicky tams. Grandpa, faraway eyes and further away train of thought. Great Uncle George. Prolific whiskers, fancy waistcoat, jelly belly.

'Aye. 'Twad be braw.'

Great Uncle George leaned forward. 'Tell ye fit, Jock: ah'll see tae the quine Mary's education.'

'That's affa gweed o ye, Uncle George. Fit think ye – wad ye mak a nun oot o her? Like yer dochter Meg?'

'Na, na, she hinna the look o a nun. Ah'm thinkin ah'll send her awa, tae learn tae be a lady. A governess, aiblins. Twad be a peety if the likes o her had tae skivvy for a livin.'

For the heavy housework Sanny brought in Mrs Jappy once a week. She had sat with his mother during her last illness.

In her distant youth Mrs Jappy and her husband had drifted out of Helmsdale. Fallout from the whirlwind of improvements. In Enzie Mrs Jappy had borne six and buried seven, including, finally, her husband. Immune to birth, sickness, life and death, she eked her living helping at all of life's events.

Leebie and James, back at the school, did their chores. Going the messages, pulling and peeling the tatties, fetching water at the well. In return they got thin brose for breakfast and thin soup for tea, served by the cautious hand of Uncle Sanny. One small pot for the four of them, juveniles on half rations.

Jock closed down his business and hired himself out as a jobbing joiner. He moved into digs near Mrs Brander. He marched to work in the mornings, returned at evening, shovelled down his food and went out to chapel. Every week he hitched a lift to Enzie and handed half his wages to Sanny. If Leebie or James addressed him he replied monosyllabically or not at all.

A year drifted past Jock in his dwam. His brother George dropped in by.

'Ye'll hae tae pull yersel thegither, man.'

'Fit's it till ee?'

'Elspeth's restin in peace. Ye've yer bairns tae tak aboot.'

Jock raised his eyes. 'Fin ah'm in the chaipel, ken, Elspeth yammers awa till me. She says her an Maggie an Janie an Nellie are aa in Paradise thegither.'

George crossed himself. 'Nae doot. God rest em aa. Bit fit aboot yer bairns aye livin, Jock? Wad ye nae tak a scance at them?'

The summer solstice of 1863 brought a heatwave to the Moray coast. The bogs dried, the Lossie shallowed, the bairns discarded their shoes, played at scooshing each other at the queue for the pump.

In July Peter Fair, as from time immemorial, rolled into Rathven. Painted wagons, carousels, prancing horses, birling chairoplanes. Unco things to gawk at, games of chance and skill.

The show folk erected their tents, hobbled the horses, set up the roundabouts with their steam engines and hurdy-gurdies. No one spotted Death in their midst, waving his bony hand, grinning his grim haloo.

Phemie the strongman's wife took to bed with a difficult confinement. On the third afternoon the wifie Jappy came to assist. Inside the caravan, on a straw bolster crawling with vermin, Phemie's body got no respite between contractions. She was under-nourished and pale as a wraith; the bairn took its build from the father. Phemie would be dead in hours.

A discussion with the strongman. He held to no orthodox religion. Mrs Jappy's own fiercely instilled faith had died with her stillborn twins. She went home to look out her secret instruments.

Hours of messy, heartbreaking toil. The caravan was dim even at noon; in the gloaming the howdie operated by touch and guesswork. Phemie, semi-conscious, screamed in moments of agony.

When the howdie decided she could do no more she cleared up and left carrying a covered pail. The strongman sat on the steps, head in his hands.

'Weel, she's in her sleepin ev noo.' Learned Doric over a Gaelic base. 'We'll be hopin it's all awa. Time'll tell.' She laid the pail down. 'There's nae doot at all that the bairn was deid afore I sterted.' It was her habit to comfort them – and protect herself – with this statement.

The strongman counted out her fee. 'Fit think ye – will she hae mair bairns?'

Mrs Jappy's knowledge of obstetrics extended no deeper than the birth canal. 'Nae reason foo no.' If Phemie had not lost too much blood. If she steered clear of the childbed fever. If her wame was not ruined.

Four days later, as they were taking down the booths, the wifie called round. Phemie was propped up on her bolster, sipping soup. She had survived the blood loss.

An ammoniac reek assailed the wifie's nostrils. She smiled at Phemie. 'Fit like, eh?'

'Fine. Thanks for aa yer help. See the bairnie. . . wis it a loon or a quine?'

'Wee loonie. Bit dinna ee fash yersel. He wis lang deid afore we stertit.'

A tear rolled down Phemie's cheek.

'Hae ye ony ither bairns?'

Phemie shook her head.

'Weel, nae doot they'll come easier wi practice.'

Phemie beckoned to the wifie. The wifie bent over the counterpane, holding her breath against the reek.

'Ah canna haad ma watter. Jist rins oot.'

Mrs Jappy contemplated her for a moment.

'Canna keep waashin ma claes, an us on the move aa the time. An. . .' Phemie nodded towards the door. 'He's been gweed aboot it so far, but. . .'

Mrs Jappy patted her on the shoulder and said what was wanted. 'Ah've seen this happen mony's the time. It'll come aa richt in a week or twa, nae doot.'

Peter Fair left the way it had arrived. Running loons, barking dugs. Guff of candy and puff of smoke. Death, prancing with the band, running along the backs of the beasts, left his legacy.

It was the first day of the bairns' tattie holidays that Mrs Jappy started up the chittering. The sun gleamed red in a pale sky. She happed herself in shawl and plaidie, shovelled her winter stock of coal out the bunker and stoked up the fire.

For some reason the tune the brass band had played as Peter Fair marched away ran in her mind. Her head throbbed in time until she wanted to squeeze it out.

As she lurched from hearth to stoup, as she dropped the kettle and sent the precious water over the floor, as the room danced a mad reel round her she gave up on the day. She sent one of the bairns in the street to tell the Scorgie family they must find some other body to sit with their mother. With her last strength she piled all the clothes she owned on her bed and, still in her goon and mutch, wriggled in under them.

Throughout the long day and longer night sleep came fitfully. She was awake when the first rays crept through the lozens. They lit up the motes above her table, crossed to the greying counterpane, caught the paleness of her wrist on the bolster.

She sat up. She looked further, up her arm. The other wrist. Her vision was strangely blinkered. She heaved up the covers, hauled up her nightie, examined in the gloom her sticklike legs. Half crawled to the spotted bit mirror over the washstand.

Even her eyelids were encrusted. She knew it of old and called it for what it was.

It was Death.

Jock heard the news when he came to hand over his money.

'Mrs Jappy 's doon wi the smaapox.'

'Smaapox!'

'Doot she's hid it a coupla weeks – she's nae been seen oot. They only fun oot fan Maddy Nicolson gaed roon tae get hur tae lay oot her feyther. Fin she goat nae answer here she gaes breengin in. The wifie wis in hur bed, syne, an fit a sicht! Maddy rin oota yon hoosie like her tail wis on fire.'

Jock frowned. 'Is there onybody looking efter Mrs Jappy, d'ye ken?'

Sanny shook his head. 'They've lockit her door, syne. Mrs Esson next door gaes in ilka mornin wi a bowlie brose and a stoup o watter, bit she pits it roon the front door and skedaddles. Ye ken the wifie Jappy's goat nae faimily tae hersel.'

'Ah ken. She's been affa gweed tae us; a'na ken fit we'd a deen withoot her. Mind she cam an sat wi Mam fin she wis deein.'

'Ah'll never forget. But we maun keep oorsels weel awa fae hur ev noo. Fit think ye o this new law they're bringin in aboot havin tae vaccinate the bairns?'

'Ah'm nae in favour. In fact, the Chaipel isna that keen on it.'

'The Kirk wis agin it aince upon a time an aa, but nae noo.'

'It's interferin wi God's Holy Plan.'

'Man! ye dee that fin ye pit a poultice tae a carbuncle.'

'Onywey, ah'm nae convinced. D'ye nae hear aboot yon faimily in Lossie – got the bairn vaccinated and then within the month – Gweed sakes – were they nae aw doon wi the smaapox and twa o them deid!'

Next week Jock asked the neighbour Mrs Esson after her.

'She's deid, God rest her.'

Jock crossed himself. 'Peer wife. Left tae dee her lane. Efter she hersel saa sae mony through their time.'

'Will ye mak her a decent kist, Jock? There's insurance.'

'Ah'd mak her kist gin she wis nace. Peer wife aa her lane.'

Jock took time off work to journey to and from Enzie. In the workshop where he had served his apprenticeship he laboured on the coffin, shaping it, polishing it.

'That's the ae thing he aye likes,' remarked Leebie to James. 'Makin kists.'

On the fifth night it was finished.

'Faar's she laid oot?'

Mrs Esson looked uncomfortable. 'She's nae laid oot, Jock. Ah doot she's aye there, ben her back hoose.'

'Fit!'

'Ah heerd they're sendin awa tae Aiberdeen fur some wife that's aaready hid the smaapox. . .'

'And foo lang's that tae tak?' He shook his head. 'An the peer wife aye sae ready hersel tae lay oot hauf the toon.'

'At's the trouble. She wis the layer-oot hereaboots.'

'Weel, she'll nae wait a mintie langer. Ah'll pit hur in masel if ah hae tae. Have ee got the key?'

Jock shrouded himself in an old ragged shirt. He and Sanny carried the coffin through the streets. They stopped at the sealed front door.

'Ye can gang awa hame noo,' Jock told Sanny.

Sanny hesitated. 'Are ee gaan in. . . there?'

'Weel, she's nae comin oot till's.'

'Are ye shair. . .'

'Is she tae lig there an rot?'

'But Jock, hae ye gien thocht tae. . .'

'Ach, awa wi ye!' Jock turned his attention to the beam across the door. His tool box was inside the coffin. He pulled off the beam, stood for a moment with head bowed, blessed himself and unlocked the front door. He tied his handkerchief, pre-soaked in holy water, across his nose and mouth and entered, pulling the coffin in behind him. He closed the door.

Sanny, watching across the road, murmured a prayer to the Blessed Mother.

Inside the house, Jock groped his way to the right, then the left, beating off the buzzing bluebottles. Outside it was broad daylight, but ben the house the window was tiny and he wished he had brought a candle.

The reek hung sweet and heavy, caught his throat and made him gag. Across the room he made out the shape of the sunken bed. Heart hammering, he blessed himself and muttered an invocation of several saints.

Mrs Jappy 's face was black. At first he thought this was due to decomposition. Then he realised she had so many scabs that her face was, in effect, one big scab.

Her eyes were half open, the eyeballs red and suppurating. She would surely have been blind before she died. Peer wifie, trailing alone and blind to meet her Maker.

Jock pulled the coffin near the bed and opened it. He had never laid anyone out before and intended spending minimal time on it now.

He examined the corpse deciding how best to grasp her while avoiding touching her skin. She was on her side, crouched like a prawn. He gripped her under the oxters. The reek of decay rose and assailed him. Something white was moving in her inner eyelid. His stomach heaved. In panic he dropped her, staggered, retching, round the room, tore away the handkerchief and kowked up on the hearthside bass.

So far he'd done more harm than good.

He approached with fresh resolve. Averting his eyes from her face he heaved her out of bed in one swing. Rigor mortis long dissipated, her body fell parallel with his own. She was very light. Another swing got her over the coffin rim. As he darted gingerly about he grazed his forearm on the metal handle.

Her gown was soiled with sweat, urine, faeces and now with drops of his blood. Not the winding sheet she'd have planned. He made the sign of the cross above the crusty face framed in grey straggles. He nailed down the lid.

Out again, he screwed his eyes against the white blaze of the sun. He locked the door and made the sign of the cross. He inhaled the sweetly scented street, the autumn mix of leaves and cut hay, overlaid with a tang of salt. He looked in at Mrs Esson's to say Mrs Jappy was coffined and they could get the funeral under way.

Back home he got his bottle of holy water out of the trunk and dabbed his nose, mouth and hands with it; also the cut on his arm. He tore up the old shirt he had worn and burnt it on the kitchen fire.

That Sunday, after Mass, he spotted his brother's red hair amongst the crowd. He tried to escape down the back lane, but George hailed him.

'D'ye hear aboot the epidemic doon the low roads? Smaapox. It's ragin – twa new cases yesterday and three the day. The Cooncil's talkin aboot setting up a Smaapox Hospital to keep them aa awa fae the lave o us.'

Jock wondered if George would stand as close if he knew where he'd been.

'Ah never gang oot in the nicht fin the miasma's risin aff the burn.'

'Awa wi ye, Jock, ee dinna catch the smaapox affa nae miasma. That's the cholera ee're thinkin on. Na, the ae wey tae steer clear o the smaapox is the vaccination.'

'So is aabody gettin vaccinated?'

'Aabody wi a puckle sense. Ah got wee Drew deen on Monday. Fit aboot your fower?'

'Na. Dinna believe in it.'

'Ee're a feel, Jock. It's the ae wey to mak siccar.'

'If the Lord taks us we'll aa gang thegither an hae fine company in Paradise.'

'Ach, ah doot ee're aye wintin back thegither wi Elspeth. But think on yer bairns! Their time's jist stertin – wid ye see them sterve?'

Two weeks later Jock was hammering at a doorcheek when he felt the eyes of his workmates on him.

'Ye're braakin oot in a rash, man.' Davie Coulter was retreating as he spoke. 'Aa ower yer physog. Hing in noo. Lift yer wages and hine awa hame. We'll pray for ye, syne.'

Before her father's funeral Leebie tried to impress with her housewifeskep. She beat the basses, balanced on a chair to reach the cobwebs and sent James to Brodie's for butteries. When the funeral party arrived, George's wife Betty said, 'It's weel seen there's nae gudewife aboot this hoose.' She shooed Leebie out the kitchen and rolled up her own sleeves.

James, at nine, was considered too young to attend the grave. His grandfather, uncles and cousin climbed on the cart taking them to St Ninian's. James, left with the greeting womenfolk, shed his own tears of humiliation.

Afterwards the grown-ups sat round the table. Leebie, James and Uncle George's son Drew had to stand as there were only four chairs. Betty cut up the cake she'd baked and Leebie poured the tea.

George rubbed his hands. 'Foo're ye aa deein for yersels oot here the back o beyont?'

Sanny gave him a look the length of the table.

James piped, 'We're deein a richt.'

'Fit!' Auntie Betty reached and collared him. 'Fan did aat luggies last see watter?'

Sanny stared into his whisky glass: 'Ah'm nae peyin yon Brander deem anither groat.'

George shrugged. 'Fit then? Is the bairn tae come hame till ye?'

'Fit wey is it aye me? Am ah tae be landit wi them aa till the kye come hame?'

'Ee'll be fine. Leebie's gweed wi the bairn. She can dee aathin.'

Leebie contemplated her future: mopping after bairns and old men, squandering her youth far from folk her own age.

'Fa's tae pey fur it syne? Ah've aye oor aal feyther on ma haans.'

'Aye, an ye've his Airmy pension oan yer haans an aa.'

'Ah'm nae able tae look ower bairns. Fit wey did ee aa think ah cwid?'

'Ah'll help ye oot fin ah can.' George gave no details. 'But ah'm thinking ye should send anither bit note tae aal Uncle George.'

* * *

The chaise came clattering over the rutted track. George of Lairshill swept inside. He stared at the two remaining orphans hunkered on the bass.

'Sae fit's adee here?'

Sanny shook his head. His hanging jowls gave him the look of a bloodhound. Uncle George liked dogs and kept a couple at Lairshill.

'It's a sair fecht.'

'Fit's a sair fecht?'

'Keepin them in claes.'

'They'll hae braw sheen, though, eh?' Uncle George slapped Sanny playfully on the back. 'Twa soutars in the hoose!'

'We maun eat, man. And Feyther's ower aal tae work noo.'

'Canna cost muckle tae feed yon. They're mair shilpit'n besoms.'

'Dinna ee think it, Uncle George. They eat me oota hoose an hame. They're aye dwallin on their bellies. An the loon's a thief!'

'Fit's he pochelt?'

'We send him tae the baker's, syne, he maks a borie in the breid, an aa the wey hame he eats oot the insides o the loafie!'

'Then ye're a feel gin ye send him a saicint time.'

'We hinna aa goat servants tae fetch an cairry.'

'Gin a bairn taks yer siller, he's a thief. Gin he taks yer breid, it's because ee're nae feedin him.'

'At's fine fir ee tae say, an yer hooses an land.'

'Aathin ah possess ah workit for.' Great Uncle George pointed at Grandpa in the ingle neuk, happed in hodden grey, marching through the streets of London to the beating of the drum. 'Ah first saa the licht o day in the same bed as my breether. Nocht bit fowerteen year atween us.'

Sanny muttered, 'The deil taks gweed care o his ain.'

'Fit ye mumbling, man?'

Sanny cleared his throat. 'Ah'm sayin, they're ower muckle fur an aal bachelor like me. Fit div ah ken aboot bairns? Ah never wintit bairns.'

George pointed at James. 'Come awa here, ma loonie. Are ye a gweed Catholic? Div ee gang tae the chaipel ilka Sunday?'

'Aye.'

'Hiv ye hid yer First Holy Communion?'

'Aye.'

'Lat me look at ye. Foo wad ee like tae be a priest? Wad at nae be richt fine?'

'Ah 'na ken.'

'Ee'll gang tae Blair's in Aiberdeen.'

'Fat's Blair's?'

'It's braw. They'll larn ye aathin. At the hinner end ye'll mak the brawest bit priest ye ever saa.'

'Did ye tak Mary awa tae be a nun?'

'Fit!' Uncle George laughed. 'Nut hur. She's in Aiberdeen ev noo. But aiblins we'll send her later tae France. I ken a school there far they'll turn her oot a governess.'

'Fit's a governess, syne?'

'A governess bides in a big hoose amang the swankies.'

'Kin a loon nae get tae be a governess?'

Uncle George laughed again. 'Ee divna wint tae be a governess. The governess tells the bairns fit tae dee, bit a priest tells aabody fit tae dee. An they aa listen. Braw life, yon. An gin ye hine on wi the study, ye micht ae day get tae be a bishop. There's been a wheen o bishops come oot the Enzie.'

James thought but did not say, 'So fit wey are ye nae a priest yersen?'.

Bella toddled home to Glashturim.

Leebie's childhood hit the buffers.

She surrendered baabeddies, skipping, Primer and Rule of Three for drawing water, carrying water, heating water. Washing the dishes, cutlery, privy and chanties. Taking the slops to the nightsoil men. Setting, lighting, raking out fires. Plucking, skinning, gutting, peeling, cooking. Sweeping, scrubbing. Hemming, patching. Holding Grandpa's head while Uncle Sanny shaved him.

Dressing and undressing Grandpa. Scraping and boiling the clothes he soiled. Spoon-feeding him when he forgot to eat. Helping Uncle Sanny heave him into bed. Twice she raxed her back before a neighbour showed her the best way to lift weights.

All the while dressing, bathing, feeding, and minding the bairn.

Monday was the neighbourhood washing day. Heating to boiling point, squeezing out hankies and linen, rubbing each stain with a chunk of soap against the washboard. Pouring out the water and down to the pump for fresh, again and again. Carrying the heavy items – blankets and sheets, Uncle Sanny's working clothes, Grandpa's and James's breeks – in the tub to the Core Burn, trampling and possing them. Wringing them – twist, twist, twist, until her thin arms ached. Folding – a joint task with a neighbour – and then back up the brae, lugging the heavy tubs between them. Hanging the rest up in the yard. Or, if the rain came on, in the house.

Spreading the sarks and simmits to bleach on the green. A neighbour showed her how to make bleaching lye out of pish. Men's pish was known to be better, particularly if drawn on the Saturday night.

Leebie did the ironing on the Wednesday, two irons in turn, how fast they cooled! Pressing a small section on the table, moving it along, pressing it again, keeping the bairn away from the stove. Leebie had to divide her focus every minute of every hour. By the end of the day she had seen more than enough of Bella. She tied the bairn to the bedstead and left her to wail herself to sleep.

Then lay in bed dreaming.

One day some man as rich as Great Uncle George and as bonnie as Feyther would gallop into the wastes of Glashturim. He would see the beauty below the surface. He would read the truth in her weary eyes. He would raise her on his horse. Together they would gallop over the fields to the purple lands beyond Maud.

Iron and Steel

THE SUMMER of 1836 turned the lands of Glenorchy grey and brown. Iron sky, howling gales, dinging rain. The young stems of barley rotted and mashed. An ocean of glaur sucked at the feet of the reapers. *Bha gort 'san tir* all around Kilfinan. Bleeding gums. Swelling bellies.

In the wake of the failed harvest, the second Marquis of Breadalbane began combining the crofts into large-scale farms to attract speculators. As the crofters' leases – many of several generations' standing – reached their expiry dates he refused to renew them.

In the Bain household hunger pangs woke the children and they in turn woke Màiri.

Although Duncan had smoored it the night before the fire had gone out. He struggled numbly with the tinderbox. Cheek on the earthen floor. Blowing the flame, sheltering it, cosseting it, loving it.

'Chan eil dad anns a phreasa!' Bare shelves by rushlight. The

children had finished the sowans. The last mouse had left with a tear in its eye.

Màiri opened the chest. A handful of oat husks: she could ferment some more sowans. But what to eat today?

Duncan told Màiri he would take their sons Iain and Eòsaph out to Loch Fyne to see what they could catch before the gamekeeper was about.

They caught one small fish. When the sky paled they headed for home. Along the track through the heather the smirr settled into steady rain. As they approached the home of their friend Donald McNaughton they saw Donald, Sine and their six children standing around the house in the company of some of the neighbours and Mr Wyllie the factor.

Three of Mr Wyllie's men came out the house with stools and chairs. They threw these down the brae and re-entered. Blankets, tick and the marital bed were carried out and dumped in the wet bracken. The kitchen table Donald had made himself and Sine's press – as empty as the one in the Bain household – rolled down the brae, bouncing on the rocks. The meal chest was carried out and shaken. The chaff, hoarded for sowans, caught the breeze and billowed up instead of down. The straw which the children slept on went the same way. Two of the men competed to see who could hurl the pots, bowls and cups the highest and furthest.

Sine's *calanach*, the hours of labour spinning flax for sale, had seen the family through many a thin harvest. As her *cuibhle* went tumbling towards the edge of the brae with its spindles agley and the hank of thread unravelling, she ran after it, slithering half down, reaching. Her fingers grasped the end of one of the sticks but the spinning wheel snagged on a tussock. As she rugged at it the whole *cuibhle* broke in two. Sine, caught off-balance, almost hurtled after it. She sprawled on the heather, backside exposed, knees and hands grazed. Mr Wyllie's men guffawed.

The men turned their attention to the house and the byre. They broke down the inside partition and removed the support so the chimney fell in. They chopped through the roof-tree, yanked down the rafters and chased the hens, yelling to scatter them into the woods. The weather made it difficult for a flame to catch, but eventually the damp thatch glowed. They threw the door on the pyre and attacked the outside walls with pickaxes.

Over the next hour the house which Donald's great-great grandfather had taken months to build and to which each succeeding generation had added improvements became a smouldering ruin.

During all this Donald stood silently to the side. As the men prepared to mount he roused himself.

'*Càit an tèid sinn?*'

'You should have made arrangements long before now. You knew your lease was up,' Mr Wyllie answered in English.

One of the neighbours said, 'Some of the estates are giving help to get to Canada. Would there be any assistance coming that way?'

'McNaughton is a trespasser. Why should his Lordship pay ship's passage for a trespasser?'

The four men mounted. Mr Wyllie turned in the saddle.

'If any of you give shelter to trespassers it's your own house next, whether or not your lease is up.'

The men galloped into the wind and rain. When they were out of sight one of the neighbours said they'd better see what could be salvaged.

The McNaughton family faced the night hunkered on wet straw. A semi-circle of stones was their protection from the wind and a blanket their defence against the heavens.

There the McNaughtons remained for the next week. Duncan and his neighbours visited them and gave what they could spare. The McNaughtons themselves, right down to the four-year-old, spent the days scavenging for roots, berries or shellfish, every evening adding more stones to the ruin of their home.

The minister came to visit. 'No doubt he has his reasons for this. His Lordship is a God-fearing man. He paid from his own pocket for the repair of the kirk roof.' He advised Donald to change his career. 'I was reading in the *Glasgow Herald* they're paying good wages for ironstone miners.'

The following Thursday evening Duncan heard that the factor and his men were at another clachan two miles away. He ran there and found a crowd watching while five houses were destroyed. The fifth house belonged to Mrs MacEachan, a widow whose only son had fallen in the war against Boney. Once her house was emptied of furniture the men re-entered to remove her by force. She screamed, she cursed and banned, she flailed with arms and legs. The strongest of the men picked her up and slung her over his shoulder. Still she grabbed on to the fireplace, the lintel, the overhang of the roof, the latch of the door. Mr Wyllie himself came and rapped her knuckles with the end of his horsewhip. While the men were smashing in her gable, while they set light to her thatch, she crawled, dazed, through the bracken.

As Duncan turned towards home there were twenty-four people from Mrs MacEachan to two-year-old Seonaid MacPhee wandering about, silhouetted against the sunset and the flames from five thatches.

Back home Màiri told him she'd found the MacNaughtons roofless again. On their way to the clachan the factor's men had pulled apart the reconstruction and threatened to bring dogs if they didn't remove themselves.

There was, right enough, great demand for miners in the Lowlands. Pig-iron was needed for the construction of industrial machinery, for the railways and because ships were now being built of metal instead of wood. Coal was needed for the blast furnaces which extracted the metal from the ironstone. The Bains' own lease was not up till Martinmas the following year. However if they had to leave the land of their fathers it was better to leave in their own time than at a time of someone else's choosing. Better to travel in the autumn storms than the winter snows.

So Duncan traded his hens, his dog and his sticks of furniture for a handcart and some money. He took the road with Màiri and surviving brood Iain, Eòsaph and wee Lilias. They bade farewell to Duncan's grandfather's home, glancing back at the walls until they rounded the corner. They passed the McNaughtons, rebuilding their shelter for a third time, but this time wandering far in search of stones and wood.

They covered ten miles a day, stopping for the evening where they could find a *bothan* to shelter them. Supper was what they had gathered or poached during the day. Some nights there was no *fasgadh* but the cart and all of them would coorie in on the wet earth till morning.

They wandered a hundred miles by drovers' road, sheep track and trackless heath. As the trail took them south the Scots tongues clashed increasingly around them until the only Gaelic voices were their own. One day they rounded the last corner, sclimmed the last hill, and the flames, fumes, chimneys and dark red sky of industrial Scotland spread before their eyes.

Behind them were the snowy peaks, stillness of gloaming, gurgling Kilfinan Burn. Stony soil, sodden harvest. Back-breaking plough, hoe, scythe and winnow. Spinning, weaving and waulking. Winding heather into ropes, bog-cotton into candlewicks, nothing into something. The burning thatch, the famine.

Before them were the jobs. Sixteen shillings paid in tokens, currency at the company store. Deductions for rent, coal, candles and the tools of the trade. Back-breaking coal-bags. The danger of floods, firedamp and cave-ins. Silicosis, black lung, bronchitis, black spit, pneumoconiosis, curvature of the spine, scrofula, measles, scarlet fever, whooping-cough and mesenteric consumption.

No more did the *coileach* doodle them to labour, to the hens scratching in the yard, the lowing of cattle, the bleating of sheep, the rasp of the corncrake and the rattle of the capercailzie, the soft flowing Gaelic.

The hooter now called them to labour, to the clip-clop of the pit-ponies, barking of dogs, cursing of street gangs. The gallus, incomprehensible Lowland speech and the scarcely more digestible Irish Gaelic.

They exchanged the myrtle-scented air of Argyll for the stour. Floating on every drink, covering every surface, clinging to food, clothes, skin, hair, lungs.

Tackling the stour involved the women in many round trips, depending on the availability of water.

Pail to pump. Queue for half an hour. Cold water to fire. Back to pump while water heats. Hot water into tub.

Repeat whole sequence perhaps five times.

Then rub with the soap if there is any and poss with the stick again and again before the water cools.

In summer when the well dried and in winter when the well froze fetching water involved a two mile trek to a neighbouring village and an argument with the water bailiffs.

The water, rarely pure enough to drink, looked as foul before the cloots went in as after they came out. If some stour came out the cloots, by the next day it was back in.

Removing stour from skin was no easier. The colliers had first claim on water; weans scampered around in permagrime for weeks.

Lilias screamed and hid her face in her mother's skirts at her first sight of the army of colliers tramping home in the gloaming. White eyes rolling in black faces under their bonnets. Giant mushrooms rearing into the light.

One of the neighbours showed Màiri and Lilias how to hitch up their skirts and perch over the 'henroost' privies with the yellowish sheugh running open at the back.

'But us weemin steer clear o them. There's nae doors and the fellas gaun by whustle an gie ye a rid neck. When ye're gaun tae pee jist fin a coarner somewherr oot the wey an be dead fast aboot it. Dinnae even hike up yer goon. Naebody knows whit ye're up tae till ye're aff on yer traivels again. Sinks intae the mire. But gaun tae shite's merr o a cairry-oan.'

Màiri's Scots was not yet good enough to make much of this. With the remains of his money Duncan bought a second-hand pair of moleskin breeks. He joined the descent into blackness. He followed the line along the trail, walking, then crawling to the face. The ironstone seams were only six to eighteen inches in thickness. To be sure there was any actual ore a miner had to excavate a lot of rock. As the miner burrowed into the trench, he built up behind him mounds of ironstone.

Duncan selected a niche and wedged himself in.

The first few times he swung the pick it bounced off the face making hardly a mark. In the confined space he nearly struck another miner. Once he felt he was making headway he swung the pick in a frenzy until he was exhausted and then some more. He stopped only for the shortest moment in the timeless black day. He ate the bit bannock, crunchy with coal chips, which Màiri had packed for him and gulped a slug of water from his rusty tin.

When he emerged twelve hours later, black, coughing, sweating, blistered hands and grazed knees, his sacks were noticeably lighter than those of all his colleagues. So was his wage packet.

Most miners brought a wife or daughter underground to carry the sacks as they were being filled. So Duncan ordered Màiri to leave Iain to watch the wee ones and to follow him underground, crawling over the scree, bearing on her back the ironstone he hewed.

Màiri's woman's duds turned the drudgery into the labours of Hercules. When she crawled forward the skirt snagged and dragged her back so that covering the ground took twice the effort. When she crawled backwards the skirt bumfled round her thighs, baring her knees to the scree, slicing her shins to the bone.

During their fourth shift there was an accident. The bucket on a descent snagged on a bump and cowped. Two men hurtled fifty fathoms down. Duncan helped bear the corpses to the surface. One of the widows was a Gaelic speaker from Inverbervie and Màiri took her in and made her tea. The widow, who had no sons, gave

Màiri her husband's flannel breeks to wear. There was clack and disapproval, but Màiri turned her Gaelic ear to it all.

As Màiri's pregnancy advanced the weight of the sack on her back became unbearable. Even when she was lucky enough to get a cart to drag behind her the pressure of the harness on her raised abdomen brought on painful contractions. In her eighth month she returned to the surface and sent nine-year-old Iain down in her place. For 12 hours a day he sat in darkness, opening and shutting the gate which let air into the tunnel.

New legislation banned the use of women underground. This was on moral grounds. Not only did an increasing number of women wear trousers, but some of them copied their menfolk's habit of stripping to the waist in the sweltering conditions. Màiri and her comrades ascended forever. The cuddies descended in their place.

As wages fell and rose they flitted from location to location: Neilston, Dalry. Ugly townships alongside flaming forges. Regiments of hovels cheaply constructed when the seam opened and readily abandoned when it ran dry.

By the time the Bain family rolled into Old Monklands their weans numbered ten. Here in the monstrous settlement of Gartsherrie 27,000 people crammed together. Six or more to a single-end, toiling night and day at the 50 blast furnaces, malleable iron works, tube works and innumerable coal and ironstone pits.

As ever the employer rented them a hovel for the duration of their employment. Loose coal dumped in a corner, pots above the fire and two beds set into the wall. One of hundreds, row on row facing each other across a sea of glaur. The monotony was broken by Baird's store which gave credit till pay day thus retaining them all in debt. However, the water was good and there was a water closet to every three families.

On washing days, together with their new neighbour Sarah Steel, Màiri and her eldest daughter Lilias possed, mangled and folded the greying sheets and shirts. In the evenings by the glow of a taper they sat on crates and stitched the tattered moleskins. As their understanding of Scots expanded they listened to Sarah's stories of the old days. A time when rosy cheeks outnumbered the black. When cot houses varied in style: slate, thatch and pebble.

'When ma Da first come here, the miners were sellin their weans like dugs tae Baird's grandfeyther. See when a baby cam intae the world, his daddy made his mark on Baird's paper and the wee mannie wis Baird's for life. Couldnae leave the mine or the law wad hunt him doon. In thae days a pitman hud nae mair liberty than a pair darkie in the cotton fields o Virginny.'

Màiri said, 'I'm thinkin, if we coulda been bought and selt back in Kilfinan, maybe himsel the Marquis would have yeese for us.'

Sarah told them of the days before the Davy lamp, when the penitent was tasked with burning off the firedamp.

'Ah wisnae hauf feart o the penitent. He hud oan this weet sark an his heid aw shroudit wi a cowl. Ma brither sayd he wis the bogeyman comin tae get me.'

This unmarried volunteer crawled into the blackness holding above his head a lighted candle. Through minor explosions the lucky penitent cleared the tunnels for his comrades.

The unlucky penitent went out with a bang.

Every week brought new arrivals. Moths clustering round Dixon Blazes. The villagers readjusted, squeezed more densely together and settled again. The routes from one mining village led to another mining village or into the kirkyard.

As Kilfinan faded from memory Iain, Eòsaph, Lilias and their siblings became miners or the mothers of miners. Nine months a year of endless night. Three generations were to pass before the men of the family again raised eyes to the winter sun.

At 18 Lilias married Sarah's eldest son James, a miner like his dad. In bed recesses in cottages across the Central Belt Lilias gave birth to her weans and named them. Sadie for her mother-in-law, Katie for her grandmother, Lilias (carried off at three by the mesenteric consumption) for herself, Jamie for his dad. New Kilpatrick, Beith, Kilbirnie. Every Long Row in every town the same.

The Steel family reached the east end of Glasgow. Handy for the Shettleston collieries: the Caroline, the Wellshot, the Eastbank and the Dog Pit. They arrived just as the waterpipes were also working their way in that direction.

Down from the Highlands, Victorian genius and gunpowder asserting itself through thirty miles of rock. The blastings, progressing at half a mile a month, drew within earshot. The keelies had a laugh about it: 'Sebastopol's no the only city under siege!'

Brown sandstone tenements: a new vertical way of sharing space. Closes open to the street or vennel leading into unlit labyrinthine passages. Stone stairs and landings, many landings to each close, many doors to each landing. Sometimes leading right through to the back court from where you could enter a spiral tower taking you to all floors. Back courts covered in black clay, a mix of overflow from the drains, ash from the fireplaces and rotting food.

When they had been there a few years legislation forced the factor to provide their single-end with its own sink, suspended outside the one window. Crystal Loch Katrine in at the top; soil down the rone. Open sewer in the vennel.

To Lilias, accustomed since early childhood to humphing, cherishing and reusing every drop of water even as more gushed out the sky, this was the stuff of legend. The table bedecking itself, the horn of plenty.

Her neighbour Mrs Sweeney was less enchanted.

'Sure it's not got the same flavour at all. It's tasteless, smells o nothin. It's not got the same *strength* to it as the ould watter had.'

Lilias's daughters Sadie and Katie left school while children, to earn their keep at the cotton works.

Sadie at sweet sixteen. Straggle-haired bleacher in the printfield, up to her elbows in chemicals the lee-long day.

Katie: three years younger. Scurrying barefoot up and down

an elderly
Katie Steel

the passes. Slipping her pre-pubescent body under the machines, face amongst the oose, to unfankle the fibres.

When the hooter released them Sadie and Katie pulled on their boots and joined the stream pouring through the gates. They walked like women and they ran like lassies into the backcourts to join the other weans, barefoot or booted, tattered shirt-tails or peenies of greying cotton.

Stotting balls: on the ground, under the leg, off the steamie walls, plaineys, doubleys. Cawing ropes, kicking peevers, dreeping off dykes, raking through the midgies. Singing in rings from teenage till marriage, from gloaming till dark.

'Oh ye're ma wee gallus bloke nae mair.
O ye're ma wee gallus bloke nae mair.

45

Wi yer bell-blue strides and yer bunnet tae the side;
O ye're ma wee gallus bloke nae mair.
As ah gaed by the sweetie-works my hert began tae beat
Waatchin aw the factory lassies comin doon the street
Wi their flash-dashy petticoats and rashy-dashy shawls
Five an a tanner gutty boots: O we're big gallus molls.'

Summer evenings granted them hours of daylight. Arm-in-arm they strolled along the scummy bank of the Monklands Canal to the Sugarolly Mountains. They watched the lads skiting down the pink, yellow and black mounds of chemical waste.

Katie took a scunner to the permablack of her Paw's complexion. She declared she would never marry a miner.

Her dimples caught the eye of a young carter called Rab Renwick. His face was clean. At 21 he was already his own man, having inherited cuddy (stabled at the showgrounds at Vinegarhill), cart and business from his father. With a baby on the way he and Katie wed and set up home in Camlachie.

Sadie grat to lose her playmate and also that Katie had beaten her in the race. However when baby Boabby was born she dried her tears and became an auntie.

'A right wee mannie! Uch Katie, goannae let me take him hame wi me?'

'Yer ain time'll no be faur aff. See when ye've landit a man o yer ain, come an we'll aw bide thegither?' Katie nudged Sadie in the ribs. 'Sure that wid be rerr!'

Indeed Katie didn't wait for Sadie's wedding bells. After her father suffered his hoasting death she rented a single-end on the Great Eastern Road for them all to share. Open spare ground directly across the road. In fine weather she happed her wean on to her body with a tartan blanket and wandered about the grass.

The baby was heavy and usually her western limit was Paddy's Market.

Once in a spirit of adventure she explored along Gallowgate, past King Billy and the Tontine buildings, up High Street, along the Rotten Row. The Maternity Hospital. The Industrial Schools where the bad boys went. The Asylum for Indigent Old Men and the Old Women's Home. Whole lifespans catered for in a single street.

In George Square she rested on a bench. To her left they were constructing the new municipal buildings. Before her was a fella on a plinth, scraping the sky. Maybe there was a plaque on the plinth but she was too tired to look.

If she'd had a penny she would have taken the car home. Forced back on shank's pony, she went a different way. Along Duke Street, past the cottages round the Lady Well, across the mingin Molendinar. To the left, the gates to the garden city of Dennistoun. To the right the Dead Meat Market. She turned down Abercromby Street past the cemetery. Wean girning in her arms; lowing of doomed cattle in her wake.

For the next year when Sadie came home from work she and Katie would cook, clean, gossip and dandle the baby. Katie would style Sadie's straggly hair. Show her how to redden her lips and whiten her nose. The quest for a clean-faced lumber.

Rab came home after stabling his horse to find Katie deep in conversation with Sadie. Jamie breenged in from playing pitch and toss. They suppered in silence. At night Rab and Katie retired to conduct their married life behind a curtain in the bed recess. Sadie and Jamie not two foot away sharing the hurley. Boabby in a drawer of the mahogany chest: Katie's tocher from her family on her wedding day.

Sober, Rab held his tongue, but with a dram his courage rose.

'Ah wish yese wad aw get tae buggery oota here!'

'Uch Katie, if we're a boather tae yese. . . '

'Ye're nae boather, Sadie, hen, never you mind him!'

'But this is ma hoose, no theirs! Ah waant the place tae masel!'

'And wherr are Sadie an Jamie tae stey?'

'How can they no stey up at yer Maw's?'

'If onybody's gettin the hell oota here it'll no be Sadie and Jamie.'

'But ah come in fae ma work and ma hame isnae ma ain!'

Most of the households up close number 249 were headed by women. Two widowed washerwomen, a widowed pottery worker and a spinster working at the cotton mill. This display of emancipation emboldened Katie. One night when Rab came home skint, steaming and speaking his mind, she spoke hers.

'That's the third pey-day in a raw ye've came hame fu wi an empty poke. Ye're nae yeese at aw!'

'Kin ah ask ye wan question?'

'Ah'm listenin.'

'Jist wan question. That's aw I waant tae ask ye.'

'Get oan wi it, ye pie-eyed drouth.'

'How's it up tae me tae support your fowk?'

'Whit? They support theirsels an sometimes you an aw. Sadie an Jamie works hard aw day, every day.'

'So dae ah!'

'Thurr plenty days ye've nae work. And when somebody gies ye a joab ye bevvy awey the pey an leave aw us yins high an dry!'

'It's ma fuckin hoose. Ah waant thame oota here.'

'If ye're gonnae come here effin an blindin ye kin bugger aff and doss wi yer hoss.'

Rab trailed back to Vinegarhill. Garish colours, jangling music, gallows humour. Rab always stabled his horse alongside the horses of the showmen. He found himself digs nearby at number 12. Four working men on straw ticks on the floor of a single end. The landlady Mrs Morrison douce behind curtains in the bed-recess.

The only worry the sanny man who could and did march in by night or day to check the overcrowding. However, before he reached number 12 word came from 2 and 4. The unticketed tenants would be safely in the press, up the chimney, on the roof or hanging to the rone.

The Steel sisters' neighbour old Annie Gilchrist, a bobbin

weaver at the threadworks, spoke for Katie and Sadie. Soon they too were powerloom weavers earning seven and six a week. With Lilias minding the baby and Jamie minding the engine down the works they managed.

The primping paid off. One day Sadie shyly brought home her own young man.

Daniel Hammond: curly black hair, steady blue gaze. A skilled worker, a riveter in the shipyards. Although he claimed to come from Partick his speech carried a trace from further afield.

He brought a posy of violets for Katie. 'Sweets to the sweet!' He handed them over with his left and swept his right arm round Katie's waist.

'Oh, here!'

Laughing nervously, Katie struggled to break his hold.

'It's aw right. Sure ah can kiss ye noo we're aw gonnae be faimily? Sadie – gonnae let me kiss your sister?'

Sadie all giggles. Stars in her eyes.

Katie put the violets in a large jam jar. They leaned forlornly to one side.

'Ah wisht ah'd a vase tae pit them in, but we're no lang flittit here. . . '

'So that'll be yer present next time ah come up. Vase for Katie.' Daniel pretended to write on his palm. He reached with the same palm round behind Jamie's neck.

'And whit wee present dae we huv fur oor Jamie? Aw, fur cryin oot loud, it's stuck in his lug!'

He pretended to wrestle about with Jamie's ear and then drew his fist back. He uncurled his fingers. Jamie peered to see what lay in the palm.

'A gowf ba! '

'Dae ye play at the gowf, ma laddie?'

'Cannae. Huvnae ony sticks. But ah like waatchin them ower the back o Alexandra Park, an sometimes ah get tae caddy fur them.'

'Well, ye've a stert noo wi yer ain gowf ba. An while ye're waitin fur yer sticks look whit else ye kin dae wi a gowf ba.'

He balanced the golf ball on his nose, stood up and walked gracefully round the room. They all clapped and cheered.

'Wull ye learn me how tae dae that?'

'Next time, ma laddie. But mind what it says in Proverbs Chapter 12 Verse 24: *The hand of the diligent shall bear rule: but the slothful shall be under tribute.* You stick in at yer trade and stick in at yer prayers – aw that's mair worth than pairty tricks.'

Daniel returned to his digs and Sadie asked Katie what she thought of him.

'Right patter-merchant, thon.'

'Aye, he can fair talk. He gets tae preach some Sundays ower the Gospel Ha.'

'Does he get peyed fur that?'

'Naw, the Brethern let ony o the fellas preach – they don't believe in trainin them up special.'

'Huv ye heard him at it?'

'Aye, he took me alang wi him an ah heard him gien it laldy. Ye could hear a peen drap, so ye could.'

'Man o God, eh?'

'An good-lukkin! Cannae credit he waants tae mairry me!'

'Aye, good-lukkin an aw. . . '

'An clever! He's telt me that many things. . . '

'Whit things?'

Sadie thought hard. 'Cannae mind. . . loatsa things. . . '

Katie laughed and leant out the window to fill her basin. She drew back in and gathered up the cups.

'Wan thing he disnae know,' Sadie confided. 'Disnae know ah'm twinty-six. He thinks ah'm twinty-wan, so he dis.'

'Whit – ye're kiddin oan ye're younger than me?'

'Aye. Goannae no let oan?'

'Whit age is he, well?'

'Twinty-fower.'

Things went less well with Rab. He pined for the days of eating with the family, all of them round the table. He slid into eating on the hoof, whatever he could find. Drinking hard all night.

One sour night in Vinegarhill, wending his way through the showground, Rab bought a duck egg from a woman with a tray of them. Rather than trail home and cook it he borrowed a pin from her and sucked the egg there and then before going off to the pub.

Over the evening the drinking deadened the growing pain in his guts. He stottered home and tumbled on to his mattress. He woke in the middle of the night in agony.

Over the next few days he grew greyer and more wasted, groaning and writhing. Retching into the pail by his mattress. Evacuating his bowels over the slimy stinking water closet he shared with fifteen strangers.

His fellow lodgers came home and went out to work, shadows barely registering with him.

He registered with them. They complained to Mrs Morrison that none of them could get any sleep for his racket and his reek. After checking his pockets to make sure they were not empty, Mrs Morrison called Dr Wilson who diagnosed enteritis.

Rab's last hours were spent in gloom. As the factory hooter was calling from their beds Sadie, Katie, Jamie and their workmates all over Camlachie, Rab's fellow lodgers were hammering at the cludgie door. He was too weak to rise. When the June sun was reaching its apex they hauled him off the flooded floor and up to his mattress. They sent to his wife Katie but she was at work. They sent to his family. By the time his brother David arrived it was all over.

Katie took an afternoon off work and went to the funeral. She was shunned by the Renwick family. She considered asking what had happened to the horse and cart and the rest of Rab's assets. After all she still had his wean to support. However her nerve left her.

Katie came home to a cold empty house because Boabby was still with her mother. She built up the fire in the range until it was blazing nicely. She filled the kettle at the jawbox and put it on the hob on the range. When she turned round Daniel Hammond was standing behind her.

'Man! Ye fair gied me a fleg. Sadie's no hame yet.'

'Ah know.'

Katie put two cups on the table. She went to the press and took out the tea caddy and the sugar.

'So how's the greetin widow, eh?'

She glanced round at him in surprise.

'Feelin lanely? Feelin free? Which is it, Katie?'

'Nane o your business whit ah'm feelin.'

She turned back to the kettle, starting to sing on the range.

Arm round her waist, damp lips on her neck.

'Ah'm mair o a man than yon shilpit wee keelie ever wis. Jist like you're mair o a wummin than Sadie.'

Hot hand on her breast. Leg crooking round between hers.

'Wull ah prove how much o a man ah'm ur? We've time afore they're back.'

'If ye're still in ma hoose when ah reach three ah'll prove how hot bilin watter is. Wan.'

Daniel laughed and left.

Sadie and Daniel were married on a sunny July day. She wore the dress Katie had worn on her own wedding day. The scramble Daniel threw was the best ever. The weans lionised him.

Sadie and Daniel along with Lilias lived in Albert Road in Govan on the South Side, a short trip on the oary-boat ferry from Katie's and Jamie's home.

A married lady no longer in paid work, Sadie watched Boabby while Katie was at the mill. Sadie warmed the water and washed and dressed him. She dandled him on her knee and cuddled and kissed him. She made his breakfast and his dinner and fed them to him with a bone spoon. She set him on his feet and held out her arms for him to totter into, his own arms waving triumphantly. She named his world: me, you, Boabby, Auntie Sadie, Granny, Mammy,

Uncle Jamie, Uncle Daniel, milk, saps, piece and jam, mince and totties, cup, egg, claes, shoon. She trained him on the chantie: need a wee wee, need a Number Two. She sang to him: Wee Willie Winkie and Bee Baw Babbity:

Ah widnae hae a laddie-o, a laddie-o, a laddie-o
Ah widnae hae a laddie-o;
Ah'd reyther huv a wee lassie.

Waiting all the while for her own fecundity to show. Yet despite Dan's frequent fulfilment of his part, each moon brought disappointment.

Every day Daniel took the tram into the shipyard. This was located at Linthouse, outside the city boundary, where the business rates at 1/1 in the pound were half those of Glasgow. In 1873 the tramlines had been extended from Govan Road right into the yard. Branches led into each section to transport workers and materials. The horses for pulling the trams were stabled on the east side.

By Daniel's time two out of every three vessels launched from Linthouse was a steamship. The graceful old clippers were dipping on course for that final horizon. Two thousand men poured with Daniel through the yard gates. A jute-coloured river of bunnets mimicking the Clyde itself.

In the centre of the concourse the Linthouse Mansion served as the yard's administrative office. In the middle of the shed was the 100 foot chimney-stack which drew the smoke via underground flues from the furnaces producing the steam power for the machines.

Daniel himself was based in the 200 foot wide engine room. This was divided by cast-iron columns into three bays and glass-roofed to let in the long summer light. A raging powerhouse: drilling machines, boring machines and planing machines. The wet aisles glittered with whorls of steel shaved from the turners' lathes.

Here Daniel and his workmates took red-hot rivets and banged like warriors. Whether they were using hand-driven hammers or the new hydraulic machine, the decibel count often made apprentices throw up. The journeymen, ears long dulled, knotted themselves over this.

One day Daniel and his pal Scroggie went outside at the break to eat their pieces and smoke their fags. The yard was puddled with rainbows, the Clyde flowed dark and seagulls wheeled trying to snatch a share.

A waif with towsy hair was picking her way around the debris. Daniel watched her progress.

'Ye ever ride a ridheid? Ye reckon *aw* their herr's ginger like oan tap?'

'Thon's ma wife Ann-Marie's wee sister Bernadette.'

'Oh, right y'are. Yer wife a Tim?'

'She wis, but she turnt when we mairrit.'

'Aye, no mony left-footers in the yaird.'

'Hope thurr nothin up at hame. Ann-Marie's no due for anither two-three month.'

The lassie stopped a few yards away and beckoned Scroggie.

'Ye're tae come hame, right away.'

'Who says?'

'Ma Mammy.'

'Is it Ann-Marie?'

'Aye. Wean's on its wey.'

'Fuckin hell!' Scroggie returned to the shed to check in his timecard. Daniel and the lassie gawked at each other. He winked and clicked his teeth. The lassie stuck out her tongue.

While her husband Daniel and her sister Katie were fuelling the engines of the city Sadie kept busy too. She unravelled old worn jerseys and knitted the wool into jackets and pantaloons for Boabby. She happed Boabby in a blanket round her and scoured the second-hand barrows lining the Briggait and the Saltmarket. She burrowed through piles of greying shirts and stained linen for baby clothes with the sheen of newness still on them.

Daniel complained about her spending too much time and money on somebody else's wean. Sadie pointed out that when their own weans arrived Katie would pass on Boabby's things. It was really a way of stocking up gear for the future.

Katie came home every day wabbit from the mill. She called to collect Boabby and fell asleep over the cup of tea Sadie made her. She would wake with a start, well on in the evening. Glad that Sadie was keeping Boabby out of her hair.

However the day she held out her arms to Boabby to take him home and he cringed and grat and clung to Sadie, Katie realised she needed to spend more time with her son. There was only one way: marry.

A widow with a wean: Katie's choices were more limited than in her maidenhood. Gone was the plan to wed only a clean-faced man. She sought the company of pitmen and by 1883 had caught one.

Jockie Morrow was an ironstone miner, six years her junior, soft-spoken, of sober habits and eager to please.

In the Hungry Thirties, around the time Lilias and her family were following the drover's road, Jockie's parents were crossing the Irish Sea.

Born in County Down, they fell in love on a potato boat and tied the knot in Maryhill. His mother Charlotte had since died and his father and stepmother shared a single end with many weans. Marriage at 19 gave Jockie a home of his own.

Meantime Boabby had become 'strange' to everyone except Sadie. When Sadie left the room he ran after her in panic; when Jockie chucked him under the chin he burst into tears; when Katie gathered him up to go home he strained and screamed.

'How can he no jist stey wi Sadie and Daniel? He's no waantin tae come hame wi us.'

'He's ma wean, no Sadie's!'

Katie assumed a winning smile and wagged her head at Boabby, who punched her in the eye.

After Katie and Jockie married and Katie gave up paid work the two sisters spent even more time in each others' company. They did the chores together, today in Katie's house, tomorrow in Sadie's. They cooked together and split the meal and carried it home to their respective husbands.

One day Sadie arrived in tears.

'We're flittin tae Tynemouth!'

'Wherr?'

'Tynemouth. It's in England.'

'Whit fur?'

'The shipyairds in England pey better. Oh, whit'll ah dae athoot you and wee Boabby?'

'Kin ye no get Daniel tae chinge his mind?'

'He's awready pit in his cairds!'

Boabby ran to Sadie and she picked him up and slung him on her hip. Katie shrugged.

'Daniel's yer man – it's up tae him. Is wur Ma gaun an aw?'

'Aye – kin ye manage athoot Ma?'

'Ach, nae bother, noo ah'm at hame aw day.'

'Ah'm still gonnae miss yese, but.'

Next day found Lilias, Katie and Sadie in Sadie's home, wrapping dishes in newspaper and packing them in the trunk which had taken the drovers' road with Lilias half a century before.

Some of the pieces set Lilias on a trip of her own down memory lane.

'This was the bowl my mither used to make her *driseachan*.'

There was a dunt on the door but Lilias was deaf.

'I mind them yet – right fillin when your belly was empty. And it wis sae aften empty in thae days.'

Sadie with Boabby clutching her skirts approached the door. It swung open before they reached it. On the landing lowered a hardman, scar from mouth to ear. He strode into the room. Behind him trailed a young lassie with a black eye.

'Oi see ye're packin, missus. Goin far?'

'England,' faltered Sadie, her eyes dropping to take in the lassie's belly.

'Whit's it tae you?' asked Katie.

'Wherr's that man o yours?'

Sadie and Katie regarded him in silence.

Lilias asked, 'Who is that big man?'

'Look what your man done to my wee Bernie. What's he doin about it now is what Oi want to know.'

'Are you sure it was. . . '

'Bernie! Who put you in the family way?'

The lassie wiped her nose on her sleeve.

'Danny Hammond.'

Her father bunched his fist. 'Are yese for callin my Bernie a liar?'

Katie looked at the fist and shook her head. Sadie covered her mouth with her free hand.

Lilias asked the stranger, 'Will you take a wee cuppa tea to yourself?'

'Oi will not.' He looked around at the trunk and packages. 'Caucht yese all in toime. Doin a runner, eh?'

Katie said, 'We'd nae inklin. Ye see whit a shock it is tae ma sister. '

'So wherr's the bould Danny?'

'Due hame ony minute.'

'I'm telling yese. He messes wi the Maloney family at risk to hissel. If he's not for puttin this business roight it's mesel'll be placin his teeth down his fuckin throat.'

Lilias said, 'Are you sure you won't take a drop tea?'

Sadie sank into a chair and sobbed quietly. Bernie lowered herself into another and also grat. Boabby set up a wail.

'Wull yese put a lid on the fuckin greetin!' roared Maloney. 'Holy Mother o God. . . '

The door opened. Daniel came breenging into the lions' den. Maloney ran at him, grabbed him by the throat and thrust him against the wall. He drew back his fist. 'See what ye're after doin to Bernadette, ye cunt ye!'

Daniel wriggled and gurgled until Maloney let him down. He looked at Bernie. He looked at Sadie. He looked at Maloney.

'I'll pay,' he said at last.

'Pey!' roared Maloney. He lifted Daniel by the lapels and butted him on the nose. Blood spurted. 'Peyin's no use!' He pointed at Bernie. 'Oi've seven more loike her an the youngest a baby hissel. And the Mammy expectin again. All of us in a single-end. Bernie had a place in service and now she's back wi us an all. Yese'll have to take this wean in yersels.'

Sadie shook her head vigorously.

'Then the article'll can go to St Vincent de Paul.'

Bernie started up her greeting again.

Maloney cuffed her on the ear. 'The devil a word from you, ye wee hoor!'

'Nae wean o mine's gaun tae a Papist orphan hame!' cried Dan.

Maloney turned back to him and laid him out with one punch.

'Oi'll be back wi yer bastard when it's born. If yese try to run for it I'll find yese and I'll make yese all smell hell.'

He cocked his head at Bernie and she rose and followed him out. Daniel staggered to his feet, slammed the door after them, locked it and stood with his back against it, facing the women.

Sadie was hanging on to Katie's shoulders. Boabby was hugging Sadie's knees. Katie put Sadie gently to one side, walked over to Daniel and slapped his face. The blood from his nose flowed over his mouth and chin. Lilias moved towards the kettle. 'I'll make us all a wee cuppa tea.'

Cacophony.

'She led me on. Just like in Ezekial Chapter 23 Verse 18: *"She discovered her whoredoms and discovered her nakedness".*'

'Whit aboot yer vows tae Sadie? Some preacher you are.'

'Ah never claimed tae be a preacher. Ah'm an elder o the Brethern and speak only when God beckons.'

'Wisnae Goad beckonin ye this time.'

'Ah'm human. If a lassie plays the harlot whit can a man dae?'

'Gie thought tae his wife?'

'Danny, is this why ye're waantin us tae rin away tae England?'

'Nut at aw! It's mair money doon therr. Ah telt ye. See efter yon City o Glesca Bank went under – the yairds here loast hauf their orders.'

'It's a sin fur yese, so it is!'

'A lotta decent men huv loast their joabs, Katie. Ah coulda been next.'

'No if it's jist the decent fellas they're sackin.'

'We're aw under threat.'

'An you fae aw corners. Yon bruiser's comin tae molocate ye. An ah'll be cheerin him oan.'

'Oh Danny! Whit we goannae dae?'

'Ye ayeways waantit a wean, Sadie. Looks like ye're goannae get wan.'

'Naw!'

'It's the only wey ye'll ever get a wean o yer ain.'

'Cannae say that, but! Loatsa fowk. . . '

'Three year so faur an whit huv we goat tae shaw fur it? Ye're barren, wumman! An ah'm eftir provin thurr nuthin wrang wi *ma* equipment.'

Sadie whimpered, 'Ah don't know if ah kin get fond o a wean anither wumman's huvin fur ye.'

'How no? It'll caw ye Mammy. Think o Psalms 113:9: *"He maketh the barren woman to keep house, and to be a joyful mother of children"*.'

'Whenever ah seen it it wad be pittin me in mind o. . . '

'Ma wean's no goannae be brung up by nae nuns, ah'm tellin ye that.'

'Can it no be boardit oot?'

'Why should it? It's goat a Mammy an a Daddy.'

Katie said, 'Hauf an hoor ago ye were happy seein it brung up in a faimily o Papes.'

'No noo.'

'Uch ye've been listenin tae yer Orange pals doon the yairds.'

'Naw, it's no jist that, Katie. Noo it's aw oot in the open. Ah've decided. If this is the only wean ah'm ever goannae huv ah waant tae keep in touch.'

'We should gie it a year or two yet, but. Ah'm still young. . .'

'Ye're twenty-nine noo, Sadie, an ye wis twenty-six when we wed, though ye kidded oan ye wis twenty-wan. Ah could get the merriage annulled fur that, b'the wey.'

'Could ye?'

'Naw he couldnae,' said Katie, minding the lie on her own marriage lines.

'Don't make me choose atween yersel an ma only begotten child. Ye'll regret it, Sadie.'

'That's the tea masked noo,' said Lilias.

Over tea Katie said, 'Boabby, son, here a farthin. Away an buy sweeties tae yersel.'

When he was gone she said, 'Ah've goat the answer. Youse wans take wee Boabby tae England, an Jockie and me'll take in Daniel's wean when it's born.'

Another cacophony.

'Gie up yer ain wean!'

'Sadie, hen, he likes you better than me.'

'Naw he disnae.'

'Aye he dis. An ye're efter sayin how ye were goannae miss him.'

'So ah wull.'

'This wey he'll huv you an his Granny. An the new baby can get used tae me when ah'm no huvin tae go away tae work.'

'Whit aboot Jockie?'

'Jockie disnae get oan wi Boabby. He cannae dae nuthin wi him. If he's goat tae support somebody else's wean he'd reyther stert aff wi a newborn yin. An this wey Daniel kin keep in touch but ye'll no be trippin ower it aw the time.'

Daniel said, 'Ye've a big hert.' He laid his hand over hers. 'Thank you, Katie.'

She pulled away. 'Ah'm no daein it fur you. You touch me again an ah'll throw this tea in yer lyin coupon, so ah wull.'

When Boabby came in, black jowels and liquorice, Katie faced him. 'Boabby, ye know Auntie Sadie and Uncle Daniel and Granny are gaun away. Would ye reyther go away wi them or stey here wi me an Paw?'

All eyes on Boabby. He ran to Sadie and buried his face in her lap.

'S'aw right, Boabby. Jist say whit ye waant, son. Naebody'll gie ye a row.'

Muffled voice. 'Waant tae stey wi ma Auntie Sadie.'

'That's settled then,' said Katie briskly. 'Fae noo oan we'll cry ye Boabby Renwick Hammond. This can be wur wee secret.' As her eyes filled she gathered in the cups.

On April Fool's Day, appropriately, Daniel Hammond Morrow made his way into the world. Katie registered him as born to her and Jockie.

The bond between the Steel sisters defied time and distance. In her last distressful years, Katie was a familiar sight wandering through Maryhill seeking the glaurfields of Gartsherrie.

Left childless after Boabby fell in the Great War Sadie willed everything to Katie. She and Katie died on the same date a hundred miles apart. Katie's weans surmised they must have been waiting for each other.

Katie's youngest daughter Mary Morrow signed her mother's death certificate in the name of Mary Hammond. She then took the train to Crieff to sign her Aunt Sadie's death certificate in the name of Mary MacGregor.

Her reason for this subterfuge is part of another story.

The Cherry

ROUND AND ROUND. Hurdy-gurdy music. Mary Garden Ross on the hobby-horses. Long ago at Peter Fair, or maybe here at Golden Gate Park. Though she was well past hobby-horses when she came to this land.

Left. Faces, gliding by.

Past faces: her brother James, her sisters Leebie and Bella, her peer deid loonie Alex, Uncle Sanny, Great Uncle George.

Present faces: her husband Sandy Ross, her sons Bob and George, her daughter Young Mary, who helps out at the séances.

Right. White Hawk bouncing alongside. He communicates with her yon way.

'You must go.'

'Go where?'

'Get out. Now. Leave.'

'Why?'

Mary looks further, past him. Nobody working the hurdy-gurdy. Nobody she can ask to stop the carousel. She looks again to the left. The ground's far away, and moving so fast. She's no longer as agile as before. Maybe if she slowly eases her left foot d-o-w-n, d-o-w-n. . .

She loses her balance and slips sideways. The platform, bucking, meets her foot. She totters, plunges forward. Her heart lurches. She opens her eyes.

All a dream. Safe in bed.

Or is she?

Against the moonlit window is the winged armchair she presides in at séances. At first White Hawk seems to be sitting in it, but when she looks again he's vanished. The armchair advances towards her by a couple of inches.

Mary sits up and shakes Sandy. 'Wake up!'

'Mmmmmmmm. . . .'

'Get up!' she bawls in his ear.

He jumps as if electrocuted. 'Fit the hell's up noo, wife?'

Mary's already out of bed and putting on her housecoat. 'We maun get oot into the street. Somethin's nae richt.'

'Fit's up? . . . Is this somethin tae dee wi yon Redskin?'

'White Hawk telt me. We maun wauken George and get oot.'

'White Hawk this, White Hawk that. . . Ye've gane gyte, Mary. Yer heid's awa wi it. . . '

Mary's already next door and rousing George, their 14-year-old son. 'Oot! Oot!' She ushers the two of them out the front door and down the stair as Sandy continues to protest. They've almost reached the first floor landing when the whole building shudders and lurches, flinging them down. From below there's a rumbling and a mighty crash.

The gaslights on the landings go out. The noise and movement continue for several terrifying minutes and stop. Doors up and down the stairway open and the other inhabitants emerge.

'What happened? What happened?'

A resounding bang from outside, followed by another, and another. Horrendous reports. Like in a war.

'Is it gunfire?'

'Is it a gas leak?'

Mr Jarkowsky from one up left has brought a candle and from the stairway they survey the damage. The archway leading to the close entrance has collapsed, barring their way to the street.

Mrs Blanchard who lives across the top landing from the Rosses cries, 'It's an earthquake! Let me out!'

'We can't.' Mrs Hemmings from two up right. 'We must wait for help to arrive.'

'But there might be more tremors!' The tremor in Mrs Blanchard's own voice would register high on the Richter scale.

'We must pray that there will not.'

Miss Haskell from one up right starts to whimper. Her sister, also Miss Haskell, puts an arm round her shoulders.

'Is anyone hurt?' asks Mr Hemmings.

A low negative murmur.

Secretly Mary crosses herself. She wishes she had her rosary. She announces, 'I'm gwyne tae sit here on the stairway. Somebody's bound tae come.'

Sandy says, 'Fit wey dae we nae aa sit doon an mak oorsels as cosh as we can.'

Their son George, an apprentice carpenter, speaks. 'Mr Jarkowsky, sir, p'raps you should douse that flame. There may be fractured gas pipes.'

Mrs Blanchard squeals 'Oh!' and blows out the candle while Mr Jarkowsky's making up his mind.

Mr Whitney, two up, left: 'We've the telephone in our apartment. P'raps I could call for rescue. If the lines aren't down.'

Mrs Whitney: 'Not without a light you won't. You'll break your neck on the stair.'

Mr Whitney: 'There's a little light from the stair window. I'll keep a hold on the banister all the way.'

'Oh, let him go, for goodness sakes!' exclaims Mrs Blanchard. 'We want to get out of here tonight.'

Mary Garden,
psychic in
'Frisco

Mr Whitney's white and blue striped pyjamas move into the blackness above.

Mary rests her back against the wall. Her hand closes round the tin locket she wears next to her skin. Amongst the dim shapes she looks for White Hawk but he doesn't manifest himself.

Instead, memories. Old world. Dead century. Smaller self.

*   *   *

Clip clop the hooves. Swish swish the tail. Trickle trickle the drops down the dank windows of the cab taking Mary Garden to her new home. Pitter patter her heart as she keeked through the pane. Her reflection lowered back at her. Staring eyes and cheeks white as a wraith. She fingered the tin locket round her neck, won by her sister Leebie at Peter Fair. She cupped her hands against the pane and tried to see past her present image into her future.

Too many passengers before her had tried the same, leaving their greasy traces on the glass. She saw only the river of water swirling with leaves, old paper and rotting detritus. Rushing along the sheugh and down the condie, overtaking the old nag. The houses were passing smudges of light against the granite. No ghosts.

When they pulled up she opened the door and hung on to it, stretching her toe down towards the flooded street. The cab driver splashed round, grabbed her by the waist and swung her on to the causey. He heaved her trunk on to his shoulder from the cab roof, mounted the steps and tirled at the door.

A girl in a frilly apron opened the door a crack then flung it wide. She pointed along the corridor. 'Tak the quinie's trunk up the stair – third door on the richt.'

Through the gloom Mary sucked in her surroundings. Scuffed parquet floor. Battered mahogany panelling on the walls. A door to the right marked 'Cloakroom'. A bench the length of the side wall and a long-case clock in the faraway corner. Staircase leading up. Staircase winding down.

One, two, three shut doors leading to pain or pleasure.

The cabbie came peching back, took his fare and left. The servant set off along the hall, nose in the air. At the stairs leading down she looked back and said, 'Fit ye waiting on – Lent?'

All old houses whisper, and this one was no different. Tripping along the basement corridor Mary could hear the click of the girl's feet on the flagstones echoing on the white tiled walls. The light swish of her skirt and apron brushing on the cheeks of the kitchen door. She heard the floor and walls reply.

Every nook in the kitchen filled with yellow gaslight. Coming from up country, Mary screwed her eyes. Muttony smell from a pot on the range. Welsh dresser displaying sets of china. A marble semicircular table with a slab of cheese on it. Upright chairs around a scrubbed table with chopping board and knives.

Two faces: the younger girl who'd led her here. Not much older than Mary. Face a mass of freckles. Spiky red hair like the rays of the sun merged with the girl's naturally orange halo.

A woman perhaps ten years older. Sallow complexion, brown

hair in a bun. Dark shadowy halo, which in Mary's experience did not necessarily indicate a sombre personality. Indeed, she was sharing a joke with her colleague as the pair of them looked Mary up and down.

'Michty, Jinty. Did ever ye see the like! Fit a sicht.'

'Fit's at oan her back, think ye, makin oot it's a coatie?'

Chortling they unbuttoned Mary's coat, cut down from her mother's. Grey worsted, shoulders, sleeves and hem unevenly tacked with twine. The altering had cost Leebie hours blinking in the light of a rush.

The younger girl put it on and pranced about.

'This is mai best brocade. Fae Gay Paree!'

'Hee hee hee!'

'The lining's midnight blue satin – least at's fit it is ev noo. Eftir the morn's waashin it'll be sky blue satin again!'

'Hee hee hee!'

'Hi! Tak a scance at this, Annie. Her frockie's waur!'

The coat was dumped as they focussed on the next layer.

'Ee, Jinty, she hisna ony draaers on.'

'Ooooaaahhh! Ee'll hae tae hap yer hurdies, quine. Ee canna rin aboot like that fin aal Creepy's on the go!'

'Hee hee hee hee!'

'Ee, Annie, did ivver ee see sae mony patches?'

'Come awa an we'll coont them. Ane, twa. . . turn her roon. . . aye, there's a wee ane under her oxter. . . three, fower. . .'

'There's that mony bitsa cloot aboot ana ken fit colour this goonie's mint tae be ava!'

Mary thought: they're naethin but a peera servant quines. She said, 'God bless Pitchy Patchy. Deil tak Rags Aa.'

'Fit wis at! Ha ha ha! Did ee hear fit she said? Say it again.'

'. . .'

'Fa learnt ye at, quine? Yer Mam?'

'She hisna goat a Mam. That's fit wey aal Creepy's taen her in.'

'Doot the craitur'll hae tae don a better goon 'n' at for presentin hersel tae aal Creepy and the wife. Ah'll gang up an see fit she's got in her trunk. '

Jinty came tripping down with Mary's other frock. The second best one.

'Look, Annie: this ane's nae even patched. It's aye in its tatter-wallops.'

'Is that twa the only frockies ye hae?'

'The only anes wi me.'

'That's fit she meant! The tane o that frocks is Pitchy Patchy an the tither's Rags Aa!'

'Hee hee hee!'

'She'll hae tae mak dee wi aal Pitchy efter an aa.'

'Look, Jinty, fit's that chape dirt hingin roon the craitur's neck?'

'Hi, fin ah wis wee ah won a fairlin like at at the hoopla at Peter Fair.'

'Hev ye aye got it?'

'Na! I gied it awa tae ma baby sister afore ah sterted at the skweel. Didna wint the ither bairns lauchin at me, ken.'

'An ye dinna wint at either, quinie.' Annie yanked Leebie's last present from Mary's neck and cast it on the table. Mary kept one eye on it to mind to rescue it before she left the kitchen.

'Mebbe she's goat a bonnier sash? That pink ane's gey fyachy. . .'

'That's the ae sash ah've got.'

'Never ee mind, quinie – ah'll dee yer hair up bonnie. Turn roon.'

Annie whipped out the draggled ribbon, took Mary's hair in her left hand and the comb in her right and yanked again and again. Tears flowed down Mary's cheeks.

'Ye've richt. . . puff. . . puff. . . tuggy hair. It's affa frizzy, like. Dae ye pit it in papers ilka nicht?'

'Ma sister dis it fur me.'

'Aye, weel that'll be ma job fae noo on. Be warnt. Ah'm a tuggy caimer. Sae get used tae it noo.'

Face dichtit and hair hauled into fresh ribbons from Annie's sewing box, Mary mounted the stairs. She pushed open the parlour door, inhaling the honeyed guff of beeswax. Her feet tapped over a parquet surround and padded on to a patterned bass. The gaslight glinted off the piano, the occasional table, the mirror over the mantelpiece and the glass doors of a bookcase. The walls were dark green and topped with a frieze of jungle creepers and stylised blooms. A window, brocade curtains held back with a swatch of the same material, looked into blackness.

On either side of the tiled fireplace sat her new guardians. Great Uncle George lounged in a winged armchair. A blue halo swathed his turban, perhaps due to the pipe smoke curling round him. His daughter – possibly his granddaughter – perched opposite on a chair with padded seat and arms. She was stitching a piece of lace.

'Aye, aye, wee Mary, in ye come, quinie, dinna be baach, noo. Come an greet yer Great Auntie Helen.'

Mary scanned the room out of the corners of her eyes for some hidden older lady.

The only lady in the room looked barely one-and-twenty. Fluffy fair hair and dimples. Pale halo, shy smile. She extended a childlike hand. Mary took it with a bob. The lady giggled.

'Sae am ah tae be Mama tae this muckle great quinie?'

'Weel, a'na ken if she'll caa ye Mama. Aiblins better she caas ye Great Auntie Helen because that's fit ye are.'

'Great Auntie Helen sounds affa aal, ken. A'na feel aal eneuch tae be a Great Auntie tae her or ony ither body.'

'Ye're richt, Helen, a'na feel aal eneuch masen! Fit if she caas ye plain Auntie Helen and me Uncle George. Wid at nae be fine? Fit think ee, Helen, is she nae a bonnie bit bairn?'

'Aye. But ah doot her claes winna dee.'

'Tell ye fit. Ee tak her the morn tae Mrs Coull an rig her oot swanky. Jinty can tak that rickle o rags ower tae St Vincent de Paul.'

Annie tapped and entered, demeanour altered.

'Please, Mrs Garden, Mary's supper's laid oot.'

Table with linen cloth set with eight upright chairs. In front of one of the chairs a plate of cold roast lamb, tatties and chappit neeps. Glass of milk at one side and candle at the other. Annie planked herself down opposite and watched. The candle flickered on her features, impassive except once: 'Watch fit ye're deen, skailin the gravy, ye gomeril. Ah'll hae the wark o waashin that oot!'

Afterwards Annie took the candle and led Mary upstairs into a small room containing her trunk, a chest of drawers with a washstand and a candle, and a narrow bed. Annie lit the candle from her own.

'There's a snib on your door. Lock it.'

'Ah'm nae feart fae ghaisties.'

'Ghaisties? If there were ghaisties walkin the nicht nae snib wad haud them oot!'

Mary locked the door behind her, held the Peter Fair locket to the candle flame and mended its chain with teeth and fingernails. She rummaged through her trunk for her nightgown.

After saying her prayers she blew out the candle, climbed into bed and drew the thin blanket to her chin. She talked to her mother for a while and listened for any answers. She stared into the dark to see if any kindly entities would join her. She remembered a song her mother had sung at bedtime. As a child she had thought it her own.

> 'Yestreen the Queen had four Maries,
> the nicht she'll hae but three
> There was Mary Beaton and Mary Seton
> and Mary Carmichael and me. . . '

Thump, thump, thump. Whoever was sleeping through the wall was no music lover.

City of the night.

Clopping hooves. Rumbling carts. Barking dogs. Chiming clock. Lost past, future fears, tears on pillow.

*   *   *

One Sunday, after Mass, Great Uncle George's daughters, who gloried in the names of Clementina Mary and Georgina Mary-Angela, came for dinner.

Clementina was pregnant and hearty. She breezed in, a galleon with three tugs in her wake. Two boys in sailor suits with wide-brimmed hats. A girl smothered in frills and flounces.

Georgina was narrow with a nasal voice.

Mary Garden, muslin and ringlets, curtsied to them with downcast eyes. She suppressed a snigger to see these mature ladies address Helen as 'Mither'. None of the three seemed easy with this arrangement, but it tickled Great Uncle George no end. He strengthened the protocol with 'Gina, pass yer mither the saut.'

'Teenie, yer mither has a wee mindin fur the bairns.'

The addition to the family was discussed to her face: 'Gweed sakes, ee shoulda seen the tatterwallops the craitur turnt up in. But Helen goat the wifie Coull tae mak up this bonnie goon till her. Turn yersen aboot, quinie. Fit say ye tae yer Great Auntie Helen?'

'Thank ee very much, Great Auntie Helen.' (Mary)

'Losh, quinie, nae need tae caa me Great Auntie Helen aa the time! Maks me feel's aal's the hills, ken? Jist Auntie'll dee fine.' (Helen)

'If you can be my mother you can be that bairn's great-aunt.' (Georgina)

'Reyther an aal man's dawtie nor a young man's feel, eh, Helen? Fit say ee?' (George)

'Never a truer word.' (Clementina)

'Bit fit think ye o the cherry ah pickit? Weel-faart face, eh?' (George)

'Strong features. But that's nae bad thing. Speaks o character.' (Clementina)

'And her voice speaks o a fishwife.' (Georgina)

'Ach, she speaks nae waur than ah speak. But if it's an aggravation till ye we cwid send her tae Mistress Abercrombie tae learn her the speak o the queen.' (George)

'What about the rest o her education?' (Georgina)

'She'll gang tae St Meg's ev noo. She'll gang tae the nuns for instruction forbye. An in a year or twa she can gang a bittie forder afield, aiblins – we'll let that flee stick tae the waa.'

The grown-up talk commenced. Mary to her disgust was banished with the other children to the old nursery. A light room with two windows, Noah's Ark frieze and nursery rhyme wallpaper. Rocking horse in one corner and pile of dolls in another. Box of tin soldiers and a box of bricks. A chair and some cushions.

Mary made for a bookcase full of dingy books and opened one of them. Contents as dull as the cover: good children versus bad children with God putting in his tuppenceworth.

She sized up the children. By his sprinkling of teeth she put the older boy at seven; the younger with his full tiny set at five. The girl – confident walker but thumb fixed in mouth – around three.

'Ah'm Mary. Fa are ee?'

'I'm Charlie. Charlie Stewart. That's the same name as Bonnie Prince Charlie.'

'Ah ken.'

'D'ye know what my mother's name is?'

'Aye. Clementina.'

'Aye, but d'ye know what Bonnie Prince Charlie's mother's name was an aa?'

'. . . Clementina?'

'That's right!' The boy jigged around, hop to each pronoun: '*I'm* Charlie Stewart. *He's* Charlie Stuart. *My* mother's Clementina. *His* mother's Clementina. *He* tried to be king. One day *I'll* try to be king.'

'Haivers,' said Mary.

The younger boy said, 'I'm Georgie. She's Clemmie. Are you a bairn or a grown-up?'

'A big bairn.'

'Play with us.'

'Fit ye wintin to play at?'

'We could play with my tin soldiers.'

Mary shook her head. 'Ah'll tell ee aa a story.'

'Capital!' cried Charlie. 'We love stories.'

'Hetty sometimes reads us stories fae Mother Goose,' said Georgie.

'Fa's Hetty?'

'Oor nurse,' said Charlie.

'Weel, ah've anither kinna tale tae tell.' Mary sat on the chair. The children fetched cushions. Six earnest eyes on hers.

'Div ee ken Embra toon?'

'D'ye mean Edinburgh? Father goes there sometimes to see aboot his wine orders.'

'Weel, there's a street in Embra caaed the Royal Mile. It's caaed that because there's a Castle at ae end o it and a Palace at the ither.'

'Has it got kings an queens goin up and doon it?'

'Ay, an princes and princesses an aa – the leelang day. Onywey, fin they wintit tae pit in the piped watter tae the toon. . .'

'The what?'

'The watter comin through the taps, ken, sae they'd nae hev tae gang tae fetch it oot a well. . . weel, they kent there wis an undergroon passage the length o the Royal Mile but they didna ken if it gaed the haill wey. It wis supposed tae be haantit.'

'What's haantit?'

'Ye ken. Fu o ghaisties and bogles. Speerits o the deid. Fin fowk had the plague, syne, they used tae shove them unner the grun so they widna spreed it aboot. Even if they got better they were never let back up again. Noo aa that deid fowks' speerits dauner aboot aneath the Royal Mile by nicht, tryin tae win hame again.

'Naebody wis brave eneuch tae gang doon tae measure the wey tae see gin it wis suitit tae the watter pipes. But then up comes this bit piper . . .'

'A water piper?'

'Na – a hielan piper. A teuchter, ken, a craitur wi bagpipes.

He's nae feart fae ghaists, says he. Says he'll play his pipes ablow the grun, see, an they can follow the soond above the grun an see far this tunnel gaes.

'Sae they open up this wee syre, ken, an doon they shove him, pipes an aa. It's pitch dark doon there, because he canna blaw his pipes an haad a caunle at the same time. Sae aff he merches braw an jinkie, playin his fine tune. . . Fitna tunes div ee ken?'

'Hetty sometimes sings us Oh, the broom, the bonnie bonnie broom.'

'Div ee ken Piper o Dundee?'

'No.'

'Onywey – he's playin somethin jinkie and here's them followin the bit soond above the grun, ken, an here the music gaes on till he reaches the place aneath the Kirk o Saint Giles. Aabody kens ats the big undergrun chaumer far the peer sick fowk, aa deein wi the plague, used tae bide. An syne the music stops.'

'What then?'

'Then naethin. Piper's never seen again. An aabody's ower feart tae gang doon eftir him an look.'

'What happened to him?'

'A'na ken. Naebody kens. Mebbe the ghaists took him awa?'

The children went on staring at her for a while. Then Charlie said, 'I don't believe in ghosts.'

'Then ye're either daft or blin. They're aa roon ye. This very meen-it there's ane sittin ower there scoukin at us fae the corner. . . '

Six eyes widened; three heads spun round to follow her gaze.

'An anither ane up there keekin in the windae.'

Dead silence. Then the scraiching began. Charlie roared and howled and bawled and grat. A moment later his brother and sister joined him. Walloching so loud that Mary stood up and put her hands over her ears.

'Wah-aaa—hhh!'

'Fit's gaan on here?'

The grown-ups swept into the equation. Clemmie scampered

to her mother and flung herself amongst the billowing skirts. Clementina plumped on the chair and drew Clemmie close.

'Ah jist telt them a story' – Mary

'What kind of a story?' – Georgina.

'Ghaists'– Charlie.

'You mean ghosts, Charlie. Your mother's telt – I mean told – you. It's ghosts, not ghaists' – Georgina.

'Och, ghaisties, ghosties, it's aa haivers. Chairlie disna believe buff an nonsense like yon, eh? Dinna mak a poultice oot the loon, Teenie. Eh, Chairlie? Be a brave sodger for yer aal Graandpa?' – George.

'She told us there was a ghost keekin in the window. . .' – Charlie.

'It's looking, not keeking' – Georgina.

'. . . and when I looked up I saw him' – Charlie.

The grown-ups exchanged looks.

'It's wicked to tell fibs' – Georgina.

'I'm not fibbing. I did so see him' – Charlie.

'Faith, Gina, dinna tak on. The fault here lies in a lively imagination, and that's nae bad thing.' Clementina took out a lace handkerchief and dabbed the faces of her two youngest. She smiled disarmingly. 'But Mary, will ye promise to keep off the ghost stories fae noo on? Else Hetty'll never get these bairns to sleep at night.'

Mary smiled back at her. 'I promise.'

*　　*　　*

Mary started at St Margaret's School. The other girls mocked her country ways and speech. 'Here's wee Mary Gairdenie oot the Enzie!' they crowed. 'Fit like, Mary Gairdenie? Foos yer doos?'

The teachers found her behind in her studies: the village school taught no French and only basic arithmetic.

Mary kept her powder dry.

On a beautiful day in early July they travelled to Uncle George's estate at Lairshill. They passed hedgerows of singing birds and fields of young corn. The trip was marred only by Uncle George's insistence that in the trap Mary squeeze between him and Helen instead of sitting opposite with Georgina and Annie.

'Na, na, come up here and keep yer aal uncle sonsy.' He swung his arm around her shoulders and squashed her up against his own bulk. 'Is at nae richt fine?'

Lairshill was more imposing than the Aberdeen house. It stood in its own grounds amid scattered outbiggings. Going up the drive Uncle George's two collie dogs lolloped to greet them and followed the trap all the way.

Clementina, her husband Walter and their brood had already arrived and hurried out. The boys kilted for the occasion, Clemmie beribboned as ever and the newest bairn in her nurse's arms. There were other houseguests: Georgina's lad Jamie Grant, a saddler to trade. Great Uncle George's business partner Peter Raeburn, bearded and genial, with his wife Jane and their own squatter of bairns.

After dinner Peter and Great Uncle George took out chairs to the porch and lit their pipes. Although George had retired he still took an interest. Two rival bakeries had set up in Schoolhill: Mitchell & Muill almost next door to McBean's at No. 62.

Peter and George discussed ways to attract back the custom. Diversifying, maybe. Introducing a line in apple dumplings? There were apple trees at Lairshill. What about fancy cakes?

The children played at the putting all afternoon in the front green while Georgina and Jamie went for a trot around the grounds. There were three horses: a dapple grey stallion called Thunder, a lady's riding pony called Daisy and a Sheltie called Tumshie. All the boys took turns to trot on Tumshie. Mary was coaxed into trying to mount but the creature bolted, leaving Mary sprawling.

They all killed themselves laughing.

Uncle George said, 'That's nae a horse for a quine like Mary. Let's see her ridin like a lady.'

'No thank, ee, Uncle. Ah'm feart.'

Daisy was still tacked up with the side saddle. Mary was lifted atop.

How far away the ground looked! She wrapped her right knee as tightly as possible round the horn and grasped the mane with both hands. The mane offered the most secure handhold. Unlike the tackle it was part of the actual horse.

'Aat's nae the wey ye dee't.' Great Uncle George prised her hands off the mane. 'Ee maun haud the rynes.' He showed her how to weave them between fingers and thumb. 'An awa ee'll gang!' He slapped Daisy on the rump and she took off.

As did Mary a few seconds later. She hit the grass with a bang. Her face buried itself in the mire. Her breath shot out of her and she thought: This is daith. Ah can never survive sic a dunt. In a mintie the angels will cairry me aff tae Paradise. Ah'll meet God. An ma mither. An ma feyther. . .

Thudding feet. Great Uncle George grasped her under the oxters and hoisted her up. He held her against him. His body was warm against her back. The palms of his hands were warm across her chest. She pulled sharply away.

There was no gas installed in Lairshill. When the shadows grew long wall sconces were lit in the inhabited rooms. The drawing room for the grown ups, the kitchen for the servants.

Long before then the children had been packed off to bed. As Mary lay nursing her bruises the door-handle of the bedroom she shared with three children turned. She raised herself on an elbow. A shadow looked in at the four heaps. And retreated.

In November that year Georgina and Jamie married. Clementina's wedding had been at Lairshill in a flurry of roses and hawthorn, but Georgina and Jamie held their winter ceremony in town, in the Catholic Church in Huntly Street. They set up home in Grantown, ancient fiefdom of Jamie's forefathers.

In the spring, as the first strip of sunshine sparkled on the granite wall separating the house at No. 30 Schoolhill from the bakery at No. 32, as the birds busied themselves carrying twigs from tree to tree, as the daffies burst into yellow splendour, as Clementina's youngest took her first toddling steps, Georgina was carried off by a brain fever.

Great Uncle George was in black when he was summoned to St Margaret's School.

'Fit's up? Is the quine nae deein her lessons? Nae deein fit she's telt?'

'It's hard to explain. . .'

'Hing in, syne. Ah hinna aa day.'

'It's not that Mary's behaviour's bad. She studies quietly and learns fast. . . '

'At's aa richt then.'

'But one or two o the girls have complained. They say when she's on her own in a room strange things happen. . . '

'Fit strange things?'

'She'll sit very still as if she's asleep but with her eyes open. . .'

'She'll nae be causin a strushie, then.'

'A book disappeared. . . '

'Are ee caain ma ward a thief?'

'. . . and reappeared in a different place. . .'

'At's aa richt then.'

'Some of the girls say they're scared o her.'

'Fit wey? Does she fecht wi them?'

'No, of course not. The girls are upset because they don't understand. . .'

'Ah'll tell ee fit ah unerstaan. Ah've eftir beeryin ma youngest dochter, the licht o ma ee, a bride nae sax month syne. . .'

'Sorry to hear of your loss. . .'

'An noo here y'are. Causin a strushie in a hoose in mournin. Haein me hashin ower tae gie ear tae yer hysterical tales. . .'

'Nobody's hysterical. . .'

'Quines are aye hysterical. Ah brocht up three dochters an ah've mairrit twa wives. Ah can tell ye. Quines are aye hysterical ower the heid o somethin or ither. Nae ma wee Mary, though. Ye tell me yersel she's eident an mensefu. . .'

'No complaint about her work. Only that when she's alone, sometimes. . .'

'Fit ye say maks nae sense. If she's on her lane there's naebody aboot tae tak tent o it aa.' George rose. 'Na, na. Eneuch aboot lost bookies an hysterical quines. Ah'm awa hame tae cairry oan mournin ma bairn.'

*   *   *

On a Saturday afternoon in August the same year a chaise took Mary's brother James Garden and four other boys from the station at Murtle to the gates of Blair's. Up the broad avenue, parklands on either side. Seated at the window James drank in the building which was to be his home for the coming years.

Far more palatial than Cullen House which in justice should have been theirs. Wings to either side and a belfry in the middle. They were marched through the main door. Sepulchral chanting echoed out of a side chapel. Overwhelmed by the majesty of the entrance hall, all five boys doffed their pie-shaped caps. A priest led them up a staircase to cloakrooms, where they hung their coats, and on to the dormitories. James claimed a narrow cubicle, one of thirty. Two rows of washstands at the end of the room.

At night James blanked out the surrounding snores. His hand closed on the rosary. He fed the beads through his fingers and thought on the Joyful Mysteries. Now the Blessed Mother would forgive him his graceless response to the loss of his own mother. He invoked several saints and stared into the dark walls of his cubicle, opening and closing his eyes, straining ears for any response.

No matter, tonight was his first. There would be many more in this holy place. He was in the best location for receiving that call from God.

During the months that followed, James grew to love Blair's. The heart-stopping library. Guff of scripture. Desks carved with the names of bygone scholars. Forbidden gallery running halfway to heaven. Bookcases banked with calf-bound tomes each too large to be lifted by one boy alone. The display of books in shining gold.

The portraits and relics of the Pretenders, riches smuggled out from the Scots College of Paris at the time of the revolution. Treasures rarely mentioned or displayed. The glamour of unfamiliarity over them.

The playroom and grounds where they sported. The reading room where they sweated over Euclid and theology. The thrill of gathering in the assembly hall with hundreds of other novitiates. Bishop Strain, the remote Principal.

The early rises, the lengthy prayers, the harsh penances: James loved them all. Every one brought him closer unto the Kingdom of Heaven.

*   *   *

As Mary acquired height and shapeliness, Great Uncle George followed her with his eyes. He followed her with his person if she left the room. He laughingly blocked her in doorways and, as she squeezed past, would help her through with a tweak to the waist or a pat on the doup. At dinnertime he would rub her leg with his own under the table.

Mary took care to sit beyond his reach, planned her route across a room to avoid his hands, snibbed her bedroom door even when entering for a moment's refuge. She noticed the servants took the same precautions in his company.

Whenever the yellow was on the broom the two households moved out to Lairshill. Bent backs of the farm workers, row on row. The lily-pond croaking with puddocks. The guff of new-mown hay.

By day Mary played with the children or strolled with the ladies along lanes fluffy with queen of the meadow, past dykes swathed in bindweed. The long pale evenings found her reading by the pond.

One evening in the parlour Great Uncle George, again laughing, always kichering as if it were a game, caught Mary and swept her on to his lap. As she struggled Great Auntie Helen entered. She took a long look at them and went out again. Great Uncle George, face red as a beet, let Mary go.

For a while he left Mary in peace. Then one Monday at breakfast he said, 'Mind back fin ye first cam ah said ah micht send ye awa tae skweel in France?'

'Nae a skweel, exactly,' said Great Auntie Helen. 'A skweel's for bairns. Mair o a college. A college for young ladies. Best college in France, is it nae, George?'

'Tis that, Helen. Ye micht weel say that. Mary, we've made the arrangements. Ye stert there in September.'

'This September? In France?'

'Aye. Ye kin gwa the French, can ye nae?'

'We learn it in the skweel, but a'na ken if ah wid oonerstaan a real French craitur.'

'Fine weel ee wid! It's a skoosh. Ah kin gwa the French a bittie: my breether yer grandpa larnt me fin he cam hame fae the war. If a sodger speirs at ye 'Vooly voo cooshy avec mwa?' – fit d'ye answer?'

Mary and Helen eyed him.

'Ye say, 'Nong mushoo'. Athoot ee're seekin tae tine yer maidenheid, heh heh heh. Here. Fit did ah tell ye? A skoosh.'

Rites of Passage

HELEN AND JINTY accompanied Mary. They went by train to London where they spent a few days taking in the sights. Riding on the open top of an omnibus, breeze tugging at their hat-pins. Ladies and gentlemen sauntering down the Strand. Hurdy-gurdy man cawing away while a couple of children danced for pennies. Regent's Park, its pond now drained to four feet after last year's disaster when 40 skaters met an icy death. The Zoo: lions, tigers, camels, apes. An evening sail on the Thames, gaslights glowing from both banks, under Tower Bridge. A walk past Buckingham Palace, throwing coppers for the mudlarks. Barefoot street arabs sifting through the sewage, panning for coins, for cigar-butts, for old scraps of food. Boys sweeping the crossings for the quality, protecting with their bodies the ladies' dresses. Flower-waifs, wan cheeks and faded posies.

The boat train to Folkestone. What a sight when they reached the quay. A high clipper about to set sail, half-grown boys scampering up the rigging like jackanapes. However their own fate would not hang on '*A wet sheet and a flowing sea...*' but on the good ship *Sir William Wallace*, berthed nearby.

'That's a lucky sign,' said Helen. 'A Scottish boat. An aat steam packets gie ye a richt smooth passage ower, ah've heerd tell. Ye widna ken ye were at sea.'

Mary paced about the deck, too nervous to sit on her trunk. She tried to keep her mind off the challenges ahead. She watched the gows, white wings against the bright blue, whole lives spent wheeling and mewing and following the ferries. England to France. France to England. Back to France. She stood in the bows, skirt billowing behind. She stood in the stern studying the wake. Foamy as soap, hypnotic as flames.

When the seasickness took Mary it was a sudden upswell, a swift sour kowk over the rail, a pat of the lace hanky to her lips. She took pride in the unobtrusive, almost refined way she emptied her stomach into the English Channel.

Not so poor Helen, who spent the two hour voyage loudly splewing over the side. 'Disna tak muckle tae fyle ma stomach,' she gasped to Mary between spasms. 'Aye been a martyr tae the belly-thraw.' Nothing left to offload, still she retched, racking her fragile body. Jinty stood with her, legs braced apart, swaying with the swell. Patting her suffering mistress, shielding her from voyeurs, offering murmured sympathy.

Bologne hove in sight and the passengers crowded to the rail. Helen, pale and trembling, rallied enough to take up a viewpoint between the others.

Jinty held out a paper poke behind Helen's back to Mary. 'Cwid ye gae a wulk, Miss Gairden? Though they're nae affa fine. Grey goor – heh heh – speenfus o shite in a shell.'

Helen blanched again, clutched her hat, stood on tiptoe and leaned over the rail. A smile played on Jinty's lips.

The school had sent a carriage to pick them up. All three pressed their faces to its windows, wallowing in the sweet strangeness. A sallow woman waddled by, live goose under her arm. Pigs rooted about the village square, the buildings golden in the setting sun, the warm air scented with pine.

The main building of the college sat in walled grounds. The carriage swept through an archway past a white statue of the Blessed Mother. A nun holding a lantern answered their knock. She opened her mouth.

As French poured out, Helen and Jinty looked to their expensively educated charge. The language flowed over Mary to the ground and built up again until she nearly drowned in it.

'Oui,' she said weakly.

This elicited another burst which poured into Mary's ears and danced about in her brain. Now and again she caught a stray word: 'voyage', 'mangé', 'vêpres' and 'dormir'. Then the words would be off at a gallop, hiding behind each other, chasing each other up and down the sentences, lurking in the subordinate clauses.

'Oui,' she repeated with more conviction.

A porter hoisted Mary's trunk on his shoulder. She said, 'Merci.' He asked her something and she risked another 'Oui.'

'Ye can fair gwa the French, eh?' remarked Helen.

They followed the nun along a cloistered walk. Into the presence of the Abbesse with her fortunate command of English.

'Leetle Mary will be happy here. There are another six English girls here already. Zey will give her a beeg welcome.'

Mary found her French tongue at last. 'Je suis écossaise, pas anglaise.'

'Quoi? Pas anglaise?' There followed the usual Gallic waterfall, ending, by the intonation, in a question.

The appropriate response should probably be 'Non', but that would only encourage further exchange.

'Oui.'

'Losh, Mary! Yer French is nae bad ava!' trilled Helen.

Eleven mademoiselles and Mary. The mademoiselles at first scance were alike: heavy-browed, red-lipped, curly black hair, white nighties. Mary could not make out any haloes. Their chatter ceased

Mary Garden, student
in France

abruptly as Soeur Thérèse ushered Mary into the dortoir. And
started again as Soeur Thérèse glided out.

'Regarde!'

'Quoi?'

'C'est une étudiante nouvelle.'

'Ooh la-la!'

'Comment t'appelle-tu?'

'Quel âge as-tu?'

Mary closed her eyes. And opened them. Fixing them on the
floor she recited slowly and carefully: 'Je m'appelle Mary Garden.
Je suis écossaise. Je suis très fatiguée. Je vais me coucher.'

They sussed the level of her comprehension and the convers-
ation took a darker tone: 'Regarde sa robe démodée.'

'Quel vilain.'

'Hee hee hee.'

Her bed was to the wall. She changed into her nightie, blessed
herself and crawled between the sheets.

That night was endless. French mutterings, probably about
herself. The repeated coughing of one girl (who left the school

within the week and died, they heard, within the year). Bells calling the nuns to matins. Cocks crowing in the yard at dawn.

So were the weeks that followed as Mary – Banffshire quine surrounded by sixty *filles de la bourgeoisie* and six English misses with fluent French – struggled to make sense of the lessons.

The first week she understood nothing; not in the classroom by day nor the dormitory by night. When addressed by anyone – domestic, schoolmate, nun or Reverend Mother – she went rigid as a rabbit facing a futrat.

General glee.

Over the next two weeks she began to recognise phrases and words from the lessons back at St Meg's. Many abstract words were similar to English. Certain words: 'tasse' and 'assiette' even reminded her of home.

By the sixth week she silently translated to herself some of the questions flung in her direction and in a few cases formulated answers.

By the twelfth week she no longer had to translate in her head.

By the end of the first term it was suddenly as if everybody was speaking English. Or even Scots.

The years in the convent at Claireau went by in a stew of history, French, vespers, geography, French, mass, French, mathematics, drawing, French, confession, French, communion, French, music, dancing, vespers, calligraphy, science and French, French, French. There were nature rambles in the grounds and chaperoned trips to the theatre. The world beyond the *porte-cochère* was out of bounds to unaccompanied mademoiselles.

A thousand miles away James was following the Blair's curriculum: history, Latin, theology, grammar, rhetoric, vespers, geography, Latin, mass, Greek, mathematics, Latin, theology, grammar, rhetoric, confession, Latin, communion, Greek, music, vespers, calligraphy, science and Latin, theology, grammar, rhetoric, Latin.

James was satisfied that God was calling him. In the chapel, in the study room, in the playroom. In the grounds where they played at the football, in the garden where they strolled by the hives. God summoned him by way of all his senses. The soaring treble of the choirboys, the agony of the paintings telling Christ's story, the incense permeating the old walls, the sweet Communion wine. And in his daily life – study, chores, prayer and play – James duly answered.

However with James's third year at Blair's a sixth sense raised its head, so to speak, to disturb his peace.

Eighty-five of them were sitting in the study room, heads bowed over Cicero. Matt Pearson, sitting behind James, nudged him and passed him, under the desk, a pack of picture cards.

The pictures were etchings of ladies in states of undress. The ladies' faces looked, in turn, startled, outraged, coy and conspiratorial. However it was not the faces, charming though they were, which caused James pleasant but unwelcome stirrings.

He looked at the cards, one after the other. He had harboured only the vaguest notion what lay under ladies' crinolines, under their stays, under their petticoats. He got back to the first one and looked at them all again, slowly. He wanted to get rid of them, to pass them on to Vincent Chalmers, sitting in front, to hide them from God. He wanted even more urgently to keep them.

James's face grew hot – was this noticeable? He shot a guilty glance to the front of the room where kindly old Father Kerr was snoozing over a book. James looked back at the pictures. He longed to smuggle them back to the dormitory, to his cubicle. . .

He tapped Vincent, passed the cards on and tried to drag his mind back to *De Oratore*.

James had eaten of the tree of knowledge and was no longer at ease in Eden. The only females in Blair's were the domestics. Dowdy and dressed for labour though they were, James saw them with new eyes. Their faces, scrubbed and freckled or dull and grey. The way their bodies moved inside their frocks and pinnies.

A housemaid called Rosie – soft curly hair, hazel eyes and a

87

pert chin – captured his attention. Now that he knew what lay under her apron and fyachy brown gown he had them stripped off her every time she crossed his path. Time and again he tried to look the other way when she came in; time and again his eyes would slew back to her and sin again.

More cards circulated. The boys discussed them, kichered about them, fantasised aloud. James kept to the fringes of such talk, close enough to drink in every word, remote enough not to have to contribute. The sensation aroused by the pictures, by the crack, became more urgent until it turned into an ache, a distraction from nobler activities.

There was one way to get temporary relief, but that route led to the confessional. His regular confessor, Father McNeill, prescribed various unpleasant penances. An impure thought: kneel with bare legs on cold flagstones for the hour between teatime and vespers. Inappropriate touching: pour a pail of cold water over your naked body.

When Father McNeill fell ill, James got a new confessor, Father Cuthbert. His penances were milder: say a wheen of Hail Marys, spend the leisure period after tea praying in the chapel.

However in some ways Father Cuthbert was worse. Before inflicting the penance, he insisted on hearing every embarrassing detail.

'Describe the impure thought.'

'What exactly did you conjure up in your mind?'

'Which girl was this?'

'What was she wearing?'

'Was she sitting or lying? Were her knees apart or together?'

'How did you yourself feel at that time?'

'Whereabouts did you touch yourself?'

When James dared to ask, 'Fit wey dee ah hae tae tell ye foo vigorously ah touched masel?' the priest had a ready answer: 'Twill be a different penance if you rubbed yourself, than if you only stroked.'

Worst was the fact that James found it impossible to 'go and sin no more'. Within an hour of carrying out the penance his thoughts would be running riot again. For the repeat sinner, there can be no forgiveness. Except. . .

What did St Paul say to the Corinthians? (1 Cor 7 chapt 8-9) *'If they do not contain themselves, let them marry: for it is better to marry than to burn.'*

* * *

One day a summons came from Scotland, by way of the Angel of Death. This time Mary travelled alone, chaise, boat and train. She spent the night in London at the home of a school friend. She reached Aberdeen on the evening of the second day.

Annie opened the door of No. 30 Schoolhill. 'Ah, God rest her. A richt fell time Mrs Gairden had o it. Sicca pain.'

'Her stomach wis aye weak. Wis she failin lang?'

'Ae day bien and herty, the next scraichin and the next in her windin sheet.'

In the parlour Clementina and Walter. Black shadows on each side of the hearth.

'This is an affa sad business,' said Clementina. 'I never thocht for a meenit I would see baith Gina and Helen oot. Baith younger'n me. Baith healthier. Faith, I get that oota breeth ev noo dannerin alang the corridor. Yet mind foo Gina used to wallop roon the field on yon horsie.'

'Far is she?'

'Up in Feyther's room. Annie'll tak ye up – ah canna manage stairs ony mair.'

Great Aunt Helen was lying in the four-poster, counterpane neat below her chin. Her pale face and hair faded into the bolster. No halo round her. Only round Great Uncle George as he sat beside the bed. He burst into tears and held out his arms to Mary.

'Come awa an gie yer wae Uncle a bosie!'

Cautiously Mary approached. George grabbed her and whisked her on to his lap. His mouth came down hard. Mary struggled. She pulled away and, fighting for breath, parted her lips. A mistake. George's mouth was on hers again. This time his tongue took its chance to push in halfway down her throat. She gagged. He released her face but not her body.

'Mary, Mary. Fit a sonsie quinie ye've turnt intae. Gie yer Uncle anither bosie.'

She broke away and lurched to the foot of the bed. She stood chittering. George turned back and stroked Helen's dead white hand.

'Fit a braw wife she wis till's wi her yalla hair.'

James got a couple of days off from Blair's for the funeral. He was sixteen, already taller than Mary. Adolescent spots on his chin. Fuzz of hair on his lip. The first chance to talk privately for years.

'Fit's aa the crack fae France?'

'Ah'm kneipin oan fine, ken. In fact, ah'm fair ettlin tae hine back, wi ae thing an tither. Fit like at Blair's?'

James was silent for a moment. Then he said, 'Fit think ye Uncle wid dee if ah telt him ah wintit tae gie it aa ower?'

'Gie ower Blair's, James? Nae be a priest ava?'

'Aye, jist that.'

'But ee were aye that set on it. Ye thocht ee had a vocation, James.'

'Weel, aiblins ah wis wrang.'

'Fit happened?'

'There's things, Mary. Things ee dinna gie thocht tae fin ye're a bairn. . . .'

'Fit things?'

'. . .'

'Is it aboot wintin tae hae yer ain faimily?'

'. . .'

'Ah can oonerstaan that, James. Wi nae parents, ye're wintin tae build a new faimily tae yersen. . .'

90

'Jist dinna like the life, Mary. Nae for me ava. But fit think ye Uncle'll say tae that?'

A week after the funeral George sent for Mary to speak to him. He was sitting in his favourite seat in the parlour ingle. She perched on the arm of the chaise longue at the opposite end. He held out an ashet with dark brown chunks. 'Cwid ee gae a bit candy?'

Mary loved candy. 'Nae for me, thanks.'

'This is candy ee'll nae hae tastit afore. Gwan, noo!'

Mary took two steps, raxed out and picked up a piece. She placed it on her tongue. Smoother than tablet, butterscotch, marzipan. After a moment it became softer, while retaining its shape. A subtle fragrance wafted through her throat. Richer than cream, mellower than treacle, sweeter than. . .

'Is that nae richt fine? Ye'll nae ken fit that is.'

Mary shook her head.

'Hae ye ever had a drink o chocolate?'

Mary shook her head again.

'This is a new idea somebody's come up wi. Chocolate made into solid candy for eatin. Foo wid that be, think ye, if we pit it in the cakes?'

Choc-o-late. Choc-o-late. The very word melted in her mouth.

'They'd be queuin up in the street.'

'Come a bittie closer, quinie.'

Mary slid off the arm. She perched on the seat, still at the far end.

'Fit div ee think o me, Mary? Div ee think ah'm an aal, deen carl? Ah've seen ma day an noo it's nicht, is at it?'

'Ah. . . divna think. . .'

'Aye, coorse ye div. Ah'm yer grandpa's breether, fit wey wad ye nae?' He again held out the ashet and Mary despite herself took another lump. 'But ah'm yer grandpa's youngest breether. There's near fifteen year atween him an me. He wis aaready hammerin awa at his last afore ever ah saa the licht o day.'

A prickle developed at Mary's scalp and continued down her spine.

'Ah'm a man, Mary, that needs a wife. The single life's nae for me. Noo, ah ken ah'm a hail lot aaler than ee. . .'

'Ye're ma uncle! It's forbidden!'

'Na, na, Mary, that's far ye're wrang. Ah'm nae exactly yer uncle. Ah'm mair distant than that. . . '

'Ye're ma great uncle. It's still forbidden.'

'Faa telt ye that, Mary?'

'. . .'

'Ah ken Holy Church isna affa on for cousins mairryin. But it allows it in certain circumstances. A great uncle's far further oot than a cousin, syne. And ah hae a wheen o influence wi the Church. Ah've gien them a fair routh o siller in ma day.'

'The *law* winna allow it.'

'Really? Faar did ee hear that?'

'. . .'

'Ah think ee're wrang there. But ah'll tell ee far ye're richt. Ye're richt tae think ah'm a lot aaler than ee. Fit age are ee noo, Mary?'

'Eichteen.'

'Aye. I am conseederably aaler. But that can be a gweed thing. Ah've had mony a year biggin up the business. Ye see the life ah lead noo. Winter in ma fantoosh hoosie in Aiberdeen. Ower tae bonnie Lairshill fin simmer blinks. Aa this wad be yourn, syne. Fit young birkie cweed offer that?'

He proffered the chocolate a third time. Mary reached. Great Uncle George caught her hand in a grip of steel.

'Ah've watched ye, Mary, grow fae a bonnie wee quine intae a weel-faarit young maiden. Ah kent fit gweed wis in ye, an ye hinna lat me doon.'

'Uncle George, ah canna. . .'

'Ah'm nae expectin an answer richt awa, ken. Tak yer time. Fit say. . . gie me yer answer in a month.'

Mary's cheeks burned. She closed her eyes to avoid looking him in the face. She pulled her hand away. As she turned towards the door he chortled, 'Ah hinna gien up hope aathegither o ae day haein a son tae ma name!'

Over the next month Mary spent most of every day locked in her room. She pleaded a headache and had her meals brought up. One morning when her uncle was busy with his accountant she sneaked to the post office with a note to James. He trued the school and hitched a ride to town.

They met in Market Street and turned into Union Street. The summer sun sparked silver off the granite.

'Jist thocht ah'd warn ye. Dinna let oan ev noo aboot wintin tae gie up on Blair's. Uncle'll be in an ill teen, aince he's heard fit ah've got tae say.'

'Fit's at?'

'That ah'm nae wintin tae mairry him.'

'Ee're nae wintin tae mairry fa?'

'Himsel. Great Uncle George. He's made me a speirin o mairrage.'

James's jaw dropped. 'Awa wi ye. He's seekin tae mairry *ye*?'

'Aye. Jist that.'

'But. . . Foo aal is he?'

'A'na ken. Eichty, aiblins?'

'Ninety, mair like. Gweed sakes. Hae ye nae taen the wrang soo by the lug?'

'He's wintin ma answer by next week. An it's naethin tae kicher ower, James.'

'Ah'm nae lauchin at *ee*, Mary. . . ' He patted her shoulder. 'Ah'm jist picturin. . . '

'Fit ye picturin?'

'Naethin ava.'

'It's gey hard – aye seekin tae steer clear o him. . .'

'He's nae been tryin it on. . . ill-yaisin ye?'

Mary happed her shawl closely round her shoulders. 'Dinna fash yersel. Ah'm nae feart fae him.'

They strolled along Albyn Street. Along the bleak wall of the Female Orphan Asylum.

'That's far ah cwid hae feenished up, if it wisna for Great Uncle George. We owe him aathin.'

'Nut at aa. We cwid aye hae bade on wi Uncle Sanny.'

'That widna hae deen wi ee, James. Ee were aye crowpin aboot foo ticht-fistit he wis. An ah wid hae feenished up like peer Leebie, skivvyin hersel deen.'

'But noo Uncle George is seekin tae pit us baith far we dinna wint tae be.'

'Aathin has its price, James.'

'An his wife nae caal in the grun!'

'His young wife, James. His very young wife.'

* * *

Evening of reckoning. Mary entered the library. Uncle George was sipping a whisky, having finished his accounts. She assessed his mood by the halo. Mellow, maybe. Tranquil, certainly.

'Uncle, ah've been thinking ower the offer ee made me. Ah've reached ma decision.'

He raised the glass, took a sip, and lowered it again. He keeked over his spectacles at her and raised one eyebrow.

'Ah'm gey phrased ee should think ah cwid mak a gweed wife till ee. Ah'm affa grateful for aa ye've deen for me, an aa ee've gien tae me, foo ee took me in an gied me a gweed education. . .'

'. . . But ee'll nae mairry me.'

'Widna work, Uncle. Ah'm ower young. Ah wint the experience for it. Ah'm nae the wife for ee ava.' She looked him bravely in the face.

'Aye. Ah thocht ee wid say that.' Gloomily he dirled the whisky, held it up to the gaslight, took another sip. 'Sae that'll be ye awa back tae France next week, eh?'

Mary closed her eyes and thanked a few saints. 'Thank ee,

Uncle.' She bobbed a curtsey and turned towards the door. He called her back.

'Fit aboot a last wee bosie for yer aal Uncle?' He held his arms wide. His heavy lips smiled. Wolfish glint in his eye.

Mary thought of all he had done for her. She thought of all he might yet do for her. She walked awkwardly back to him and let him clutch her to his bosom.

Seated in his chair he gripped her between his knees. His hand found her breast and squeezed it. Just as once it kneaded the loaves which made the fortune which now kept them all. His eyes were closed, but still his mouth found hers. This time she knew to keep her teeth clenched, but her lips were crushed against them until they lost all feeling. The stubble of his whiskers scraped the skin from her chin. His mouth slid down her neck and clamped itself to her shoulder, sucking noisily. Somehow she kept herself upright until his knees loosed their grip and the ordeal was over.

'Ee're a bonnie quine, Mary. A bonnie, sonsie quine.'

Mary stottered out, rushed to her room, snibbed the door, grabbed her looking glass.

Blue lips, grazed, bleeding chin, bruised breast, bite to the shoulder. The worst should heal before she had to face the nuns in France.

Thank goodness he had no teeth.

* * *

'Sit doon, James. Dinna be baach – ah'm nae angert at ye. Tell me fit this is aa aboot. Ye've written tae me ye wint tae gie up on Blair's.'

'Ah've deen it, Uncle. Ah've telt them ah'll nae be back.'

'Dinna ee worry, ma loon. We can pit that richt. Ah'll write an tell them. . .'

'Dinna wint it pitten richt. Ah'm nae gyaan back.'

Great Uncle George sat back in his winged chair.

'Fit's this aboot, lad? Are ye in some kinna trouble?'

'Nut at aa. Ah'm deen verra weel in Latin an pastoral theology.
But ah dinna wint tae be a priest.'

'Fit wey, James?'

'Ah've nae callin fur it.'

'And fit maks ye think that, lad?' Great Uncle George's eyes
were kindly, his tone mild.

'God telt me.'

Great Uncle George took off his spectacles and cleaned them
with his handkerchief. When he put them on again his eyes were
hard.

'That's the sin o pride. Ee ken fine weel God disna talk tae
young birkies like James Gairden. Faith, he disna even talk tae the
likes o me, or tae Monsignor Forbes. That's fit wey we aye hae tae
get the saints tae intercede for us. The morn ee'll gang tae
confession an tell the priest ee've committed the sin o pride.'

'Aa richt. Ah'll gang an confess fitna sins ee wint me tae confess.
But ah'll nae stick wi the priesthood.'

'Foo no?'

'Ah widna mak a gweed priest.'

'Lat Oor Lord be the judge o that.'

'Ah dinna like the life.'

'Ah, noo we hae it.' Great Uncle George sat back in his chair,
folded his arms and contemplated James for a full minute. James
held his stare.

'Sae fitna life wad ee reyther hae?'

'Ah thocht ah cwid be a jiner, like ma feyther.'

'An foo wad ee gang aboot that?'

'Serve an apprenticeship?'

'Fa wid tak ye oan tae serve yer time?'

'Ah wis hopin ee micht ken. . .'

'A'na ken ony jiners. Ah ken nocht but bakers an priests.'
Great Uncle George delivered a killer blow.

'Far wad ee bide file ee were servin this apprenticeship?'

'Ah wis hopin ah cwid bide here in Aiberdeen, wi you.'

'There's nae room in ma hoose for spieilt priests. An nae siller in ma kist for them, neither.'

James faced Great Uncle George impassively. The bridges leading to his possible futures, roads he had taken for granted, collapsed one by one. He was flung back on his inexperience. More alone than ever before, even as a nine-year-old orphan.

Great Uncle George's expression changed from combative to sorrowful.

'Ah picked ee oot, James. Ah chose ee tae be the son ah never had.'

'Ah ken. Ah thank ee for't. . .'

'Ah'm a rich man, James. Ah winted the son ah never had tae hae a life o leesure. Never get yer haans clarty. Ah peyed for a gweed education. . .'

'Ah'm grateful for it, Uncle. . .'

'. . . an a position in the world tae bring respect.'

'But it isna the life ah wint for masel, Uncle.'

'Weel, ee maun seek oot this ither life. But ee'll dee't athoot ae broon bawbee fae me. Either ev noo, or eftir ah dee.'

'Ah see.' For a terrible moment James thought he might greet but he won control.

'Sae fit's yer plans noo, eh? Aa shot tae pieces?'

James shook his head slowly. 'A'na ken. A'na ken onybody ootside o Blair's. . . Ah've naewhere else tae gang.'

'Sae it's back tae Blair's, then.'

'No.' James turned towards the door. 'Ah'll think o somethin. But ah'm nae gyaan back tae Blair's.'

'Then ee divna bide anither nicht aneath ma roof! Ee hear? Ye're oota here by sundoon!'

James ran out the parlour and upstairs. He threw himself on his bed and grat his fill. As the shadows crept across the floor he wiped his eyes, sat up and started to pack.

On the stair he met Mary. She'd heard the story from Annie whose ear had been to the door.

'Sae far are ee gyaan, James?'

'The nicht? Ah've a freen in the toon, Norman Meldrum, ane o the day boys. His fowks'll pit me up a nicht or twa. Eftir that ah'll think o somethin.'

He pushed past her to the front door. Trunk on his shoulder, he walked with unsteady gait down the street. Mary watched him until he was a silhouette against the setting sun.

They met again the day before Mary returned to France.

'Sae fit is't, James? Back tae Glashturim?'

'Tae dee fit? Ah've nae trade, nae wey tae keep masel. . .'

'Ye've a gweed education. . .'

'Bit o Latin, puckle words o Greek. . . Fit in the warld cwid ah dee wi that?'

'A lawyer?'

'Tae be a lawyer ah need tae ken ane that wad prentice me. Tae be a doctor ah'd hae tae gang tae the college. Fa wad pey for that syne?'

'Fit aboot reid-heidit Uncle George up in Elgin?'

'Him? Ilka time we're lookin tae him he's up tail and awa afore ye can blink. Onywey, ah'm nae seekin tae be a tailor. Blearin yer een at the stitchin – yon's weemin's work.'

'Sae fit trade div ee wint, James?'

'Same trade as Feyther. Ah wint tae be a jiner. Ah wint tae leave ahint me muckle great biggins like St Peter's.'

'Fit's yer plans, syne?'

'Ah need a roof ower ma heid, food on ma plate, claes on ma back, trainin in a trade an a puckle bawbees tae masel. There's nocht but ae wey tae get aa that. Norman says the Gordons are recruitin up the toon. Ah'm awa tae jine the Airmy.'

* * *

In the last month of her teens Mary was again recalled from France. This time the occasion was happier. More nuptials for her guardian. The bride was another Helen, more seasoned than his last. The widow of his accountant. From now on, with George's eyesight failing, the estate bookkeeping would fall to her.

'Dinna ye think ah bear a grudge, Mary. Ye were richt nae tae mairry me. Ah wis ower aal fur ee. Ah'm nae keeping weel, Mary, nae weel ava.'

'Ah'm wae tae hear that, Uncle.'

'It's ma watter, Mary.' He patted his groin. Mary averted her eyes. 'Somewey nae richt – ah'm haen tae pish ilka mintie o the day. An ah'm affa sair wi't. A young quine widna be deen wi aa that. Ah need a wife that'll nurse me noo ah'm doitit.'

'Ye're nae doitit, Uncle. Ye're as wyce as ever ee were.'

'Aye, weel, this Mistress Armstrong's the wife for me. Ken fine she's eftir ma siller. But ah'm nae takin her for her blue een either!'

George's halo was mellow. Mary moved closer. She smiled her bonniest smile.

'There's ae favour ah'd speir at ee for, Uncle. . .'

'Speir awa, quinie, speir awa.'

'Ma breether James. Cwid ee nae tak it tae yer hert tae forgie him, Uncle?'

'He's in the the Airmy noo, ah hear. Sae lat him look tae the Airmy.'

'He's affa grateful for aa ee've deen. . .'

'Disna seem that wey tae me.'

'He micht a made a braw priest but for ae thing. He wints a calling, Uncle. Ye either hae a calling or ee divna. Cousin Meg – Sister Mary Bernard – mebbe she has a calling. . .'

'Certainly she has!'

'But gey few div. James disna. Fit aboot ee, Uncle, yersen – foo wad ee hae teen tae bein a priest?'

'There's waur. . .'

'Gin James wis tae jine the priesthood wi nae calling, wid that nae be a waur sin than leavin it? Wid that nae be the sin o hypocrisy?'

'Here's me thinkin James cwid a been the son ah never had. . .'

'An sae can he yet, Uncle, sae can he yet. Ee ken James, he's a true son o Holy Church. On his knees mair than his feet. Never oot the confessional. . .'

'Aye. Muckle tae confess!'

'Gin he mairries, he'll bring aa his bairns up in the true faith, nae question. And he'll cairry oan the name o Gairden. Nane o us quinies can dee that for ye.'

Great Uncle George reached for her. He squeezed her. The upper arm. The waist. The backside. His palm was warm. She stood firm.

'Aye, Mary, ee're a persuasive speaker. Gin ee were a loonie, ee cwid a been in politics.' He raxed up and tweaked her cheek hard. Still she did not flinch. 'Ee widda got ma vote!'

'But Uncle, if James dis mairry and has a wheen o bairns tae bring up in the true faith, he'll be needin a wheen o siller tae keep them aa. . .'

'The craitur brak his promise tae me. He maun suffer for't. Noo clear oota here an tell Annie tae come up wi the chantie.'

Mary turned at the door. She thought she saw a smile on Great Uncle George's lips.

*　　*　　*

Wagons waited to transport them from Kildare railway station to the barracks in the Curragh. James heaved up his kit and clambered after. He found a seat between two comrades, back to back with another soldier, facing out the side. There was no covering on the wagon. As they trotted along, the breeze played too refreshingly around their faces and knees. James could fair have done with a pair of drawers beneath his kilt, but this was forbidden. At some of the drills they had to walk over a mirror to prove their nakedness.

Back in his native heath, James loved the uniformity of a field of corn. The salty wind rippling the heads in waves. Ripened in summer the crops were ladies' tresses. The oats with their fluffy fluster were young girls out their beds, the comb not yet put to their heads. The barley was blonde locks new combed, soft as cat's fur. The wheat was Sunday hair, douce, braided for church.

There was none of that here. Dreich to the point of wretchedness. Brown, grey, greyish brown and greying green. Mud to the horizon, with occasional rickles of clay and wood.

James studied these knowes, pondering their function. Too far from civilisation to serve as kindling. Maybe not man-made at all, but some aberration of the landscape. Molehills, on a scale to fit a Clydesdale.

A movement caught his eye. The surface of one of the mounds was shifting. A craitur emerged, standing upright once through. More brown and grey: hard to discern against the mound. A hedgehog of hair crowning a streaked face, balanced on trailing rags. Bare stick-like pins streaked with more filth disappearing into the mire.

'Is that far the fowk bide?' he asked in disbelief.

Tammas Esson, who had served there before, answered: 'Aye, an if ye think that's grim, ee should see the wrens' nests ower by the Curragh.'

The plain of the Curragh was bobbled with whins. Still dark green, but it would be a blaze of yellow in May. Springy turf underfoot. Moving dots everywhere: white sheep and scarlet soldiers. The Gordons wore regimental kilts covered in protective aprons, but there were English and Irish troops here too, in tight breeks.

James settled his kit into his corner and himself into the peacetime army routine of cleaning, eating, washing, squarebashing, standing guard.

He attended classes in carpentry. As soon as he touched the wood he felt affinity. Wanted to create something, following its natural grain. He salvaged discarded chunks and spent his leisure time carving whimsical objects. A miniature stool, a shoe with a moustache in place of a tongue.

His copperplate handwriting instilled at Blairs' came to the notice of his commanding officer. James was called on to assist the quartermaster in the paperwork. Some of his mates paid him to write letters home. Few had pens and ink, but even in pencil his epistles were works of art.

As the evenings warmed, they would light a fire, pass a bottle round and tell stories. There were Irishmen from the Madras Fusiliers, returned from India after the Siege of Lucknow.

Liam Mulligan said, 'There's a song about the Curragh of Kildare.' He cleared his throat and found his note: 'Oh, the winter it is past, and the summer's here at last. . . '

At the end of the first verse James interrupted: 'That's nae an Irish sang ava. That's a Scotch sang – Rabbie Burns wrote it.'

'Ye feckin Scotch bastards! This grand wee song ye can't claim. Answer me this: was yer man Burns ever in Kildare?'

'A'na think it.'

'Was he ever a soldier?'

'He wis a fairmer. And an exciseman.'

'This song's about a colleen followin a soldier to the Curragh of Kildare. Yer man Burns wouldn't know there was an Army camp here.'

Liam proceeded to go through all six verses. James scowked at him across the campfire. The flames gave the faces a hellish glow.

At the end James declared, 'The sang is Scotch, an ah'll prove it to ye. See yon bittie far it gaes on aboot her love bein like the sun? Ee were singin 'His is like the moon, and it wanders up and down. . .' Bit that wis wrang. Disna rhyme. The line should gang: 'His is like the moon, it wanders up and *doon*. . .' See? Scotch as brose an kail.'

Liam sprang to his feet. 'Did me own dear mother, God rest her, not sing me this song every day of her life. And do I not know it better than ye know your own heretic prayers, ya lump o Proddy shite!'

James also sprang to his feet. 'You callin me a Protestant? Ah'm a truer son o Holy Church than ee'll ever be, ye bog-loupin Paddy!'

The two would have grappled but for the flames.

'Lads! Lads!' Michael McLaughlin poured whiskey on the troubled waters. 'Nane o yer fechtin here. Shake hands on't. Sure a song can be baith Scotch and Irish, same's a man. You're lookin at wan. Scotch mither, Irish feyther. Born in Bonnie Scotland but grown to man's estate here in the Emerald Isle.'

James smiled. 'Ye're richt. The boats hae been criss-crossin atween Ireland and Scotland since afore Saint Columba.'

Liam said, 'There'll be a bit Burns in the song Curragh o Kildare and maybe a bit Irish inspiration in your man Burns.'

'Fa kens fit cam first?'

James and Liam shook hands. They hunkered together in the glow of the whiskey and some shared snuff.

James asked about the 'wrens' nests' that he'd heard about. Liam was on guard duty every night but promised to take him over there on James's next afternoon of leave.

'I've a wee girlie out there. Faithful as the day's long. Is she not after followin me here to the Curragh? Just like in the song.'

They set out past the new military cemetery close to Walshes-town. Liam had packed bread, rashers of bacon and a quarter bottle of whiskey.

'Not that Norah herself is particularly partial, but all the girls are in great need of it. When you see where they're livin, sure, you'll know what I mean.'

To the north the Hill of Allen where the great Fionn MacCool and his Fianna used to meet. To the south Dun Ailainne, seat of the Kings of Leinster.

'Ah, but we were giants, once,' said Liam.

On first approach they saw only the plain. Whins like grounded cumulus, beginning to shade into yellow haze. As they drew nearer a few of the bushes trembled. Lines rote-learned at Blair's came into James's head: *'I look'd toward Birnam, and anon, methought, The wood began to move.'*

Brown dots emerged. They became women. A rag happed round the waist and another over the shoulders to preserve them from wind, snow or lechery. Matted hair, faces and limbs streaked with mud or tears.

One approached James, bundle of rags in the crook of her arm. The bundle had a face to it. Thin-cheeked grimace. More bat than baby.

Speechlessly the woman raxed out her other arm. James felt in his sporran and gave her a couple of coins. Three more women advanced.

'The bush women don't look so temptin at present, but in the heel o the day when they know the soldiers are comin, bejasus! they put on a fair show. See their fol-de-rols there – they don't have room for them in the nests.' Liam pointed to bushes in the middle distance, spread with clothing. A bodice, a petticoat, a bedraggled crinoline. 'Ah, there's me own dainty Norah. Is she not a picture?'

Definite cut above the rest. Hair combed, and piled up in some semblance of style. Properly stitched and starched frock, albeit muddy round the hem. Boots and surprisingly white stockings.

Liam greeted her with a kiss. Slipped his arm around her waist.

'Norah and meself have business to attend to in this wee nest. You can be lookin about meantime.'

'Will ye be lang?'

'You'll be fine.' Liam came up close to James. 'Up to yersel, but if ye're minded to taste. . . Just remember: one night wid Venus, a lifetime wid Mercury.'

He crawled after Nora into a tunnel amongst the thorns. Immediately several women crowded in on James.

'Lookin for yer hole, darlin?'

'What else would he be lookin for?'

'Lookin for a pretty one?'

'Is it me ye're fancyin? Sure I'm the prettiest.'

'I'm the best ride in the Curragh. The cavalry themselves'll swear to that.'

'What about it, me darlin? You and me beneath the furze there.'

'Furze looks sharp but you won't feel it at all.'

'I'll show you furze that's soft as silk. Take a look here.'

The women reeked like latrines. James backed off at a fast walk. A run. He was headed off and surrounded.

'Sure the Jocks are the favourites. Kiltie-kiltie cold-bum!'

'You show me yours – I'll show you mine!'

One woman to either side of him, raising his kilt inch by inch. A third woman square in front of him. Scraped, hairy legs braced apart. Pacing herself with their progress, hitching up her own rags, laughing, open-mouthed; brown stumps of teeth. Three women clapping, keeping time.

A hand touched his sporran. He grabbed it and cast it away.

'God love you, dearie. It's not what's *in* your sporran I'm after!'

On the ground, them all on top of him, his kilt no more protection.

The re-emergence of Liam preserved purse and purity. 'Here's Norah to show us her nest.'

The space was a cowped bird's nest. Floor about eight foot across and the roof – part wickerwork, part corrugated tin, part turf – so low everybody hunkered down. The circling smoke from the turf fire made everybody's eyes stream. They sat on upturned pots, while a shelf at the back held a few bowls, knives and spoons and a holder for a rush taper. In one corner was a crate; in the other a pile of filthy straw stolen from the cavalry stables. Norah shared this home with three other 'wrens' and one small boy.

'That box over there is our own wee nice things. Money – we split everythin, share an share alike.'

Outside, the weather worsened. The wind set up a moan and some drops fell through the wickerwork. Norah rose and pulled the sheet of corrugated tin more closely over the door.

'Are ee nae aa sterved wi the caal oot here the back o beyont?'

This required rephrasing before Norah understood. She said, 'Sure, in winter we're demolished with the cold. We sleep with our heads under the turf part that's dry. We put our feet towards the fire and put this pot over the flames.' She indicated the pan she herself was sitting on, peppered with holes like a sieve.

'Fit wey did ee aa end up here?' asked James.

'Didn't I follow Liam here from Clare.' Norah smiled up at her benefactor. 'Biddy also walked here. All the way from Connemara.'

'Some distance that.'

'Took her three months. Seekin the Daddy of her wee boy Marty.'

'Did she find him?'

'She did that, but here! . . . was he not after findin himself a new sweetheart. He gave her such a baitin, poor Biddy. Thought she was a goner. We took the pair of them in – what else could we do? Grace and Maudie – they came from Dublin to the Curragh because they heard there was a livin to be made.'

A livin to be made. These were the same bad women James had been warned against at Blair's. Addicted to vice.

Norah and all, even if it was true that she was faithful to Liam. Lying with a man not her husband. Sinning repeatedly. Accepting the wages of sin.

Yet was this sin enough to condemn her to this godless place?

'Can you nae find the peer quine some better place to bide?' James whispered while Norah was making them tea.

'Ah, but women are forbidden within three hundred and sixty yards of the camp,' Liam told him. 'The only place would be the workhouse at Naas. Sure that's worse, Norah dear?'

'Indeed it is. They don't let us wrens into the workhouse. We've to eat and sleep in the yard. A whole heap of us squeezed in a henhouse. We can't go to Mass with the others. We only go to the Naas workhouse if it's a fierce winter, like the last one.'

Crawling out again, James felt the need to clear his airways. He took an extra large pinch of snuff and offered some to Liam.

'Fit think ye – should I mention this at confession?'

'Mention what? Ye've done nothin.'

'Ah thocht, maybe jist comin here. . . Is it nae a sort of hoose o ill-repute?'

Liam burst out laughing. 'James, James. I can see you're poor in experience o real sins. Cardinal sins, sins worth wastin the priest's time on. And you're in luck – it's meself is your man to put you right.'

* * *

A voice from the street: 'Hello! Anyone there?'

'Help!'

'Here!'

'Get us out!'

Ten more minutes to wait – each one a year – between the voice calling and the first chink beaming through the debris. They clamber over chunks and under the shifting overhang, into the white light of freedom. They screw up their eyes, reach out for hands. The scene swims into focus.

To either side the street is a roller-coaster. Here a humphy-backit hill, there plummeting towards hell. The streetcar rails are buckled into wondrous shapes, twenty foot high. An automobile sits with its hood buried in a wall. The facades on half a dozen buildings have separated and keeled onto the street, killing everything in their path. Most of the dead are deliverymen, squashed with their horses and wagons as they made their morning run.

Worst are the fires. Flames bursting out of chasms in the fractured street. Orange blazes on the pale wisps of morning, rising from the rooftops to the sky.

'Jist as weel ye got Mr Jarowsky tae pit oot yon caunle,' Sandy whispers to his son. 'That cwid hae been us.'

The Chinese laundry's ablaze. With the mains burst, there's no water and the firemen stand helplessly by. The front window explodes and everybody jumps back. A shape in the doorway. Mr Song, pigtail smoking, staggers into the street. Wife slung over his shoulder. As he reaches the sidewalk he gasps 'Hi! Ho!' and heaves her down where she teeters on tiny pointed feet.

Another group is gathered at a corner. The Rosses squeeze through into a scene to haunt them all their days. A man lies under blazing debris. As the flames eat through the wood the man is silent. Only his eyes and his yellow aura (Mary no longer calls it a halo) register terror. Five people, one a policeman, battle to shift the pile pinning him down. Snatching into the embers, hauling at the accessible corners.

The flames win the race. As they lick the soles of his shoes, as his socks brown and blacken, as the cuffs of his pants smoulder, as his ankles blister, the man screams 'Kill me!'

A reek of charred flesh rises. The cop asks, 'What's your name and address?' He asks three times before the man, through his screams, understands. Water shooting out of eyes and nose, feet wreathed in fire, he gasps out the information.

'I'll let your family know,' says the cop, drawing his gun.

The shot reverberates through the air. People at the other end of the street think a second quake is under way and scurry like rats.

Further along the Rosses come upon a man on his hunkers, keeking down into a long crack in the road.

'My Ned's down there!' he says in wonder. 'My poor Ned's down there with my wagonload of coal!'

The crack would scarcely take a gird and cleek, never mind a whole wagon.

'You think I'm plum loco to cry over a horse when there are good people dying. But I had him twenty years. He was more than a horse to me. He was my friend.'

'Are ye sure he's doon there?' asks Sandy. 'There isna muckle room.'

'Right in front of Ned this crater opens in the road. I try to draw him back but he's slippin. I flung myself off the cart and rolled on to the sidewalk. When I looked back – Holy Moses! Ned and the wagon and all the coal tipped over and vanished. Then that crater *closed up over them*! Saw with my own eyes, God's my witness.'

'Amazin!' Sandy shakes his head.

'Say, do you think Ned reached the flames at the centre of the earth?'

'Na, na,' Mary comforts him. 'He winna hae tummelt that far.'

'But where is he? There's no space. . . '

The telephone lines are down. Sandy crosses the city on foot to check on the sugar factory where he works as manager. Mary calls, first on Bob and Cassie and then on Young Mary and Jeff. Sipping coffee with Young Mary (Jeff's on call with the rest of the police force) she hears dull thuds from the outskirts.

Young Mary shakes her head sadly. 'Jeff said if there was no water the firemen would blow up buildings surrounding burning areas, so's to contain the flames.'

Night has fallen before the Rosses and their neighbours can return to their homes. Cautiously Sandy unlocks and opens the door to their apartment.

'Sic an a sotter!'

In the kitchen the pipe has fractured and water is ankle deep. No more is spurting because of the broken mains, but Sandy turns it off just in case. The dresser has toppled face down, and smashed crockery and glasses are strewn across the room. The floor of the press harbours a pile of burst sacks: flour, sugar, tea, oatmeal, all rendered into glaur.

In their own bedroom a chunk of plaster from the ceiling has fallen on top of their pillows.

'White Hawk saved oor lives. Fit div ee say aboot that?'

'I still say he's aa in yer heid, Mary. Ah'll say it till kingdom come. Losh, ah wad say it if the craitur materialised in front o me and took me for a dram in the Fiery Dragon!'

'Ye're richt thrawn, Sandy.'

'There wis nae haiverin aboot Indian Spirit Guides and aa that dirt till we cam here. If the craitur can flee through the air fit wey did he nae appear fin we were aye in Scotland? And fit wey does he hev tae be an Indian? Fit hev Red Indians tae dee wi us?'

George comes ben from his own bedroom. 'My bed's OK. If you want you can sleep there tonight and I'll sleep on the sofa.'

Long after the others are in the arms of Morpheus Mary lies musing on life and death. She thinks of the lines in the old song:

'Oh little did my mither ken, the day she cradled me
The lands I was tae traivel in, the death I was tae dee.'

Elgin to Enzie to Aberdeen. France to Buckie to San Francisco. Richt enough, herself to a T. As for the death she's tae dee. . . only White Hawk might know about that.

Tomorrow she'll put out more billboards advertising her séances. After this day's work there will be big demand in Frisco for chasing after the shadows of the dead.

Cut off and cast from thee

JUST BEFORE Lottie Morrow returned to Coatbridge for the New Year holiday her lumber gave her the heave to go chasing after a hairy. A mingin, bawfaced hingin-oot-the-windae scrubber. Gallus scraich and wiggly walk. Nothing going for her with the lads but her easy virtue.

The Morrow family gathering was blighted from the off. Lottie glowered out the window or at a shred of cobweb on the ceiling. The songs and recitations washed over her.

Her mother Katie comforted her that there were other fish in the sea. She coaxed her with cherry cake and black bun. She ordered her to put the hems on it. She told her she was an ill wind coming up the Clyde. Lottie hid in the kitchen bed-recess bubbling until the party broke up at three. Gave them all a right showing-up.

Back in Gourock Lottie saw the pair winching everywhere she went. Drawing the laces on Mrs Anderson's stays, she glanced in the dressing table mirror. Ruby smirked back, primping and powdering. Lottie returned to the kitchen. Against the sink lounged

Sammy, making eyes at a point past Lottie. She went to set the parlour fire. There on the hearth rug sprawled Sammy and Ruby, spooning, arms entwined. When she opened the curtains on the very marital bed. . .

Lottie singed Mr Anderson's shirt. She skailt a bit of fat on the kitchen floor, skited on it and bashed her bahookie. She broke a plate, one of an expensive set.

Mrs Anderson gave her a severe shirracking. She cast up old grudges: Lottie's initially slow mastery of basic cooking, Lottie's once having entertained her young man in the kitchen by night. If Lottie didn't pull herself together she could look for another job.

On her half day off Lottie walked from Inverkip to Gourock. Her mood was as black as the clouds over Cowal. Gale pushing her along the promenade. Onding drenching her through her coat. Pier forlorn, ice-cream parlours closed, swingboats fettered.

Lottie leaned over the railing at Cove Road. The horizon was lost in mist.

She saw a small boat buffeted far out and imagined her young man and his new tootsie in it. It was sinking. She stood with a lifebelt in her hands. . . The town clock struck four, the leerie began his rounds and Lottie had to make tracks. All the road home the wind howled in her face. She let herself in, drookit to the skin, her hair a net dredged from the ocean floor.

Mr and Mrs Anderson were dressed to the nines: she in foxfur stole, astrakhan coat and hat like a tray of cakes, he in a silk topper from his own factory.

'I know it's your half day off,' purred Mrs Anderson, 'but we've had an unexpected invitation to dinner. Would you mind very much putting wee Jimbo to bed for us? You can have extra time off another day.'

Mrs Anderson had pulled this trick before. The extra time off never materialised. However Lottie's recent work record left no room for negotiation.

The Andersons swept off in a cab and for the next hour Jimbo led Lottie a merry dance, hiding in cupboards, under beds, locking himself in the bathroom, sliding down the banister, battering her over the head with pillows. By the time he was sleepy enough to stay down the Andersons were due back, she had a sodden bathroom to clean up and she was still supperless.

That night sleep evaded her. Visions of Sammy and Ruby danced in her head. She tossed and turned and banged the bolster. She tried to expel them with new imagery.

Memories of the days when her siblings were still manageable in number. Katie took her, Danny, Jimmy and Sarah to visit Granny, Auntie Sadie, Uncle Daniel and Cousin Boabby at Blyth. A sunny place it was, with such a happy name. Now Granny was dead and Auntie had returned to Scotland. Was the old house still as blithe as before?

Next evening she wrote to the cousin (or whatever – the relationship involved several family secrets) she scarcely remembered. She told him she was living in a wintry resort working for Mad Hatters who thought they owned her every minute.

A week later Boabby sent back a picture postcard. 'Come to Tynemouth where the lads are bonnie as well as 'Blyth'. There's dancing and music hall. Keep house for us here and we'll get rid of our maid.'

A chink in the wall of the predictable present. A ray of hope for a different future.

Lottie spent weeks weighing up her options, sending a second letter to establish the exact conditions. Yes they would pay her. They would hand her the whole housekeeping for the week. Yes, of course they would treat her as family because that was exactly what she was. Lottie gave her notice and by the following weekend was back in Coatbridge.

She asked her family what she might expect at Blyth.

'Boabby's grown up a fine laddie. He's tall an good-lookin. . .'

'Whit is he tae me? Ma cousin?'

'Aye, jist that. A cousin.' Katie hesitated. 'Weel, a wee bit closer.

Don't be gettin ony romantic notions fur him. He's ower close for aw that.'

'How d'ye mean?'

'Jist that.'

'And Uncle Daniel?'

'Och aye. The bold Daniel. He's worth the watchin, him.'

Jockie said, 'I mind o gaun wanst wi him an his cronies tae the Britannia Music Ha. See thae riveters – they're right heidbangers. . . heh. . . heh.'

'How d'ye mean?'

'They went wi their poackets aw bulgin an when the coamics come oan, here, did they no fling aw their rivets doon on their heids!'

'Fur cryin oot loud!'

'Ye shoulda saw thae clowns! Loupin aff the stage like fleas affa scabby dug. . . heh. . . heh. . . !'

'It's a rough place, thon Britannia Music Ha,' said Katie.

'Daniel's church wis agin it. He still went, but.'

'Tae Daniel, religion's mair about hoggin the limelight than aboot burnin doon theatres.'

'It's cried the Panopticon noo,' said Jockie. 'Shuggie Malone an Tam Maguire telt me aboot it – they wurr therr fur the new openin. Mr Pickard's goat Goad knows whit aw in therr noo – freak show in the attic, zoo in the basement . . . an see the *pictures* he's goat: thurr pictures o. . .'

'Keep it tae yersel. We're no waantin tae know,' said Katie. 'It's a rough dive, onywey. Nae lady in her right mind wid go near the place.'

For the next two days Lottie went the rounds of her old school friends, trying to organise a group trip to the Panopticon. Her brother Jimmy agreed to accompany her if she paid for his ticket. They stared at snakes, grimaced at monkeys, pranced before the magic mirrors. They gawped at Hogarth's paintings of moral degenerates and at medieval etchings of Chinese torture. At the back of the pit they watched comics tell weak jokes while dodging the piss showering down from the gods. When a particularly gormless comic trod the boards Mr Pickard reached in with a hook and yanked him off-stage.

On their way home Jimmy remembered, 'We forgoat the dampt freak show!'

'That's aw right. Ah've a fair idea noo whit ma Uncle Daniel likes.'

On the day of departure Lottie stooped in front of the mirror, sticking in hatpins. Her hat was a confection of veils and artificial violets. To complement the hat she applied violet toilet water behind her ears and in her bosom. The icy trickle ran down inside her blouse.

'Fur cryin oot loud, Lottie, whit's that on yer heid – a bridescake? Wis that a present fae Mr Anderson?'

'Naw, Ma. He makes hats fur gentlemen, jist.'

'Aw thae fol-de-rols – ah'm telling ye, thae Blyth lauds'll never know whit hut them. Mind an be careful, hen.'

'Whit dae ye mean?'

'Aw men are wolves an a gentleman is jist a patient wolf.'

Lottie laughed. 'Wherr d'ye hear that?'

'See an get a snib fur yer bedroom, hen, if thurr's no wan awready. And till then a chair agin the door at night. Jam it under the door haunle. Jist in case.'

'Ma! Ah've been in service five year. Ah know aw aboot the chair agin the bedroom door.'

As Lottie's brother Jimmy carried her trunk down the stairs and along to the car stop, as the car carried her and Katie to the station, Jockie was already below their feet, swinging his pick, winning their bread.

The train pulled in alongside the low brick station. Lottie clambered down and looked up and down the platform.

Both men faintly familiar and at the same time novel. Boabby, taller and broader but the same rosy face. Uncle Daniel, greying at the temples, lines on his brow lending distinction. Deep set eyes, steady gaze.

They kissed her and took her luggage. Uncle Daniel won her heart with a posy of primroses.

'Sweets to the sweet!'

They swept her along like a star. A tranquil street, neat houses and mature trees. Mellow yellow sunshine on the sandy main square. Scuttering hens lending an air of rusticity.

Uncle Daniel's house was big. Only one room fewer than the Andersons', and here she would be in charge. Her own room was adequately furnished: a bed, a chair, a chest o drawers with wash-stand and a wardrobe. A view out of the single-pane window to a side street dancing with weans and covered in chalk markings for peever and rounders. No snib on the door.

She found her apron and put it on. She opened the wardrobe and discovered a full-length mirror on the inside. She combed her hair through, pinned it up again, pinched her cheeks and lips and hurried downstairs.

In the kitchen Uncle Daniel stepped out from behind the door and untied the strings of her apron. Boabby pulled out a chair and gestured with both hands to it. He almost bowed. Uncle Daniel said, 'Ye take over the hoosekeepin the morra, but ye're wur honoured guest the day.'

He laid before her a plate decorated with a very English cottage – lupins in the garden, wisteria round the thatch. Fried fish and chips.

'Fresh oot the Tyne the day – ye'll never taste the likes o thon in Coatbridge! You shall have a fishy in a little dishy. You shall have a haddock when the boat comes in!'

Boabby took his seat and pulled his chair in. Lottie picked up her knife and fork.

A staying hand. Uncle Daniel's eyes held hers for an instant.

'I speak for all of us around this table in giving thanks to the Lord for this bounty.'

'Amen!' said Boabby.

'Amen!' said Lottie.

Over their tea they chatted pleasantly. News from home. Jimmy serving his apprenticeship to a silver-polisher, so this fourth generation need never go down the pit. Wee Sarah soon to leave the school and already landed a place in service.

Promises of pleasures to come.

'Lots o history here – the Tynemouth coat o arms has a miner and a seaman, tae symbolise the two main industries. Lots o things all along the coast. There's the Laing Art Gallery in Newcastle. They're talkin aboot openin a motion-picture theatre there soon. North Shields – oh – it has everythin! And ye'll no miss the seaside o Gourock when ye've got Whitley Bay!'

After tea Boabby remained in the kitchen to wash the dishes, refusing Lottie's offer of help. Lottie and Uncle Daniel took their tea into the parlour. Daniel showed Lottie several interesting curios: a pianola which would play by itself if you put a roll of music in, a phonograph which played cylinders.

Uncle Daniel's eyes were still sparkling blue.

'Ye're the double o yer Mammy, hen, when she wis a young lassie. She wis the loveliest young lassie in the street.'

'It wis Auntie Sadie ye merrit, but.'

'It wis yer Mammy ah fancied. But she wis merrit tae someb'dy else.'

'No at the time ye merrit Auntie Sadie, she wisnae.'

'Naw. Well, she widnae hae took me. See, yer Mammy ayeways hid tae be the wan that wore the breeks. Ah made hur jumpy. She didnae know whit tae make o me.'

Lottie sipped her tea, feeling very grown up. Uncle Daniel rose, went to a drawer and returned with a photograph. Her parents in their youth. Young Danny at their side and herself on Katie's lap.

'Sure that's the bonniest faimily ye ever seen in yer life? Yer mammy looks that prood o ye.'

Lottie studied the picture. 'See how ah wis cawed eftir ma

117

granny Charlotte?'

'A bonnie name.'

'Ah've ayeways wunnert – how did they caw oor Danny eftir you an no eftir wur ain da?'

'Uch, Danny's a be'er name than Jockie.' He nudged her. 'Sure it is?' He nudged her again, 'Sure it is? Sure it is?' until she giggled.

'But no as bonnie as Charlotte.' He touched her cheek gently with the back of his hand.

Lottie yawned, stretched, pushed her chair back and rose.

'Ah'll away tae ma scratcher. It's been a lang day.'

Upstairs, before yanking her clothes over her head she hauled the bed itself over so that the edge barred the door. No one approached her room all night. She slept the sleep of the innocent and awoke next day eager for adventure.

*   *   *

In Coatbridge spring arrived in the usual Scottish way, vacillating, a mild day in the middle of four cold days slowly giving way to a cold day between two mild days. Every few weeks the smog from Clydeside's million chimneys smothered the streets.

The day that changed their lives began normally. Shafts of dawn found holes in the smog and beamed along between the miners' rows. They danced in rainbows in the waterlogged hoof-prints. They found their weak way through the Morrows' window pane. The shadows faded from the jawbox, the press door and the range.

The curtains across the bed recess rippled. Katie swung her legs over, found her baffies, stepped over the hurley with her sleeping son and shauchled across to light the gas. She stoked up the smoored fire and set on the pan, caked with dripping from previous fry-ups. Egg and square sausage: the last hot meal Jockie would enjoy for 12 hours.

'Time ye were makin a move.'

More ripples in the curtain. Jockie emerged. He leaned towards the fire and cleared his black phlegm, hacking and spitting until the tears streamed down his face. He pulled the nightshirt over his head and stood in his simmit and long-johns. Dreams still flitting round his head. The coal-face miles away.

He stropped his razor on the leather strap, steadied his chin and winked into the mirror hanging side-on to the window. Katie planked his breakfast on the table with a cup of tea and got the loaf out the press to make up the piece. Bread and more sausage for Jockie to take with him down below.

The postman chapped the door with a letter. Katie glanced at the handwriting. 'Fae Sadie. That's nice.' She tore it open and took it over to the window to read. Jockie sat down and picked up his knife and fork.

'Fur cryin oot loud.'

'Whit's up?'

'Sadie's hud a visit fae Boabby. An he says. . . '

'Whit?'

'Ah cannae credit this! How could she be sae daft?'

'Who?'

'The wee bizzum! Whit a *brass neck*!'

'Sadie?'

'Oor Lottie.'

'Whit's she up tae?'

'She's huvin a cairry-oan wi yon bad bugger Daniel Hammond.'

'Name o Goad! He's auler'n me!'

'How could she dae this tae hur pair Auntie Sadie?'

'Seevin year auler!'

'Pair Sadie. Born under an unlucky star, righ' enough.'

'Goad, thurr's hope fur me yet! . . . heh. . . heh.'

'It's nuthin tae laugh aboot. Ah'll huv tae write back tae pair Sadie. Whit the hell am ah goannae say in the letter?'

'Yon Danny Hammond's ayeways been a bugger wi the weemin. A right. . . whit d'ye cry it? A right . . . .'

'Romeo. But it takes two. See oor Lottie? Ah'm feenished wi

119

hur. Yon wee bizzum's burnt hur boats faur as ah'm concerned.'

'But Daniel an Sadie huv been away fae wan anither fur years. An she wis the wan walked oot oan him.'

'He's still hur man, Jockie.'

'Cannae expect a man tae live like a monk.'

'How no? Monks manage.'

'Heh, heh, no Danny-boy, but.'

'Therr ye go again! Killin yersel. Whit's the joke? Pair Sadie away up in Crieff oan hur tod, greetin her eyes oot.'

Katie went to the chest o drawers and rummaged. She found a notepad and a few envelopes. The only pencil she found had a broken point.

'Ahm goannae get this letter ower wi right noo.'

She got a penknife out the cutlery drawer and started scraping at the pencil.

So Katie hardly noticed Jockie that final morning when he shouldered pick and shovel and started towards the mine.

The smog thickened and passers-by appeared in full or in part and vanished again. Invaders from other dimensions. Some had scarves round their faces. Not Jockie: what was a bit smog to a miner?

The car appeared like a wraith, its clang hollow. Jockie grabbed the rail, swung on to the platform, found a seat and paid his fare. When it neared his stop the two young men ahead of him jumped sideways off the platform, running alongside to keep their balance. Jockie, burdened with tools, descended carefully.

As he had done on eight thousand previous mornings he joined the throng in the cage and was lowered into the bowels of the earth. He hewed away the airless, timeless hours. Swinging, chipping, swinging, chipping, swinging, chipping. Filling the hutch, marking his tally, sending it rattling down the cuddie brae.

Eleven o'clock found him chomping on his piece. Blinking in the glow from the Davy. Swapping with Shuggy Malone tips for the dog races at White City Stadium.

Just before he returned to the job Big Tam McGuire told him Mr Fraser the Overman wanted to speak to him. Jockie wiped his hands and made his way along the tunnel.

'Hoo lang have ye worked this pit, Jockie?'

'Seven year this pit, Mr Fraser. Cannae mind hoo lang aw told. Mebbe twin'y-ther'y year.'

'Ye know auld Scobie's retiring in April. So we're waantin a new Assistant Overman. Wid ye be interested?'

'Aye. No hauf!'

'Yer pey'll go up tae eight bob.'

'Thanks very much, Mr Fraser. Fair 'preciate it. Mind you, Mr Fraser. . .'

'Whit?'

'Ah'm no great at the spellin an that. . .'

'Disnae ma'er fur this joab, Jockie. No fur this joab. Ye'll jist be makin sure awbody's wherr they should be an that therr nae leaks. Ye'll still be daein a bit o the hewin when we're short-hauned but no aw day every day.'

'Awfy good o ye, Mr Fraser. Fair 'preciate it.'

Jockie returned to the face and heaved his joints into action. The contours of his back were mapped in black sweat. In various places pain shrieked at him that his body was no longer young. The new lighter job was coming at the right time.

Katie would be fair pleased with the extra money. Danny, Lottie, Sarah and Lily away, now, supporting themselves. Just wee Cathie and Mary left. Jimmy serving his time as a silver-polisher. Bright tomorrow for the House of Morrow.

He half sang the phrase to himself. 'Bright tomorra fur the Hoose o Morra.'

His pick struck rock and wedged high up within the hollow. He rugged and tugged to no avail. Thinking of tomorrow he grew impatient with today. He took his feet off the ground and swung his whole weight on the handle, which separated from the head. Jockie slithered on the scree and fell on his bahookie. Shuggy and

Tam chortled.

The head of the pick remained stuck, six foot up in the roof of the hollow. The possibility of having to replace this expensive tool took the shine off his thoughts. He stretched up awkwardly and by pressing on the floor of the hollow with his left hand he was able to feel around the spike of the pick with his right. He tried to free it by pulling away all the loose rock around the metal. He shoved his hand right down inside and tugged at the rock. The rock moved. There were cracks he would be able to widen.

He worked around the wedged spike. Lumps of coal and rock crumbled. The rock moved again. He gave one last mighty tug at the spike.

The rock weakened and broke. The pick came away. The broken bits of boulder also came loose and crashed down into the hollow, wedging on top of his left hand.

Jockie yelled as the rock smashed his bones and burst his flesh. He lost his footing again and hung, suspended by his wrist. Shuggy and Tam rushed to help him. Their shouts brought others to the spot. Shuggy supported Jockie under the oxters while Tam and Malky Simpson stretched up and struggled to free him.

'Don't worry, man, we'll get ye oot in a tick. We see wherr it's stuck.'

The hollow was in an awkward position. The men forced their shovels between the rocks and the bottom of the hollow for leverage. Jockie wept and groaned and passed out. Blood trickled down his arm and down the rock face.

'Waatch ye don't yank the boulders doon on him!'

'Whit if ah shove this tap yin – kin ye get a haud o the bottom yin?'

'Aye, ah've goarrit.'

'Aw right therr, Jockie?'

'He's passed oot again.'

'Jist as weel.'

A kindly workmate turned Jockie's head away when the

They gave Jockie
Morrow a hook and
a friendly dog, Nell

mangled mess of blood, flesh, pulverised bones and coal shale was
released. Cuddies and cage bore Jockie into the light and the pit
doctor's syringe.

When he opened his eyes after surgery, Katie was at his bedside.
He smiled sleepily. He pulled it out from under the sheet. Pristine
bandage. His forearm coming to a sudden end.

'Shoosh, Jockie, jist sleep the noo.'

'Wherr um ah?'

'The Royal. Is it hurtin?'

'No much. Katie, ah goat ma promotion the day! Ah'm an
Assistant Overman!'

'Did ye, Jockie? That's good.'

'Ye think they'll haud the joab open fur me?'

'Never you worry aboot that.'

After Katie left Jockie felt cold. A chittery wave started at the
nape of his neck and made its way to his feet. He drew the cover
up to his chin. The cover didn't move. He pulled it again. And
again. He looked down. And remembered.

The manager had no use for a one-handed man as hewer of
coal, never mind Assistant Overman. There were nightwatchman
jobs in Glasgow and the Morrows left Monklands forever. The

weekly wage was little more than Jock's daily wage as a miner had been, but the city, unlike Monklands, boasted a middle class for whom Katie could scrub floors. When his stump healed Jockie got a hook to carry things and for company through the nights a friendly dog called Nell.

'Ye're weel oota that pit, onywey,' Katie would say in future years, shaving him, tying his bootlaces, cutting up his dinner. 'It wis fair tellin on yer lungs.'

Because of the family rift, word travelled from Katie to Sadie, to Boabby and only then to Lottie. She grat with the shock. Thought of visiting them but quailed at her possible reception. Thought of writing but couldn't think what to write.

At the Gospel Hall that Sunday Daniel presented as a theme Matthew 5:30: *'And if thy right hand offend thee, cut it off and cast it from thee: for it is profitable for thee that one of thy members should perish, and not that thy whole body should be cast into hell.'*

Lottie, bubbling into her hanky, had seldom heard him speak so well. After the service she stood within his sphere. She gained comfort from his glow.

And the looks of the people
fall on you like snow

AH'VE LED MA SHADDA an ah've followed ma shadda. Ma shadda's
been tae the richt an it's been tae the left. Ah've paddit toward the
moon till the sea barred me. Ah've naewye left to gang an ah'm fair
forfochen wi aa the airts ah've been.

The gas lichts mak yellow circles on the causey-stanes doon to
the herbour. Ah fix on makin ilka street lampie ma next goal o the
moment, trailin fae ae yella circle intae the next. The yella circles
waarm ma banes an ah bide in ilka circle a bittie afore steppin oot
intae the caal dark shaddas. Ma ain shadda the shape o a bell afore
me. A lang stilpert bell. A wee brosy bell.

Ma toes keekin oot in turn fae aneath the draigelt hem of ma
goon. Ma richt toe. Ma left toe. The upper's pairtin fae ma left
boot. Ma stockin, aince fite as the snaw, is grey as the causey-stanes.
And me a cobbler's wife. Or wis, aince upon a time.

Foo did ah get fae there tae here?

Fit div ah mind o the aal days?

125

Fin ah wis wee ah thocht ah cwid mind ma mither. Ah mind big skirts blawin wide an swampin me as she wis raxin up hingin her sheets on the tow. Ah mind haadin her haan gaan doon tae the well wi the pail. Ah mind hidin amang her skirts fin fowk cam tae visit, because ah wis a bittie baach, like.

Syne ma sister Leebie telt me that wisna ma mither ava, but Mrs Brander that took me in fin ah wis wee.

Later ah gaed tae bide at Enzie wi Uncle Sanny an Leebie. Ma breether James wis there for a filie an aa, afore he gaed awa tae be a priest. Aal Grandpa wis there, afore he deed.

Fit div ah nae mind?

A'na mind ma sister Mary fin she wis a bairn. But ah mind fine the day she cam back a swankie fae France. Fit a swell! Aa the style as she cam trippin by. Back straucht as a tree. Hair pilet high. Aa the fashions fae France. Floonces tae the knee. A bustle – a *tournure*, she caad it – at the dowp. Traipsy hem that gaithert up aa the glaur fae the loamin. Shoulda seen peer Leebie caain hersel deen at the waashboard wi yon goon!

The stories Mary telt us. Great Uncle George that brocht her up took her ae time tae the opera in Aiberdeen, tae see somethin caaed 'The Bohemian Girl'. It was aboot a princess stawn awa an brocht up by gypsies. Mary learnt me a sang fae it: 'I Dreamt that I Dwelt in Marble Halls'. Plooterin aboot the kitchen or slopin aboot the school yaird ah wad turn up ma een an lat aa the warld hear ma bonnie new sang.

Uncle Sanny telt me the tale that Cullen House shoulda belanged to us. Aiblins that's fit we were, syne: the dispossessed nobility o the Enzie.

Ah had neither feyther nor mither by me as ah grew. For aa ah kent ah wis like the quine in 'The Bohemian Girl'. Noble birth, stawn awa in infancy, brocht up in poverty. Were there powers oot there rakin through the toons for me? Forces for evil that wad dee me doon tae pochle ma fortune? Forces for good that wad restore me to ma ain?

As ah glidit through the wynds an loanins singin ma sangie the very trees bowed doon in deference. The flooers showered me wi pollen an the wind bore fragrance fae the sea oot-by. There were nae ither bairns roon aboot but ah hid nae need o them. The Auld Hoose next door tae oor'n, toom an bracken-doon langsyne, wis tae me a palace wi courtiers galore.

Oot on ma rambles, ah howkit up flooeries by the roots an cairried them hame. Queen of the meadow (fit wey dis it aye grow the ither side o a ditch amang stingin nettles?), speedwells, big red soukie soo. Ah stuck them in the gairden an was watterin them when Uncle Sanny spottit me. He cam hashin doon the path an kickit ma flooeries aa agley.

'Fit ye up tae, ye gomeril? Ah'm never deen puin weeds oot the yaird an here's ee pittin mair in! Are ye daft? An fit ye wastin the watter fur? Is there's nae eneuch faain oot the sky?'

'Ah wintit tae mak the gairden bonnie. . .'

'Ee dinna ken fit a wark it is cairryin watter. Sae that's your job fae noo, fetchin in the watter. Big strappin quine that ye ur.'

Fin ah'm ten Leebie gaes intae service in Portgordon, tae skivvy for some ither buddy the wey she's deen aa her life for us. Then it's jist Uncle Sanny an masel.

We're nae dainty; he has his bowlie an ah hae mine. The pot has aye got parritch on the go. Nae need for wastin watter on muckle waashin o dishes. The cookin faas tae me eftir school's oot an ah dee ma best. But for the hoosewifekep ah've nae interest. Naebody ever draps in on us here, awa oot the back o beyont. It's jist Uncle Sanny an me an we hinna the time for fancies. If ye sweep the fleer aince a week or aince a month or aince a year it's the same wark. We ca canny wi the caunles – the year roon we gang tae bed fin it's daurk an rise at cock-craw. In the mirk o winter the firelicht or a taper'll dee the trick for maist wark. Ah'm a dab haan at makin the tapers oot the rushes ah gaither on ma traivels.

Mony's the ghaistie-tale ah've read by the licht o a smoored ember. Ma sister Mary wis aye ane for seein ghaisties. She said deid

127

spirits talked tae her. Wis she maakin it up or wis it the work o the deil? She aye looked that convincin. Bold stare an a back as straucht as a die.

Great Uncle George oot at Lairshill took a richt notion o oor Mary. Fin she wis back fae the college in France he wintit her for hissel. But she would hae naethin o it. He wis an aal man an she wis a young quine. Onywey, he wis her great uncle an Holy Church winna allow it.

Great Uncle George fair had an ee for the young quines – he mairrit ane at wis 20 tae his three-score. A paewae quinie; bein young didna save her fae the Grim Reaper fin he scouked her airt.

Fin ah'm thirteen Great Uncle George ups an mairries for a third time. The bride is the widow o his accoontant – a deem fa kens tae the last groat fit the craitur's worth. Nae sooner hae the waddin guests won hame, but they've tae turn oot again for aal George's beerial.

He leaves the fower o us, the orphaned bairns o his nephew Jock, annuities that we can draa on aa oor lives.

Mary, his favourite, gets £25 a year till hersel. To them that hath it shall be given, richt eneuch. Wi sic a tocher she wad Sandy Ross that kept the pubs in Portgordon. They bocht a big hoose in Buckie caaed Rosebank Villa.

James, wi him bein a loon, gets £50 a year. He wis tae hae got £80, but fin he gied up the priesthood tae gang intae the Airmy Uncle wis angert an cut the legacy doon.

At the time ah thocht it an unco thing, for him tae gie a man that's tae mairry an raise bairns a smaaer heirskip than a priest that gets tae live affa Holy Church. Bit noo ah see the wey o it. Great Uncle George made a bargain wi the Holy Feyther. He promised awa baith his dochter Meg that wis a nun an his grand-nephew James in return for a place for hissel in Paradise. The wey he saa it, James made him brak a solemn promise tae God.

Aa James had tae say wis that the priest's life didna suit him.

Ma neebour Uggie Ogilvie lent me a bookie wi poems in it by

Mr Robert Browning. There wis a bit went:

> 'You should not take a fellow eight years old
> And make him swear never to kiss the girls.'

Fin ah read that it pit me in mind o James.

Near naethin affa Great Uncle George for scabbit wee trails like Leebie an me.

Ae morn ah raise with an unco draggin pain in ma belly. As ah cairry in the watter, as ah scald an bile up the meal, as ah lay oot Uncle Sanny's working claes an wake him, as ah waatch him sup his brakfast an hear him crowping aboot it being ower lumpy, the pain gets worse.

'You nae eatin onythin, quinie?'

'Sair belly.'

'Fit were ye eatin yestreen? Candy?'

'Mrs Pearson made a tray o taiblet an ah got a baur o it.'

'That'll be it, syne. Ower muckle candy.' He wipes his mouth, rises, an lifts his bunnet on his wey oot the door. 'An fit wey did ye nae think o takin a puckle baurs hame tae yer Uncle?'

When ah'm ben the back kitchen wiping up a bit fat that had skailt the day afore ah notice the wee trail on the flair.

Blood. Ah raise ma goon. Wee trickle runnin doon ma leg. Ah raise the goon hecher to see faar the cut was, though fit wey ah'd got a cut aneath aa the layers was a mystery.

Fin ah see faar the blood's comin oot o ah near faint.

It explains the pain. Ah've landit up wi some fell disease in ma wame. Maybe a canker. Ah'm like tae dee.

Ah gae skelpin ower tae far Leebie works an tell her. She's nae affa bothert. 'Och, at'll happen ilka month fae noo on. That's you turnit fae a bairnie intae a wumman.'

'Ye mean aa weemin get this bleedin?'

'Aye. Happens ilka month an lasts a few days.'

Ah'm fair taen aback naebody's mentioned this. Aa weemen! Ilka month! Sicca pain!

'So fit can we dee? Sit the haill week in the oothoose?'

'Na, na. Come an ah'll shaw you fit ah dee.'

So this is fit bein a wumman's aboot. Here's me thinkin it's gettin neat ankles, waist like a waasp, neck like a swan, bosom like the driven snaw. Gettin to sing like a lintie, dance till the moon draps. Lads passin me notes, faain in love with ma rosy cheeks an ma black hair dreepin doon ma lily-fite back.

As ah waatch Leebie cuttin up some aal rippit hose, stitchin awa, ah think on aa the weemin ah ken. Romantic beauties ah've heerd or read aboot. Mary, Queen o Scots. Cleopatra. Helen o Troy, the face that launched a thoosand ships.

Ladies o dignity – the dominie's wife, the provost's wife, the nuns up at the convent. Oor ain aal queen hersel, looking doon her nose at us fae London.

Ah picture them aa rinnin aboot wi cloots an poultices, sewin them, paddin them, waashin them oot, hingin them up tae dry. Aa in secret.

The queen has servants galore, but wid ye nae be fair affrontit landing sic a jobbie on a stranger?

Leebie says 'There's anither thingie ah should say, aiblins.'

Ah wait.

'Dinna lat ony lad touch ye. Ee ken.'

Na. Didna ken. Lads touch me ilka day o the year. Jimmy McCurrach touches me fin he hands me doon the milk kirn. Patie Soutar touchit me last Monday fin he shoved sticky burrs doon ma back.

'Ah mean, dinna lat them touch ye . . . therr.' She pints. 'Atween yer legs.' Her face is reid's a beet.

Ah canna credit fit ah'm hearin. Aa ma days ah've been telt tae keep ma goon doon. Tae lat naebody, man, wife, loon or quine see ma knees. It wis rude, ye just didna. The heicher up yer shanks the ruder it got.

In the school, sittin on the flair roon the dominie, the loons cross their legs, but the quines sit wi their legs tae the side. At the skippin, playin tig, ye haud yer frockie doon so it winna gae fleein up. Deein haanstaunds or cairtwheels, ye mak siccar nae loons are aboot an then bind yer skirt roon yer knees onywey. Gin ye shaw ower much, the ither quinies say 'Ooooahhh!'

It's jist instinct, noo.

Leebie says an unco thing. 'Nae till yer mairrit, onywey.'

Sae are ye tae lat yer husband touch ye there? The idea o lattin ony mannie see yer private pairts, never mind touch them, is sae daft ah burst oot kicherin.

Leebie looks affrontit. 'It's naethin tae lauch ower. Ye'll be lauchin the ither side o yer lug, gin ye land up wi a bairn.'

Even mair mysterious. Fit hae bairns tae dee wi rudeness? Pearl Geddes says ye get bairns doon the kailyaird, but Pearl's a gomeril. Cissie Slater says yer Mam buys them aff the howdie. She wad ken, because she's got thirteen breethers an sisters. But eftir the last wee Slater appeared ah heard Mrs Slater crowpin tae hur neebour aboot bein rin aff her feet wi them. Fit wey dis she keep on buyin bairns if she's taen a scunner till them?

Leebie says nocht a word mair. An it isna somethin ah can speir at Uncle Sanny aboot.

Aince ah leave the skweel ah should pit ma hair up, but ah'm richt taen wi the feel o it ripplin doon ma back. Gets fair fankilt, though, oot in wind an rain, till ah canna rug the kaim through it. So ah tak the middle wey an mak a lang braid doon ma back. Uncle Sanny telt me thon's the wey the tinks wear it, but fa cares a rodden fit Uncle Sanny says?

Fin ah'm eichteen Uncle Sanny gets hert trouble. Dr Duguid tells him tae pit his affairs in order. Ah gang for the priest an Mr Webster the Justice o the Peace.

He maks a will leavin me his pocket-waatch.

Fin ah wis wee if ah behaved he used tae tak it oot an lat me hear it tickin. He wad open it an shaw me the sma workins an the diamond winkin in the sunlicht. Ah thocht it wis braw. Ae time ah had tae tak it for mendin tae Mr Angler on Buckie's West Church

Street. Ah telt him if ah'd been a laddie ah'd have liket fine tae be prenticed tae a waatchmaker. Here! Does he nae tak me ben his back-shoppie an shaws me his ain prentice workin, keekin through an eyegless an powking at a waatch wi pincers.

Uncle Sanny leaves oor hoosie, the East Cottage that cam doon fae his grandmither, tae his breether George the reid-heidit tailor in Elgin. That wey he he can keep it on for us aa tae yaise. Ah hae nae ither place tae caa hame.

He leaves £78 – mair than we'd expectit, wi aa his scrimpin – tae be shared amang Leebie, me an Uncle George's son Drew. Naethin tae Mary an James; they've been seen aa richt by the weel-geddert aal craitur in Aiberdeen.

The hoosie at Glashturim is caald an grim. The puckle bawbees peer Uncle Sanny left me winna last ower lang. Ah maun earn a livin.

Leebie speirs aboot an the Laird up at Letterfechan taks me intae service.

Jenny Aa-thin – that's me. Risin at half past five, blackin the range, layin an lichtin aa the fires, gaan roon the bedrooms turning the mattresses, makin the beds an emptyin the chanties, waashin the windaes, polishin the brasses, polishin the furniture, sweepin an waashin the flairs, cleanin an blackin the boots for the morra.

Waashin day sees me scrubbin the greashy collars wi chalk, burnin the caunle stains wi het coals, bilin, rubbin, wringin, ironin. Even the Laird's mornin paper gets a skliff o the iron afore he gets it. By ten o clock at nicht ah'm ower wabbit tae read ma bookies.

Aa unnecessary, far as ah can see. At hame wi Uncle Sanny if a customer or ither visitor wis expectit ah jist skliffed the stour aneath the bass. Naethin that wisna on show ever saw an iron. We got by aa the same.

It's a graan hoosie: a hoosekeeper, twa hoosemaids, a cook, a gairdener an a nurse for the bairns. The wife ligs aboot. In her bed aa mornin. On a chaise longue in the parlour aa efterneen. On a sofa in the draain room in the forenicht. She disna keep weel; aye wintin a sup jeely or a sup broth. She taks a scunner tae me – fae she sets een on me she caas me a clarty trail an gies me ma dixie.

Ae mornin nae lang afore Hogmanay ah hear the ithers yabberin aboot an affa accident on the new railway brig jist built atween Dundee an Fife. The haill brig blew doon takin a trainload o passengers wi it. Aa droont in the freezing watters o the Tay. Fit a wey tae meet yer Maker.

Fin ah'm takin the morn's paper up tae the Laird ah hae a scance through it tae read the details. Here! Dae ah nae get that absorbed ah sit masel doon at the tap o the stair wi the tray o tay aside me. Ah forget the time. The Laird thraws open the door an lets oot a yall for his tay an paper. Ah get sic a fleg ah drap the paper and skail the tay ower it.

The hoosekeeper aye stints on the blackin. She expects us tae get the range shiny on jist a wee daud. Efter getting an owergaein for rennin oot ah was aye careful wi the stuff.

But ae day Winnie Munro, the ither hoosemaid, rins oot. Ae mintie ah see her lookin doon at her empty tinnie an tryin tae scart a last speck oot wi her fingerpynt. The next ah turn ma back an then ah look in ma ain tinnie an it's toom. Ah look ower at Winnie an here's she's rubbin awa an never lets dab.

Ah accuse her, she denies it an afore ye can blink we're gaan at it hammer an tongs. The hoosekeeper hauls us baith up tae the wife on her chaise longue. She tells us we're tae lose a week's pey an if there's ony mair fechtin we'll be oot in the streets athoot a character.

Wi her bits o heirskip Leebie wads her lad, Wullie Kessock, a muckle great blacksmith fae Fochabers wi fient a word tae say fur hissel. We aw gaither for the waddin in the chaipel in Presholme. It wis there oor breether James wad Sandy Ross's sister Jeanie last year, eftir yeesin his annuity tae buy hissel oot the Airmy.

James gaes witness wi Wullie's breether. Jeanie's nae there because she maun bide at hame wi her bairn. Leebie never lets on tae her man that's she's near thirty, ten year aaler than me an three year auler than himsel. She pits doon 26 tae his 25.

Efter Leebie an Wullie set up hoose in Fochabers ah leave Letterfechin an tak up a place in Fochabers an aa. Ma new employer is Mrs Hendry the storekeeper's wife. Nae as pernickety as the swankies up the big hoose.

On ma half day aff ah tak a turn ower tae seek oot Leebie.

Her man's affa dour, an we get oot the hoose fin we can. Gaan the messages can tak fower hoor fin we're at it, an we hae a richt lauch. Wullie looks grim, but as lang's his tay's on the table fur him comin in at seevin he canna crowp.

Leebie tells me there's an Erchie Knox, works at the cobblers doon the brae, has been askin for me. The next week ah tak a turn ower tae the cobbler's masel. The cobbler shoppie's a daurk shed hingin wi leather. Ah keek in for a mintie, waatchin them.

Fin Uncle Sanny wis makin a peera boots tae order he'd get me tae help him. Ah would bile the pitch, resin an tallow in a pannie an tim it into a pail o watter. Then fin I'd made the wax ah'd pull it an ball it an use it tae wax the hemp for the cobblers' threed. That's for the uppers; the sole is aye sewn on wi flax. Ye dinna use a needle tae sew the sheen; ye mak holes wi the awl wi ae haan an powk through the threed wi a pig's bristle wi tither.

So fin ah saw Erchie ah kent richt awa fit he wis at. He wis makin the heel: stitchin thegither the piece-sole, the split-lifts, the lifts an the top-piece. Meantime his maister wis busy tackin the upper tae the last. Fin ah saw aa that work gaan on, an smelt the leather an heard them hammerin awa ah thocht sudden-like o Uncle Sanny an the hoosie at Glashturim an the tears cam tae ma een.

Erchie's a wee fella, sleepy een an nae muckle tae say fur hissel. He's nae Catholic, like Leebie's man. Still, thinks I, if ah wis tae look for a man ah cwid dae waur than look in the toon Leebie's settled in. If ah wis tae bide in Fochabers an wi a man tae keep me so ah didna hae tae wark, Leebie an masel cwid be in an oot o ane anither's hooses aa day.

An – fit dee they say? As lang's fowk's born barfit, the soutar winna wint a job.

Sae fin Erchie asks me tae gang oot wi him ah says Aye.

Ah wear ma best goon ah got fae Mary fin she got a bittie hefty an it didna fit her ony mair. Pink sprigged muslin wi floonces tae the knee.

We dauner through fields fite wi clover. The heavy guff maks ma heid reel till ah'm like tae faint. The ladies in books are aye faintin an ah can think o nae mair romantic place tae faint than intae a field o clover.

We gae intae a field far they've new cut the hay. We pile it up an mak a nest far we can eat oor pieces. Then Erchie's for catchin me an cuddlin me. Ah'm kiltin up ma goon an awa rennin doon tae the Spey. Fastest river in Scotland. The watter's gurgling through mermaid-wavin tresses an ower broon stanes, by waist-high fairy grasses, sweet wi queen-of-the-meadow-rose-bay-willow-herb-red-soukie-soo-mammie-blue-forget-me-nots-sticky-willies-carl-doddie-yallaseggan. We gang loupin fae stane tae stane lauchin like bairns. A broon whaup paddlin its lane on the bank rose scraichin curlie-curlie-curlie.

We gaed stepping oot thegither mony's the day. Best o aa wis fin we gaed tae the picnic in Enzie. Het summer sun an fient a drappie rain.

A swell affair. Stertit aff wi a candy-strippit balloon risin up in the sky. Then fin it wis a red an fite speck agin the blue. . . Here! Fit appeared ower the briest o the brae but a dizzen pipers. They led oan wi their jinky sprig; we tagged oan ahint aa the wey up tae to Mr Stables' field at Cuttlebrae. The ferm workers were efter hoein the field an it was rough an clarty. We had nae cark nor care.

Mr Calder the gairdener at Letterfourie pit up a stage an Malkie an Steenie Dean played the fiddle an accordion. The lasses an lads danced their reels. There wis a prize for the best dancer.

Ah wis sorry Mary wisna there. She'd learned in France tae cut a caper wi the best o them. Ah'd fain a had a go masel but Erchie wis nae dancer an ye canna dance if ye lack a pairtner.

But he wis a lad for the sports an he had a shottie at the High Leap competition, the Long Leap competition an Putting the Stane. Ah wis fur gaan in for the ladies' fitba match but Erchie wadna let me. He said it wis jist for the fishwives. We watched it, an Erchie wis like tae split his sides lauchin at the baa-faced wifies faain aboot in the mire.

Efterwards he got intae the cricket match atween the Mairrit Men an the Single Men. The Mairrit Men won the day, an Erchie lookit blue. He said the mairrit men had cheated. Ah said mebbe he didna oonerstaan the rules. He took a richt ill teen an wid hae naethin tae dee wi me fur the lave o the day.

Still, the mair ah think on't, yon wis the best day o ma life. Far an awa better than Peter Fair. Though ah still wish ah cwid a taen a shottie at the jiggin. Ah'll never get a chance o it noo, that's for certain.

We gae up the road towards Elgin, far ah wis born. We gae doon the road towards Enzie, intae the Speymooth Forest.

Erchie likes it best there. He pits his airm roon ma waist an ah lat him. He pits his haan on ma hurdies an ah lat him. He kisses me oan the moo an ah lat him. He unbuttons ma blouse an slides his haan inside an ah lat him.

He sterts tae hike up ma goon an ah say 'Na'.

'Fit's wrang?'

'Ye ken fit's wrang.' Ah button up ma blouse, shoogle ma claes back intae order.

'Och, Bella, come oan. Jist. . . ' He gets me up agin a tree. Ah push him aff an stert tae walk quickly back up the road.

Next time it's ma eftirnoon aff ah bide wi Leebie an dinna seek oot Erchie ava. Ah help ma boab. Does he nae turn up at Mrs Hendry's door next Sunday! Ah manage tae sneak oot an we gae walkin ower the brae. Ah tell him fan ma next day aff is.

He comes ower in the forenichts. The forenichts draw in. Mrs Hendry says, 'You shouldna gang oot at nicht. Best to bide at hame.'

Ae nicht it comes on torrential an here we are strandit oot by Mains o Buckie ferm. We run for shelter tae an aul byre.

Erchie spreads his jaiket for us tae sit on.

Soon we're lyin mair than sittin.

Fin he gets ower faur intae ma claes ah try tae shove him aff again. But he's that persistent.

'It'll be aw richt. Ah ken fit tae dee. Ah'll be careful.'

Ah wonder fit he means. Leebie never tellt me naethin aboot a third wey, a 'bein careful' wey. Ah wish she wis here, so ah cwid speir at her.

Here, file ah'm wonderin fit he means, an thinkin aboot Leebie an aboot fit Mrs Hendry wad say, he taks his wey o me. By the time ah catch on it's aa ower. Nae mair a maiden fair wi a swathe o sable hair doon ma lily white back. Jist anither quine wi loose stays an looser virtue.

Efter yon first nicht we gae roon the back o the byre fanever the wind's saft. Ah like fine the deltin in his bosie, an ah feel that cosh wi his airms aboot me. Ah cwid fain dee athoot the powkin an the pirlin, but it seems ee canna hae the teen athoot the tither. Erchie is careful ilka time. 'Ye dinna think ah'd lat onythin happen tae ma wee Bella?'

But as love grows aaler, it grows caaler. Erchie's wooin grows coorser an his care grows less. Ae day it dawns on me he's nae been careful eneuch. Ah seek oot Erchie. He's wi a bunch o cronies, lads an lasses thegither. He's staanin affa close tae a quine wi fair hair an a waist ye cwid span.

Fin ah shout him ower he looks sour. 'Fit?'

He comes. Ah tell. He looks blue.

'Fit ye waantin me tae dee?'

'Fit ye gwaan tae dee?'

Lang silence.

'Ah'll pey for the bairn,' he says at last. 'Aince ah've servit ma time, ah'll pey fit's needed. Only, dinna ask me tae mairry ye, Bella! Ah'm nocht but nineteen! Ah'm nae ready tae mairry yet!'

Does he think *ah'm* ettlin tae mairry? Here's me wi ma dreams o princes, tall daurk haundsome fellas that wad sweep me faur awa fae Enzie, tak me tae Paris, tak me tae the moon, aa fur their het, burnin passion. Aa that fine dreams gaan pop! pop! pop! tane efter tither.

Noo the best ah've tae hope for is bein bound for life tae a shilpit wee souter wi a caald sair on his mou an him aaready as scunnert wi me as ah am wi him. Thon's the best. The worst'll be if he disna mairry me.

'I'm nineteen!' he repeats. 'I wint ma fun!'

'Ye've had yer bit fun!' says I. 'Noo ye maun pey fur it. As ah maun, an aa.'

Ma stays get tichter, ma claes get heicher an aa the een get sherper. Fae the first wifie in Hay's baker shop looks doon an whispers tae her freen, it isna a day afore they're aa at it. They whisper fin ah come in a shop an they whisper fin ah gang oot. As ah trail doon the street ah'm shooglin the curtains fae ahint the glass on baith sides o the road. Some o the lads get bauld, sneak up ahint me, ruggin on ma pigtail:

'It's Erchie Knox's limmer!'

'Come an I'll shaw ye a better chaunter than Erchie's.'

'Shaw's yer sporran, Bella!'

'Is't a hairy ane?'

Mrs Hendry calls me in. She looks grim.

'I see ye're wi child.'

Ah canna weel deny it.

'When the baby's due?'

Ah'm nae siccar, but ah think aiblins in a fortnicht or twa. 'In fower month,' says ah.

'Oh, I doot it'll be sooner than that. Is the feyther gwan to mairry you?'

Ah scouk doon at ma feet. 'Ah expect so.'

'Has he telt ye he will?'

'Nae yet.'

She says naethin for a lang time.

'Yer folks are deid, are they nae? Whit aboot the uncle that brocht you up?'

'Deid an aa.' The poorshoose yawns afore me.

'You ken you canna bide here.'

'I ken.'

'Whit are your plans if things dinna work oot?'

Plans?

Leebie wad tak me in, but it's nae up tae her. Mary wad hae room, but ah hae ma doots aboot baith her an James. For aa they were baith within the nine month thursels at their nuptials.

'Ah've an uncle aye livin in Elgin.' Owerjoyed, nae doot, if ah come humphin ma big belly up his front path.

'Who is the feyther, if I micht ask?'

She writes doon Erchie's name an address. She speirs at me for his feyther's name an ah gie her that an aa.

'I believe a relative left you an annuity?'

'Nae eneuch tae pey ma doss.'

'Still, a fiance wad want to ken aboot that. Foo muckle is it?'

'Seven pun ten a year.'

A fiance?

Ah gaed doon the toon an fun oot Erchie. He spots me trailin roon the corner.

'Fit ye waantin?' He wis the ae craitur aa day that lookit me in the face athoot first checkin oot ma wame.

'Fit's she waantin?' Coorse lad caaed Chay. 'Goad, the haill warld kens at!'

Anither o his coorse freens, Oggy Slater: 'Ye've hud yer sport, Erchie, here's the lawin!'

Ma face wis reid as the winter sun. Ah thocht if ah spak oot ah wid greet. Ah gaed up close an pit ma haan on his airm. 'Can ah talk to ye?'

He cadged me awa. 'Ah've naethin mair tae say tae ye, Bella!'

He gaed breengin up the street. Oggy caaed efter in a girny

voice 'Noo Erchie, dinna be coorse tae the quine! Losh, she's drappin yer bairn richt here at ma feet! Fit am ah tae dee wi it, syne?'

Chay gruppit his sides wi lauchter.

Ah hirple efter Erchie. He pits on a spurt. Ah get a stitch an canna keep up.

A'na ken fa sayd fit tae fa, but oot the blue ah get a letter.

Afore ye kin blink here's Erchie an me merchin doon the aisle thegither. Ah'm in nae position tae lay doon conditions, so we're wad in the Aald Kirk, the Caald Kirk, wi nane o ma ain fowk tae haan. But Mary gies us a len o a goon she wore hersel fin she wis wi child, because ma ain goons dinna fit ony mair.

Efter the ceremony Erchie gets bleezin drunk an pukes awa the haill nicht. Ah dinna blame him; ah wid droon ma ain sorrows if ah cwid. An fower weeks tae the day efter, Wee Erchie maks his entry on the world.

Leebie draps in by. She said, 'Yer bairns'll aa be weel-shod, onywey.' An aal joke, nae funny fin first ah heerd it.

Sez I, dowie an sair, 'Fit dae ye mean, aa? He's the first an last!' Needless tae say, he wisna.

Ah hae fower mair. Ah ca the next eftir Erchie's feyther Andra but here he turns oot a bit saft in the heid, peer wee sowel. A daftie. Nae his faut, nor mine, but the wey Erchie taks a scunner tae him ye'd think we'd deen it on purpose.

Ah ca ma quines eftir masel an Leebie, an ma last baby ah name fur peer Uncle Sanny. We bad-mouthed him mony's the time for his ticht-fistedness but still he did his best by me.

At first we bide in Fochabers, but in 1884 we flit tae Buckie, tae Land Street, roon the corner fae James. He has twa hooses next door tae ane anither in St Peter's Terrace, across the road fae the chaipel. James an his flock o bairns are never oot the chaipel.

Ma sister Mary's deen weel for hersel. She bides across St Andrews Square in Rosebank Villa – a swell affair wi mair rooms than ye can coont. She an Sandy run it as an inn. They've got ane o that new watteries wi a chain hingin doon tae pu an scoosh the pannie clean.

Fin we flit tae Buckie she invites us roon. We sit there in the drawin room wi its flooery waapaper an frieze. Erchie an masel are on the saft sofa an Mary an her man are on cheers by the ingle. A braw bass laid oot in front o the fire, aa the colours o the rainbow. It's Persian, says Mary. She caas a handle in the waa an the servant shows up, jist the wey ah hid tae when Mrs Hendry had company. Mary turns tae her, nose in the air: 'Jemima, bring the tay.'

The tay appears in a paat o siller an the milk in a wee stoup at the side. There's a fine cake an biscuits an ilka ane o us gets an ashet tae haud oor bit cake. Ah gang three times tae the wattery durin the visit jist so ah can pu the chain.

Gaan hame ah speirt at Erchie if we micht ae day hae a wattery that gaes scoosh. He said if we hud ane he'd droon me in it.

Ah gang an see Leebie fin ah can. She gets a bairn hersel at the hinner end, efter years o her man ill-yaisin her for that she's barren. Her wee Maggie is ages wi ma twa quinies an they play fine thegither.

But syne her man gets a job as coachman tae the Duke o Sutherland, an that's them awa up tae Golspie, up the Hielans, faur they bide mony a year. Eventually they come back tae Forres, but by then I'm aff on ma traivels masel.

Mary an Sandy gae even further awa: dae they nae up an sell Rosebank Villa for £660 an emigrate tae California. Soon eftir we flit tae Cullen. Sae ah 'm nae in easy reach o ony o them.

Ah fair miss them.

Ae Friday here's me readin ma bookie ah borrat affa Uggie Ogilvie. *Lady Audley's Secret.* It's that excitin ah forget the time. Ah get tae the bittie faar Robert jalouses that his rich uncle's new wife Lucy is ane an the same person as Helen, the supposedly deid wife o his chum at's since disappeared in mysterious circumstances – an here! is it nae near time for Erchie tae come hame an his tay nae ready.

Ah need tae hing in if ah dinna wint a clowtin.

My bairns are somewhere in aboot but ah like gaan ma messages ma lane. Gettin oot an aboot in the bricht licht o day fair cheers ye up fin ye're dowie. An ah'm dowie aa richt. Ah've new fun oot ah'm expectin again. Me wi five bairns an ane o them a daftie.

Ah've thruppence-hapenny in ma purse – eneuch for a pun o fresh haddie. Although ah'm awa fae the chaipel ah like a fish tea on the Friday. Ah gae doon tae Watty's place near the harbour – ah aye think Watty's fish is fresher than whit ye get at the shops.

As ah stot doon the brae ah look at the sky ayont the sea. A yalla tinge fae the sun. The clouds are flat wi big airms happin theirsels in aboot. Like a sea lappin on a distant beach. Fin ah wis wee a thocht fit ah wis seein in the sky wis the very shore o heaven. Ah used tae stare at the shoreline o the clouds tae see if ah cwid spot ma mither. Ah never cwid.

Ah get ma bit fishie an ah'm aboot tae turn back up tae Seafield Street fin ah hear richt sweet music floatin on the breeze. Maks me like to dance. Ah gae doon the brae an there ah see a mannie on the beach. Sittin on a stane, playin a whustle, aa his lane.

It pits me in mind o a poem by Mr Charles Murray that had just come oot caaed 'The Whistle'. Ah fair likit the soond o it, the wey the words trippit alang an ah learnt it by hert fin ah wis waashin the sheets. Ah sterted sayin it, under ma breath:

'He cut a sappy sucker fae the muckle roddan tree. . . '

Ah pick ma wey doon ower the sand. The man wisna that young but nae that aal neither. Just like me. He had black hair, thick an curly an kinna lang. His een were as blue as the forget-me-not.

A puckle bairns dauner doon to watch, but fin a snell wind got up fae the breakers they rin awa hame. Ah hap ma shawlie tichter roon ma shouthers an bide far ah am, an when he plays a song ah ken, 'Ae Fond Kiss' ah jine in singing an sing aa the verses till the end.

'Ye've a fine singin voice,' says he.

'Ah wish ah could play an instrument,' says I. 'My sister Mary can play the piana. . . '

'I could teach ye,' says he. He reemishes in his sack an pulls out a peer man's orchestra. Jew's herp, paira spoons, castanets.

Ah think fit a fine trick this would be to show the bairns, if he really did teach me to play. 'But ah'na ken faur ah could get a whustle. A'na think ye cwid get the likes o thon in Cullen. Ye'd hae tae gyang tae Buckie – Coulson's dee musical instruments as weel as jewellery.'

He pats the flat rock aside him. 'Sit down,' says he.

My heid tells me this is a bad idea, but ma hert's nae listenin. Ah sit aside him, hopin he's nae smellin the reek o fish aff me. Hopin nane o ma neebours are waatchin. We're agin the rocks, aff the roadie, but nae that weel screened.

'Ye'll get fient a groat in yer bowlie here,' says I.

'I come here to try out new tunes. I like playing against the sound o the sea.'

'Richt suitin place for music.' Ah pint ower tae the west, past the Three Kings, far Portknockie juts oot. 'Yon's caaed the Bow Fiddle Rock.'

'Eh?'

'It's caaed that because it has the bitties on it a fiddle bow hes. Can ye play the fiddle?'

'Not in the way you mean.' He smiles. Ah jalouse it's a joke an smile an aa. He haads oot the whustle. 'See, here, ye cover all the holes with your fingers, an then lift off one at a time.' He plays a doh-ray-me scale like the maister at the school used to mak us aa sing, with his pinter.

'Far div ee come fae?' says I. His spik isna Buchan, nor Scottish ava.

'Ireland.' He tips his bunnet tae me. 'Connor Reilly, from County Clare, at your service.'

Fin we bade in Buckie the Irish navvies were ower layin doon the railway tae Keith. James said 'Ee, the clarty Irish! Fit a reek aff

143

their buits at Mass! Ye canna draa breeth!' He telt us aboot fin he wis awa wi the airmy in Ireland. Foo the fowk there bade, doon amang their pigs and dirt.

But Connor disna smell ony waur than ither chiels. Better than maist. Ah watch him play a few notes, an then ah tak a turn at it. At first the notes are mochie because ah'm nae coverin them firm eneuch. Connor pits his haans ower mine an presses ma fingers doon hard. A bittie sair, but the notes pipe oot true.

It's slow gaan, a puckle notes at a time, but at the hinner end ah manage the chorus o 'Bonnie Wee Thing.' He says 'A suitable choice, an you a bonnie wee thing yourself.' Ah dinna ken faar to look.

'Noo you play somethin. Somethin Irish.'

He plays a lovely tune. 'That's 'Farewell Enniskillen',' says he. 'Has it got words?'

He lays doon his whustle an sings, a sweet deep soon that stands up to the moan of the sea breeze. Ah canna mind nocht but twa lines:

'What can a man do when the world is his foe?
And the looks of the people fall on him like snow?'

The wind gets up. Ah hap ma shawlie. Connor pits his airm roon me. 'I'll keep ye warm,' says he.

Ah jump up, push him awa. 'Na, na, ah'll hae tae scoot!' Ma cheeks are burnin. 'Back tae ma man an ma bairns!'

The sun's steepin the sea in red an the sand in gowd. The dominie aince showed us a picture o the pair fowk o Pompeii rinnin awa fae Vesuvius. That's fit the strip o crimson atween the cloods an the sea pits me in mind o. The lava lipping ower the rim.

It also pits me in mind o foo late it is. Ah gae pechin up the brae tae the road. As ah hash alang to ma hoose the toon clock's striking seevin. Ah gae through the rooms, but an ben:

'Erchie? Far are ye syne? Andra? Issy? Leebie?'

144

Even wee Eck's naewye to be seen.

Somethin's aff the reel. Young Erchie's feed awa tae a fermer in Fordyce, but the ithers? Ah've never been hame in the forenicht, an nane of them aboot.

Ah feel sick to ma stomach. There's naething for it but to mak a stert tae the bit fish. Five bonnie bits o haddie, fresh oot the sea. Ah clean an fillet the fish, set the pot on with watter an a drappie milk, chap up some tatties, put in a leek, an ingan. A moose rins ower ma fit an ah gie it a bit tattie till itsel. Erchie wad be ragin tae see me – he's at me nicht an day tae lay doon traps.

The fish soup's biling awa fine, near deen, an ah'm steerin it wi ae haan an haadin *Lady Audley's Secret* wi tither. Ah'm at the bittie faar Robert confronts Lucy wi the fact that's she's faked her ain daith, committit bigamy an abandoned her bairn, fin ma kitchen door flees open an gies me the fleg o ma life. There lowers Erchie, draggin peer Andra by the airm. The ither three trail ahint. He skelps Andra's lug an sends him stotterin awa.

Ah cast *Lady Audley's Secret* ower on tap o the pile o bookies in the corner an rin forward. 'The fish soup's ready. It's. . .'

'A'na wint yer Catholic muck!' He strides across, hauls the pot off the fire, marches to the door. The three wee anes are cooryin at the doorcheek. For a moment ah think he's awa to tim the bilin soup ower their heids an they think so an aa. Insteid he tims the hail pot, all the bonnie steaming soup an haddies, on to the street. They gae skitin alang the cundie, the bits o fish, tatties an all, back to the sea they cam oot o.

Then he turns on me. 'Do ye ken fit yon idiot loon did?' He points at Andra, finger shaking wi rage. 'He took aa the bairns awa wi him tae Buckie.'

'Fit?' Ah turn on Andra. 'Foo did ye win a the wey tae Buckie?' Andra is bawling. 'A mannie on a cairt. . .'

'The mannie wis Oggie Farquhar.' Erchie goes for Andra again. 'Biggest sweetie-wife in Cullen. It'll be aa ower the toon. . . !'

I haul back Erchie's airm. 'Dinna. . . '

145

He turns on me an scuds me a pandy that pits me on the fleer. 'The bairns turnt up at James's door like strays oot the poorshoose. 'We're hungert,' they telt him. 'Mam's awa, we dinna ken far.' An yon sanctimonious bugger gies them their tay. His wife's efter hevin her eleventh an he's got tae feed mine an aa. Aa because their useless bit mither spends her days gallivantin Gweed kens far. . .'

He wades into me again. Eck an the quines start scraichin. Ah curl up, shut ma een an cover ma heid with ma airms. He coils ma pigtail an yanks me up. Ah grab his airm tae ease the pain a bittie. He bangs me against the wall. Ah slope to the fleer again an hunker there.

'Fit'll be the claik aa ower Buckie? A chiel that canna feed his ain bairns. There'll be nae haudin thon bigsie bugger noo.'

'Forgot the time. Didna hear the clock chimin. Ah'm sorry.'

'Sorry is it? Sorry? Ah'll mak ye the sorriest mither ever neglected her bairns.' He kicks me in the belly a few times wi his tackity boots. Then he lumbers ower to ma rickle o bookies an he sterts rippin aa the pages oota Uggie Ogilvie's book.

'Nae mair wastin yer heid on that dirt. Ye'll bide in the hoose, day an nicht, an ye'll look ower yer bairns.' He casts a look wad freeze hell at Andra, slobberin in the corner. Peer Andra never minds to wipe his snoot.

'Fit thocht yer bigsy breether fin he saw yon? An his ain bairns sae wyce.'

Ah haad ma belly. Ah wonder if the bairn in there would be fine. Ah wonder if ah wint it to be fine. Anither mooth to feed, another chain binding me to the hoose. Ah ask God to forgie me.

Erchie's thochts also rin to pregnancy. 'Ah should never a taen ye by the haan. Ah shoulda lat ye drap yer bairn unwed. Ah gied the bairn ma name an this is ma thanks. Look at this midden. An thon daftie shammin his feel face.'

He breenges oot an slams the door. Andra's greetin subsides. He says to me, 'Mind we bade in Buckie, near Uncle James an Auntie Jeanie?'

146

'Ah mind.'

'The beach there wis chuckie stanes. Ye cwid skite them in the sea. Here it's aa sand.'

Ah think on fit ah can rustle thegither noo the first tay's spielt. If James has fed them maybe they'll nae be needin muckle mair.

'Fit did yer Auntie Jeanie gie ye till yer tay?'

'Fish soup.' (Issy)

'Wisna muckle.' (Leebie)

'We're aye hungert.' (Andra)

Ah gae oot the door an see fit ah can still save. There's twa bits haddy the bairns can share if ah rinse them aff a bitty. For Erchie there's a tattie or twa left an ah'll see if Mrs Paull next door can lend me an egg. Ah'm nae wintin naethin masel – ah'm a bittie aff-colour.

At nicht ah gang tae the fireside wi needle an threed. Ah sew Uggie's bookie thegither. Ah've tae gie her it back fin ah'm feenished, syne.

Ah stert reading it again. Ah get nae further than far Lucy sets the hoose on fire tae kill Robert afore he can reveal her true identity. Ah hae tae caa halt because o the pain an the bleedin. The pain gets that bad ah sit in the oothoose till it's aa by.

Ah'm nae affa dowie aboot it, though ah ken ah ocht tae be.

Next day ah'm aye trauchelt wi pain, bit ah try tae mak it up tae Erchie. As the toon clock strikes six ah hae aa the claes laid oot, sheen blackit an the parritch bubblin awa.

Ah wake them aa up an file they're pittin on their claes ah set doon wi *Lady Audley's Secret* again. Ah'm aye sair an ah hope it'll distract me.

Ah reach the bit far Robert's tryin tae convince the doctor tae pit Lucy in a lunatic asylum fin Erchie comes ben an sterts tae his parritch. He scowks roon at me.

'Fit ye deen noo?'

'Ah've feenished wi the brakfast. There's naethin mair tae dee.'

147

'Then for Gweed sake rise up an walk aboot! Canna thole tae see ye idle, ye sweer besom.'

Tae please him ah rise an hirple aboot till he's awa tae his work, though ma belly's hurtin an ah'm like tae tak a dwam.

Fae then on ah gaed tae see Connor often in his pitches roon the toon. Sometimes ah brocht him a bittie denner. Sometimes he took me in a shed or a byre an we'd cuddle.

Ae ill day Connor telt me he wis for aff. He wis scunnert wi Cullen an Cullen wis scunnert wi him. He wis for takin a scance at a bigger toon; the Broch, mebbe, or Peterheid. He speirt at me wad ah gang wi him. He gied me till dawn tae mak up ma mind.

That nicht ah stole awa fae ma mairriage-bed. Ah gaithered things thegither. A goon, an extra shawlie, a blousie or twa. Ah gaed tae Erchie's waistcoat an pullt oot Uncle Sanny's pocket watch, tae keep in mind o him. On the wey oot ah keekit in for ae last gander at ma bonnie bairns.

Here wis Andra nae sittin up gawkin at me. His big face caught the licht o the moon.

'Far ye gaan? Can ah come wi ye, Mam?'

Fit cwid ah dee? Ah wis feart he'd stert greetin an wauk the hoose.

Connor wisna owerjoyed tae see Andra but he held his tongue. Peer loonie, he widda had nae life o it wi his feyther agin him. Some fowk speirt at me fit wey ah didna tak wee Eck, ma youngest. Ah kent he'd be better aff bidin wi Erchie than stottin wi me the country roon.

At first it wis braw – Connor hed a cairt tae shove an Andra an me fyles got a hurl. At nicht we slept in a tent. Sheet slung atween Andra an us. Connor an me didna dee muckle o the sleepin.

I'd heerd Leebie wis bidin in Forres an ah made Connor tak a turn ower that wey. She said she wis glad tae be back in Moray.

'Wis it nae affa bonnie country, up the Hielans?'

'Och aye. Muckle great hills aa roon, deckit in snaw in winter. Ye can see the mannie up the mountain richt fae doon the toon.'

'Fit mannie's that, syne?

'Muckle great statue o the Duke o Sutherland. Nae the ane Wullie wis workin fur. His graanfeyther.'

'Bit ye didna like it there.'

'It wis hard makin freens, ken. The neebours were aa gaan the Gaelic at ane anither. If Wullie or Maggie or masel hove in sicht they'd shut their mooths an jist speak polite words till us. Then soon's we turnt oor backs they'd be yammerin awa at the Gaelic again.'

'So ye jist had ane anither tae talk to.'

'Wullie's nae ane for the bletherin. Peer Wullie – he wisna happy either. Didna like bein in service. At the hinner end it wis ane ill teen eftir anither wi him.'

'Is he aye ill-eesin ye wi his horse whip?'

'Na, na, nae that aften. . . '

The door opened an Wullie came in. He saw me an he lookit grim. Ah said ah'd be on ma wey. Leebie cam tae the door an gied me a bosie. Ah said ah'd be back fin we were next ower that wey.

That wis the last time ever ah saa Leebie.

Connor an Andra an masel, we traivelled the warld aboot. Blair for the berry-pickin, Brechin in the winter. Glesca, Edinburgh, Peebles. Doon tae England.

He learnt me a wheen a skills stood me in gweed stead. Far the moorlands wi the blaeberries are. Fitna berries an mushrooms are gweed tae eat.

He learnt me a puckle skills ah wis gey uncanny aboot. Keeping a wifie yammerin tae me at her front door file Connor sneckit in the back. Keeping an ee oot for the fairmer file Connor helpit hissel tae a hen. Ah wisna ettlin tae be in on sicca business. But ah hidna ony better idea for getting the day's scran.

Fit's that song? 'As it grows aalder the love grows caalder. . .'

Aye – never a truer word. On the lang trail back tae Rathven, Connor fell for a lass bonnier an wycer at the skills o the road than masel. Ah saa them a couple of forenichts roamin in the gloamin.

Then ae dreich mornin Andra an masel woke up tae rain spittin on oor faces. Connor wis awa an the tent an cairt wi him.

Aa the wey back, comin intae ilka toon we'd look for the three gowd bas. Ah didna muckle mind losin the claes because we got fair trauchelt humphin them. Some o them were awa fae the stert. Ye canna tramp ten mile a day wearin stays.

Last tae gang wis Uncle Sanny's pocket-watch, that ah hid awa fae Connor the twa-three year wi were thegether. Siller an etched aa roon wi folderols. It fittit fine in ma haan. It wis ma constant freen, tickin awa since ah'd left Cullen. Ah fair grat tae lose ma link wi ma early hame but Andra an masel hidna ett for twa days. Lang afore we won tae Turra we'd little mair than the claes we stood up in.

Ah lost Andra somefaar aboot Inverness fin he got a job humphin coal. Peer Andra. He wisna clever but he wisna coorse. Farivver the craitur is ah hope he's happy. Mebbe a wife an bairns o his ain.

Ah won ma wearie wey tae Buckie, far we were cantie aince. Ah mind the days we bade roon the corner fae James. We baith caaed ane o oor dochters 'Elizabeth England' in mind o the granny they shared.

Ah spend mony a day in Buckie, gaan roon the doors o the peerer fowk wi ma bits an bobs. Whulks gaithered at low tide. Bead necklaces an corn dollies I'd learnt tae mak fae the tinker wifies in Brechin. Pieces o crochet wi wee mistakes ye'd never spot fae the sempstresses o Elgin. Then roon the doors o the weel-geddert speirin fur work. Kin ah waash their sheets? Pu their kail? Serve at table if there's company?

Ah never tried the doors o fowk that kent me in the auld days. Still a few answered ma chap an gied me look as wad freeze hell.

A'na muckle mind. Gaan alang ah mak up stories tae melt the miles. Peer quines wi nae tocher but their weel faarit faces. Beggars that turn oot tae be princes in disguise.

King James the Fifth used tae rin aboot triggit oot like a beggar, though fit for blecks me. Ah've trampit the causeys nicht an day an ah canna credit that onybody wad dee this for fun.

Pechin alang East Church Street ah pass a windae advertising fause teeth. Full sets a guinea. Hauf a croon fur a single tooth.

Ah hid bonnie teeth aince upon a time. Then Erchie broke ane ae time he wis in an ill teen wi me. Syne ah've been on ma traivels I've tint a couple mair, so there are twa-three gaps ev noo. But faar wid ah get hauf-a-croon thegither at ae time? Onywey, wad it nae be affa sair, them screwin them in?

Comin back efter a puckle years ah fair merk the changes. There's concrete causeys richt alang baith East an West Church Street. A muckle stane brig across the Buckie Burn in place o the shoogly widden ane. Shops o ilka kind. Buckie used tae be fu o drapers, but yon Mackay's has pit them aa oota business.

Ah slake ma drouth at the Stroup well doon fae the square. Its watter's as sweet as ever. Like champagne, they used tae say. The waater fae the well oan the east side o the toon looked mair like gravy wi the manure oot the ferms.

Pad on doon Land Street. Number 54 far Mary's an James's in-laws aince bade. Ma ain auld hame, number 35. They've paintit the door an affa colour, puce, gey fyachy. Ah'na fash tae chap tae see fa bides there ev noo. Ah dauner on tae the end o the roadie an look ower the cliff tae the sea. Strippit siller an grey. Gurly jaas dashin on the rocks. Haar rollin in far it meets the sky. A snell wind that cuts ye tae the bane.

B'noo ah've bade at the seaside maist o ma days. But ma early years were in the toon or up country. Ah mind the first time ever ah saa the wild an wastefu ocean an tastit the breath o it.

Ah shauchle doon the brae tae the shore. Finivver Connor an masel gaed ower a beach we yeesed tae keep an ee oot for the eggs o the skirlie-wheeter. The eggs were ill tae see, but the mither bird stood oot in her black an fite, pickin her wey on her orange shanks lookin aa aboot for her bairns. Connor aye spotted them nae bother fae twenty foot aff. Nae feather-bed for them. Spraikilt eggs laid in bare amang the spraikilt stanes. Ae time fin we shallt the eggs we fun them fu o wee bald birdies. Ane o them even stertit cheepin till us. Ah wis greetin at the peetifu sicht. Pit me in mind o newborn bairns. But Connor speirt at me fit wis the differ, gin we ett them as eggs or gin they were a puckle days further on.

Wisna muckle meat on the baby skirlie-wheeters, but they were aa richt fried up wi a daud o lard. Aathin tastes fine fin ye're hungert.

The chuckies are ill tae walk on. Ah hunker doon on a rock. Ah find ma kaim an shak doon ma hair. Aye thick an for the maist pairt black, but richt fankilt wi the wind. Ah've nae looking-gless except for a rock pool but ah kaim it as best ah can an braid the pigtail doon ma back. Cup ma haans in the sea an gie ma face an neck a cat's dicht. Nip ma cheeks tae mak them rosy. A hinna but ae goon. It reeks tae high heaven, an the petticoats are draigilt wi me traipsing through the mire, but maybe they winna look ower close.

Back up the weary way. Ah turn the corner intae St Peter's Terrace. Tae ma richt the twin spires lower ahint the trees. Can a sinner like me find mercy in God's grace? Forgie me, feyther, for ah hae sinned. It's been. . . ower lang.

Here's number 26. Next door belangs tae James an aa. Here's ma breether wi twa hooses tae his name, an masel wi nae roof but the grey sky.

Ah keek in the window o number 24. There's aye ludgers there. Ah gae through the close atween the twa hooses.

Naebody in the gairden. The rowan tree's aye there. Ah mind a happy day sittin wi James's wife Jeanie by yon tree an aa oor bairns playin in aboot. James wis fair rising in the world then, building the hoose that wis tae be No. 26 next door tae No. 24. We had oor wark cut oot keeping the bairns oot the wey of the builders. Jeanie an masel sang 'The Rowan Tree'. It wis like in the sang – Jeanie had her ain Wee Jeanie on her lap an Jimmy staanin at her knee.

That wis afore Jeanie gaed a bittie feel, syne, fin she wis aye sensible.

Ah gae tae their oothoose an mak ma watter. They've aye the

James Garden,
priest and
patriarch

aal kind o oothoose. Disna gae scoosh. Gollachs craalin aa ower
the walls. Ah move tae the back door but then think better o it an
gae roon the front o No. 26. For a mintie ah think tae merch richt
in an surprise them, but then ah chap the door.

It's James hissel that answers. Ah smile at him. He looks grim.

'Aye aye, Bella. Foos yersel, eh?'

'Aye caain, James, aye caain.'

'Faar ye bidin ev noo?'

'Here an there. Aa aboot.'

'Is yon tinker-craitur aye wi ye?'

'Nut him. Ah'm aa ma lane noo.'

'Hev ye heerd oor sister Leebie's deid?'

'Na! Nivver! Fit wey? She wis fine an dandy fin ah saa her. . . wis
it three, fower simmers syne. . .'

'Aye. Weel she took the peritonitis, peer Leebie, an she wis in
affa pain at the hinner end.'

'Did ye see her?'

'Soon as ah heerd she wis ailin, syne, ah took the train straucht through tae Forres, but Wullie Kessack widna lat me in the door.'

'Gweed sakes! He widna let *ye* in, James?'

'Ay, jist that. Maggie opent till me and widda lat me by, but Wullie barred me.'

'An peer Leebie deein in agony!'

'Ah cwid hear the scraichs o her. The neebours said the scraichs hidna let up for weeks. Ah hear them yet, God rest her.'

We baith bless oorsels.

'Peer Leebie. I'm affa affa wae tae hear that. She wis like a mither tae me.'

'She wis that, Bella. The ae mither ye ever had.'

'An she hid tae get hersel waddit tae yon ill-farrant craitur. . .'

'Aye, weel, but see, she took him for better nor worse. She made her bed an she lay on it.'

'He used tae tak his horsewhip tae her.'

'Disna maitter. She kent she had tae stey wi him an stey wi him she did. She stuck tae her guns. As you should hae stuck tae yours.'

'Ma Erchie. . .'

'Wis yer lawfu husband, jined tae ye in the sicht o God.'

'Nae in the Chapel.'

'Disna maitter. Yer place wis by his side, wi yer bairns. Fit were ye thinkin o, ye hizzie, leavin them aa high an dry tae gang galla-vauntin awa wi yon tink?'

'Erchie gied me a richt dichtin, mony's the time.'

'Nae doot ye deserved it. Fillin yer heid wi aa thon dirt fae the penny dreadfuls an leavin yer hoose sic an a sotter. . .'

'James. Ah've nae place tae lay ma heid the nicht.'

'Aye ye hev. Gang ee awa back tae the man at gied ye his name.'

'He winna tak me back, James.'

'Nae muckle wunner. Ye've gien him a shawin-up the length o the toon. We're aa fair affrontit at ye.'

'James – cwid ah nae. . .'

'Ye're the talk o Cullen – aye, an Buckie an aa.'

'James, ah wis hopin. . .'

Tibbie and Nell hid
behind James as
he talked to Bella

'Bide there a meenit.'

He disappears into the hoose. Ah'm left looking at the twa wee quines that were hidin ahint him. James has eleven bairns, though twa o them are yirdit up at St Ninian's. Ah ken Jimmy an Jeanie an Mary. And Lizzie England at bore the same name as ma ain mither, sister an dochter. But I'm sair pit to tell the younger anes apart.

'Fit dae they caa ye?'

'Isabella,' says the teen. 'Nell,' says the tither.

'Isabella's ma ain name. Fit is't they caa ye at the skweel – Bella?'

'Na. Tibbie,' says the big ane. Black hair an reid rosy cheeks like mine.

Or like mine were aince upon a time.

James returns an draps a haanful o doits into ma haan.

'This'll see ye yer fare back tae Cullen. Gang ee awa back tae yer man an yer bairns, Bella. Dinna ee come lookin tae me tae tak ye in. That wad be as big a sin fur me as it wis fur yersel desertin them aa.'

As ah gae up the High Street ah tak a scance inside the Temperance Hotel. Fancy reid bass jist in the door an a craitur deckit oot like a sodger, hingin wi braid. He gies me a look wad freeze hell. The Temperance Hotel's nae fur the likes o me.

Mrs Bruce wisna owerjoyed either, but there wis naebody else in her Coffee an Refreshment Room so she wis glad o the custom. Ah spend the bawbees James gied me on a cuppa tay an a bowlie broth. Ah bide there as lang's ah can oot the wind, restin ma pins. Efter twa hoors she sends me on ma way. Ah hitch a lift on a cairtie intae Cullen.

The coos are at their ease in their fields wi the wee bump o the Bin an the weeer bump o the Hill o Maud risin ahint them. Different colour fae the fields in front – grey ev noo, but in August they're purple. Ilka time ah see them ah wunner fit like the warld would look fae up there.

Afore he wis mairrit, Erchie an his chums used to sclim up the Bin ilka midsummer day, to watch the sunrise. It wisna a thing for quines. Erchie used tae say ma heid wis aye in the clouds onywey.

Comin up Grant Road ah see Cullen Hoose on the hill. Ah think on the Earl an Countess o Seafield cooried by the fire wi a servant bringin them fancies. Faar'll ah be spendin the nicht? Nae marble halls for Bella, that's certain.

Ah've spent nichts ootby in cities an ah've spent nichts ootby in the country. Cities are waarmer, wi the heat fae the bodies an aa the hoose fires ableeze. But layin doon in a tenement close ah'll get chased by somebody coming hame. In the wee toons there's aye a bit shed faar ah can lay ma heid untrammelled till dawn. Lang's there's nae dugs.

On a wintry nicht fin ah'm jeel't tae the marra ah gae doon far the gangrels are, hunkert roon a bit bleeze. Sometimes they'll gie's a bittie scran, if there's ony gaan.

There's aye forbye some craitur ettlin tae share his drappie wi me. Ah'm nae affa struck on the taste o it, but it fair waarms ye up fin ye're sterved wi the caal. Maks the haill warld a cosher, mair welcomin place. Dichts yesterday's slate clean. Taks awa yer fear o the morra.

An if in return he's seekin a bit cuddle, a bit dawtie in ma bosie, far's the herm? But ah try an keep them oota ma drawers, because ah cwidna be deen wi mair bairns, the wey ah'm livin ev noo.

Ah got the drawers aff a gweed heartit wifie eftir ah waashit her windaes for her. Fin ah speirt at her for a waashin cloot she came up wi the bloomers. Naethin wrang wi them an she wis for thrawin them oot because she'd plenty new anes. Here, sez I, they'll keep me cosh wi the winter comin oan.

They're the new style, the open drawers. Very convenient fin ye need tae mak your watter, but in certain situations open drawers can be ower handy.

As ah pass doon Deskford Street ah dilly-dally ootside No. 40. The curtains are draan but a licht flauchters yella ahint them. Ah hinna the courage tae chap or gae in, but wish ane o ma dochters or maybe wee Eck wad chance tae come oot. Ah wad tak a haud o them an speak tae them afore they got the chance tae jouk back in.

But they dinna appear.

Sae here's me doon by the herbour. The fleet's in. Boaties bobbin. Ah look up an doon the quay. Aa decent fowk happit in their beds. James an his faimily bien in Buckie. Erchie an ma ain faimily snug as bugs in Deskford Street. The bar on the door agin me.

'What can a man do when the world is his foe
And the looks of the people fall on him like snow?'

Caaler than the snaw we dug oorsels ooto in the days fin ah'd a hoose wi a door til't.

Big moon, slash o grey ower its physogue. Trauchelt an gweed-hertit. Pits me in mind o Leebie. In Paradise noo, borne by angels, sittin on God's richt hand, sure an certain. Waddit in the Chaipel an a regular at Mass.

A snell wind sterts up aff the sea. Cuts me to the bane. Ah hap ma shawlie an chitter. In Hell it'll shairly be waarm. In aa ma days ah canna mind a time ah was ower het, but ah'm aye jeelt wi the caal.

Mind you, it'll be nae lauch, the eternal fire. Ony time ah've burnt ma finger on a stove it's been sair for days. Having your haill body eternally roastin. Canna even think fit pain that micht be.

Hell's het, but Cullen Harbour's caal. The moon smiles at me fae oot the watter. Leebie's smile. Ah sit on the herbour waa, airms cuddlin ma knees. The moon is Leebie.

She opens the door. It jirgs on its hinges yon wey. Her Tilly pours oot yella. She looks up the lane an doon.

'Bella! Come awa in till ye tay! There's an ashet o stovies on the table till ye an the piggie's waarmin up yer bed. Uncle Sanny's waitin tae hear yer prayers. Hing in noo, afore it aa gets caal.'

* * *

A week later James is working on a chess table. He's painted one sheet of wood black an the other white, and is now measuring the squares ready for cutting.

The front door handle turning means a relative – a stranger would chap. Young Erchie Knox has come over on his day off from the farm at Fordyce.

A corpse has been fished out of Cullen Harbour.

James frowns. 'Fit think they? Wis it an accident?'

Maybe Bella stottered down to the harbour, teacup of the craitur in hand. Maybe her eyes, bleared by drink, failed to notice the edge of the harbour wall. Maybe, steaming and hiccupping, she tripped on her gown, keeled over backwards, splashed mindlessly into the briny. Whisky-buttressed against the chill an still singing as the waves swallowed her up.

Then he just might persuade the Church to overlook her misdemeanours. Her marriage outside the Church. Her failure to attend Mass regularly or to see that her bairns did. Her desertion of her lawful wedded husband. Even her adultery and descent into dissolution. Stressing her orthodox early upbringing, her connections with devotees such as himself and Leebie Kessack, he might get the Church to offer the Requiem Mass which will book her place in Paradise. The choirboys will warble. The priest will incense the coffin. Angels will bear Bella on a flower-decked bier through the Pearly Gates to greet her parents, sisters, forebears and the massed ranks of the saintly.

Maybe, on the other hand, Bella sat on the harbour wall soberly weighing up the future. Maybe she saw years of wandering, cold and damp by day, freezing and soaked by night. Each morning bringing a dreich search for food. Each day lasting a year, each night a lifetime. Maybe she saw the eyes of the towns, Cullen and Buckie and all the places from Portgordon to Portsoy, follow her icily, in the shops, in the streets. Maybe she heard the whispers of the chuckies to the wind. Curtains twitching, grim mouths spinning her story.

– he hid tae tak hur. . .

– bairn born the very day efter the banns. . .

– bairnies daunerin aboot, nicht an day, greetin for their Mam. . .

– big daftie, saft in the heid. . .

– kent he wisna richt the day ah laid een on him. . .

– hoose clarty, loupin wi rats. . .

– readin dirt aa day. . .

– nae denner laid oot fin the craitur cam in. . .

– mendit ma sheen an they've never lat in syne. . .

– fair met his Waterloo fin he took yon limmer by the haan. . .

– aff wi a tinker craitur. . .

– tinker dirt fae the back o beyont, far the hens rin barfit. . .

– clarty trail, yon greasy pigtail. . .

– stink aff her. . . .

– loupin wi lice. . .

– staw her man's waatch tae gie her fancy-man. . .

– roon the doors beggin. . .

– the talk o Cullen. . .

– haill o Buckie an aa. . .

– hur ain bairns gie her the by fin they cross her path. . .

– sellin her trinkets an dirt. . .

– sellin hersel an aa, winna wunner. . .

Maybe the certainty of that was worse than the uncertainty of damnation. Maybe she edged down the steps, steeling her resolve as the iciness gripped her feet, her legs, as it birled about her body. Her skirts would bear her up until they saturated and dragged her down. The water would tighten around her throat, close over her face. She would struggle, thrash her arms, gasp. But the moment for choice would be over and each gulp would suck more oily water into her lungs.

In that case, a pauper's grave on unsanctified ground will be Bella's portion. St Peter will frown, slam on the snib, point back down the thorny path of righteousness. Angels will spurn, seraphim sneer and only grinning Lucifer throw wide his flame-licked portal.

Mary Morrow Marries

MARY MORROW was feart of the cold and cooried in at the fire rather than go out to play. She shared her home with many and the wee ones got chased out to give the grown-ups peace.

Many's the bitter evening Mary sat hunkered up a close, reading over and over again that Malky pees the bed, TM kissed JR, Patsy loves Wally, true by GW. Pulling her draggly dress over her feet, warming her hands under her oxters, hugging her small body. Longing for Katie to shout her in for her tea.

The Morrow family kept flitting, following the coal-seams. Mary warmed herself skipping around her various haunts. The vennels of Whifflet. The sunken cottages of Sneddon's Row, islands in open sewage. The village of Gowkthrapple. She wended her way amongst weans with wellies in the sun, bare feet in the snow or tackety boots the year round. As manky going to school at nine as coming home at four.

A fall of rocks removed her father's left hand and with it his career as a collier. The Morrow family moved back into the city.

Tenement canyons, two hundred thousand chimneys belching smoke. Men in dun bunnets flooding in and out the shipyards or hanging about the street.

Mary of Maryhill, the hilly north. Learning new names: Gilshochill, Milton, the Canal. Mary hated battling to school through the gales. She tilted her thin form into the teeth of the wind. Forever drookit through her threadbare togs. Her fingers turned white and black with the cold. Sometimes even in summer. The doctor diagnosed Reynaud's disease. She should avoid extremes of temperature. She never faced overheating, so half that battle was won.

Mary Morrow saved for the morra. She rarely had money but when she did every coin was a prisoner. She scorned to rush with the others to the shop for a ha'penny bun. She treasured her bawbee in a secret place and let it wait to be joined by the next, and the next. Then one sweet day she bought a bag of Edinburgh Rock.

Even before she was earning, in her last year at the school, she managed to save up enough for herself and her pal Jessie Watson to visit the grand Scottish Exhibition of History, Art and Industry in Kelvingrove Park.

It was a rare summer, sunshine every day. Millions flocked to listen to the events in the magnificent Concert Hall, to gawk at the Palaces of History, Industry, Fine Arts and Machinery, to sail on the cavalcade on the River Kelvin.

Jessie was a spendthrift who could only come up with half the price of her sixpenny ticket. Mary got a bawbee some weeks but not every week. Unfortunately by the time Mary saved the ninepence it was the last day of the exhibition, 4th November.

The weather reverted to type. They wandered through the park holding a coat over their heads, sheltering in every pavilion which offered free entry. Defying the rain to watch the Aerial Railway roaring through the sky. That night God reminded them of approaching winter. A storm took the roof off the Aviation Pavilion and destroyed a wall in the Palace of History.

'Yese were lucky,' said Katie.

Mary Morrow stretched from shilpit wee lassie into wiry young woman

Mary stretched from shilpit wee lassie into wiry young woman. Soon after she left the school a wave of kilts and khaki burst from the nearby Maryhill Barracks to wash over the young men in Glasgow and the world. The lads left in their wake a range of job opportunities. Women confined across the centuries to cleaning other people's houses downed dusters to fill them.

Mary found work in a factory. Earning serious money, she saved towards serious objectives. First on the wish list: an idea she got from Isa MacAlpine.

Big Isa wed her young man before he was sent to the trenches. A crowd from the works paraded her through the streets for her boattlin. Isa, rarely backward in coming forward, was less raucous than usual. Less flamboyant at kissing every stranger. When she opened her mouth she caused a sensation.

'Wherr's aw yer teeth?'

'Heh-heh-heh. . . !'

'Wherr ur they?'

'Dentisht pullt them aw.'

'Wis it no dead sair?'

'Goat the laughin gash.'

'Did it make ye laugh?'

'No hauf! Made me laugh an then it made me greet.'

'Whit did ye get them aw pullt fur? Wur they puir ro'en?'

'Naw. Wurnae bad. Ah done it fur a wee preshent tae Mickey.'

'So ye'll no be rinnin him up ony dentist bills?'

'Aye. Ma mammy telt me tae dae it. She done it fur ma Da when they goat merrit.'

'Och aye, ah mind, ma Auntie Effie done it an aw.'

'Kin ye still eat?'

'Shaft things – parritch an totties an at. But when ah get ma walliesh in ah'll huv a belter o a shmile.'

Mary watched with interest. A shocking sight. Isa's gub was a red wound across her face. Like she'd crossed the path of a razor gang. At the school the other weans had called Mary 'Moosiemooth'. Her front incisors drew all the focus on her convex face. Mary decided to jettison her own teeth. Just the front pair, though. Less painful, less disfiguring and above all cheaper.

For the storing of their worldly goods Mary and her sister Cathie shared a drawer in their mother's mahogany chest. Every penny Mary saved now went in a poke at her end of the drawer. Came the glorious day, she trotted off toothsy. Tripped back gapsy. After she got the bridge she spent long periods admiring her smile.

The empty poke began filling up again. What should she save for now? A coat?

She had never had anything new. By the time a coat bought second-hand for Lottie passed through Sarah, Lily and Cathie to Mary its colours were drab. Its worn cloth let in the rage of winter.

One day Katie got a telegram from Sadie in Crieff. Boabby Hammond, serving with the Cameronians, had died of his wounds in Flanders. Mary was unsure who Boabby was. Eighteen years her senior, he had been raised in Tynemouth as the son of Auntie Sadie and Uncle Daniel. However snippets half caught and quickly denied, jigsawed down the years, hinted that he had never been born to Auntie Sadie. Maybe not even to Uncle Daniel.

Last year a postcard had arrived, forwarded from Crieff. Embroidered in silks an lace by the mademoiselles for the squaddies to send home. Boabby had pencilled his message densely but carefully:

'Dear Mam
Just a line to tell you I am still alive and well we are
down the country just now taking a well-earned rest the
weather is very warm some of the chaps have been home
on leave they came back this morning and they all had
long faces I would not mind having 3 days at home
myself I have nearly forgot what it is to get a meal off a
table or to climb into a real bed we only have to drop on
to the floor and we are in bed the earth is a good friend
to us we do everything on the floor I feel in the pink this
morning I have a clean shirt on I cannot understand
womenfolk being tired after a washing day I have just
washed a shirt and two pair of socks in ten minutes how
is that for a record I would give quids for a night or two
in Gateshead we have lost other 3 of our lads since last I
wrote you one killed one got a piece of shrapnel through
his lung the other sick. Remember me to Auntie Katie.
Best of luck Bobby.'

Now this: her mother turning towards the wall. Right hand, postcard in her bosom. Left hand, hankie to her eyes. One more enigma in this house of lies and secrets.

Mary laid her hand on her mother's arm. Katie shook her off and clambered into her only bolthole: the kitchen bed recess.

Mary went out to give her mother privacy. She went to Burnhouse Street to visit Jessie. Jessie had smooth dark hair. Statuesque with broad shoulders, round feminine arms and a high bosom. Mary was under five foot. Mousey frizzy hair, skinny arms with large hands and no discernible bosom. When Mary stood behind Jessie she was eclipsed on all sides.

The Watson family had a gramophone, left behind by their Uncle Charlie who had emigrated to New York before the war. Jessie was the youngest of three, a late baby in possession of that rarity in Glasgow tenements: a room of her own.

Uncle Charlie's records ranged from Enrico Caruso through Bessie Smith and Al Jolson to Harry Lauder. The lassies spent their off time singing along and practising dances. Jessie had attended a dance academy for a few months the previous winter and knew some steps: the foxtrot, the quickstep, the schottische. To these they added their versions of modern dances half-picked up in dance halls or from the moving picture shows at Vinegarhill. Soft shoe shuffle. Black bottom.

'Must be great in New York,' panted Jessie as they quickstepped together. 'Wherr aw thae grand sangs come fae!'

'And the motion picturs!'

'Grand weather an aw – Uncle Chairlie's letters are full o it. The sun shines aw day an it only rains at night.'

More soft shoe shuffling. Jessie in her baffies, Mary in her wrinkled socks.

'Here. Come and we'll go?'

'Wherr?'

'America.'

Charlie Chaplin and Rudolf Valentino. Cowboys and Indians. Runaway motor cars.

'When?'

'When the war ends. Cannae be lang noo.'

'How. . . ?'

'Mind thae big boats used tae sail doon the Broomielaw? Eftir the war's by they'll be stertin up again.'

'Whit's the ferr?'

'Em. . . Mebbe ah could tap ma Da.'

Mary's mind went to the poke under the mattress. Three pound two and six in it already.

'We could save up!'

'Uch away. We'll never save enough.'

'Aye we wull! Sure we're makin a fortune the noo. An wi awbody left the school or merrit ah don't huv tae gie in as much.'

'Wid your maw let ye go?'

'She'll no be happy. . .'

'Look, tell hur the lauds ur aw getting the chance fur tae see ither countries. . .'

'Aw aye, Gallipoli an the Dardanelles. They're aw waantin hame, but. Ma. . . um. . . cousin's jist been killt so he has.'

'Aw, how d'ye no say? That's a sin fur yese aw.'

'Didnae really know him. But ma mammy's bubblin enough tae float a boat.'

So Mary Morrow's next project aimed far beyond a winsome smile, a winter coat.

The war ended. Mary and Jessie retreated into bits and pieces of domestic work at a fraction of the rate. Only a small part of their wages went into the poke. They had to hand most to their mothers. Once a month, forbye, they allowed themselves a treat. Music hall, penny geggy, the jiggin. From hairnets and bits of ribbon they fashioned snoods for the dancing and hoped nobody would notice their scuffed shoes.

Peacetime brought troubles anew. A terrible flu epidemic. Socialist unrest. Tanks came charging up to Scotland, to Glasgow, into George Square. The donkeys who had caused 16 million deaths turned them against the lions who had saved the British Empire.

It had taken law-breaking, force-feeding and a world war, but some women won the right to vote in elections. Mary and Jessie, in their twenties and owning not a stick of property, were not amongst them. They took no interest in political affairs which they could not influence. They stayed focussed on their dream.

The fare and their keep during the crossing was only the start. Immigrants must wave a wad. Paupers unwelcome in the Land of the Free. They might have to keep themselves for a week or two, while finding that well-paid job, that low-rent flat, that well-turned out, well-built, well-off, well-spoken husband. All the while wowing the Yanks with style.

At the US emigration office: good and bad news. Good: the cost of a third-class ('we don't call it 'steerage' anymore') one-way passage, despite the unimaginable distance, was only around £7. Bad: US Congress had just passed legislation restricting immigration.

'Have you nobody over there to speak for you? Someone to fix you up with a job in advance?'

'Yer Uncle Chairlie?'

'Uch, ah don't think so. Naw, he couldnae. . .'

'What about Canada? They're still accepting immigrants.'

'Canada?'

'It's to the north of the USA.'

'We know wherr it is. We're no ignorant.'

'Wad we no get wur death o caul?'

'In summer it's warmer than here.'

'Is it no full o polar bears an Eskimos an that?'

'Only in the far north. Most emigrants go to Montreal or Toronto.'

The clerk directed them to the Canada emigration office. There was plenty of work in Canada. Industrial work which paid better than service and required no scraping and bowing. Although Canada had extreme winters, its summers were good and it was reckoned to have a healthy climate.

Mary came across a story in a magazine about the formation of a police force in Canada called the Royal Canadian Mounted Police. There was a photograph of one of these Boy Scouts in his funny hat. The report told her his uniform was scarlet, more tin soldier than Boy Scout. She showed it to Jessie.

'That's fur me. Ah'm goannae mairry wan o them.'

Rolling prairies. Red Rocky Mountains against a cobalt sky. A spacious Canada crying out for new blood, for young poor people who would work with a will.

They signed for the good ship *Cassandra*, sailing from the Broomielaw on the 3rd November 1921. Bound for Quebec.

They drew up lists. They released a little of their savings and bought new (to them) sets of clothes. Lisle stockings for summer, woollen for winter. Garters to hold them up and thread and needles to darn them. Patent leather shoes with the latest ankle button strap for Jessie. Mary favoured a T-bar strap.

Jaunty flapper dress for Jessie. Katie saw her trying it on. 'Lovely simmit, hen. But ye've went an furgoat yer froack.'

Mary, being short, got a skirt that came halfway down her shins. However she bought wool and knitted grimly until she had a long skinny cardigan. When she buttoned it up the skirt sprayed out around her knees. Almost whispered, 'Charleston!'

Mary bobbed Jessie's locks. Finger-waves, bangs and kiss-curls. Afflicted with frizzy hair which defied brilliantine and with a mother who refused to let her bob it, Mary plaited her own in a snood. From a distance it looked short.

'Wish ah wis good-lukkin like you.' (Mary)

'Ma kinna shape's oota style. Ah've ayeways tae flatten masel doon wi ma girdle. It's murder! Ah'm goannae gie up the sweeties, so am ur, an try an get thin like you.' (Jessie)

Before the *Cassandra* sailed came word it was over-booked. The two friends and a few other emigrants transferred to the ship *Minnedosa*, leaving from Liverpool. They would have to travel down by train. Jessie's father said it was just as well. 'Cassandra's an unlucky name.'

'How?'

'Sumpin tae dae wi Troy.'

'The Trojan War?'

'Aye. This lassie rins aboot tellin aw the Trojans thurr goannae get bad luck. Naebody credits it.'

'She wis right enough, but.'

'Didnae dae *hur* ony good – she wis selt as a slave.'

'A justified slave, but.'

The rounds of farewells. The lassies bubbled at the station, but then were overwhelmed with the adventure. They cheered when they crossed the border into England.

Jimmy Morrow met the lassies at the station in Nottingham. He and his wife Beattie put them up for the last night. They shared supper and played with the new baby.

Jimmy was interested in the Canada project. As a silver polisher he had migrated to the metalworking area of England. Now he turned his thoughts to Canada. If his wee sister Mary made a go of it, he and Beattie might follow her out.

The *Minnedosa* was a modern vessel, launched only three weeks after Armistice Day. Comfort beyond the wildest dreams of earlier emigrants.

Gone was the ten-week voyage racked with fear of the wind: too much bringing shipwreck and too little starvation. The vast dark caverns in the bowels of the hold, 400 rusty bunks, seaweed stuffed mattresses. The floors slopping with vomit and the decks with seawater. The daily fight for a place to balance a cooking stove. The queue for rations slopped out of a common tank. The coffins bobbing towards the sunset.

The thoroughly modern emigrant was light years from that. Mary and Jessie shared their basement cabin with only four other ladies and ate their dinner off china plates in a separate dining room. China plates? Trenchers groaning under bacchalian splendour.

While Mary was growing up her mother had fed the family on fluids which she could thin down as and when. Porridge for breakfast, broth for dinner. Tea was pieces and butter, dripping or jam. Day in, day out. Week in, week out.

Only the breadwinner got knife and fork meals. Square sausage and tottie during the week and a Pope's Eye steak on Sunday.

On the *Minnedosa* those lucky souls untroubled with seasickness grew fat. Morning coffee. Two course dinner with salt beef, salt pork, herrings, potatoes, peas and beans followed by cake or plum duff. Supper of tea and ships' biscuits.

The emigrants had to play their part. Every sleeping cabin was furnished with a timetable detailing when the passengers had to sweep out their own quarters, when the lamps could be lit and when extinguished, how often the passengers had to air their straw ticks on deck, or wash their clothes. No guns, alcoholic drink, cards, dice, fraternisation with the crew or drilling holes in the fabric of the ship. Personal cleanliness was urged upon the passengers.

As were fun and games. Life was not all duty. Like the first and second class passengers, the third class now had access to their own promenade decks. A party room with a piano, a smoking compartment for the men, a saloon for ladies. A sick bay and drugstore. Playrooms for the children.

One evening they interrupted a singsong round the old Joanna to rush to the deck. Their first glimpse of an iceberg. Huge, dull white against the black sea and moonless sky, illuminated only by the sparking stars. The *Minnedosa* emigrants hung over the rail in silence. All thoughts went to the *Titanic* disaster which had filled the newsstands a few years back.

One day during morning coffee (Mary and Jessie by special request took tea) land was spotted. Another mad clatter up on deck. Soon they were sailing up the crowded St Lawrence River towards Grosse Île, the quarantine station. For some, this would be as close as they would get to the new world.

Mary and Jessie were in luck. No infection. A few weeks later they boarded the Toronto train. Toronto in December had a sharp clarity. Tramped ice underfoot, powdery snow lining the roofs of houses and tops of walls, brilliant blue sky. On the advice of the station staff the lassies found digs in the YWCA and dipped heavily into their funds to pay a week in advance. Their fourth floor room, shared with two other ladies, was basic but clean. Each corner had a bed, a chair, a cabinet and a washstand. One large wardrobe for them all to share and a table in the middle of the room. A window with a view over the street.

The lassies noticed the biting cold in the streets. Before going out to explore they wrapped up in two sets of everything: underwear, petticoats, stockings and cardigans. Mary had brought two pairs of woollen gloves and wore them both. She was full of well-being as they edged along the pavement, arm in arm. Stepping carefully into patches which offered a bit of traction. In a department store they discovered a moving staircase. For a while they took it to the top and ran down the ordinary stairs, then rode it to the top again.

Back on the street they window-shopped up one side and down the other, by which time they were so cold they had to go into a tearoom. They ordered a pot of tea and looked longingly at the three-tier presentation of cakes on the end table.

'Come an we'll huv a wee cake to celebrate wur first day?'

'How much ur they?'

'Three cents each.'

'Ah'm no spending three cents oan nae wee cake.'

'Uch goannae? Wan atween the two o us?'

'We've wur tea tae get yet.'

'Dae they dae high teas here?'

'Whit – huv high tea in here? D'ye think we're millionaires?'

'No yet, but if we're goannae mairry millionaires we should go wherr the millionaires go an eat whit the millionaires eat.'

Mary giggled. 'Ye think therr's ony millionaires in here? See yon fella ower therr.'

'Wherr?'

'Table beside the menu oan the wa.'

'Whit aboot him?'

'Sure he's dead nice-lukkin.'

'Whit wan is it ye mean?'

'Tanned and handsome.'

172

'S'aw right, ah suppose.'

'Love his shoes.'

'Whit's special aboot them?'

'Love thae two-tone shoes.'

'Sorry. Ah'm still clockin the wrang fella.'

'White bags. Wee moustache.'

'Och aye – ah see him noo.'

'Keeps oan sterrin at ye. He's goat a wee notion o ye.'

'Aye, weel, never let oan.'

'Dye no think he's the spittin image o John Gilbert?'

'Cannae see it.'

'Same lovely dark eyes.'

'Wull ye stoap sterrin at him? He's goannae come ower here!'

'Too late. Here he comes. Kid oan ye're surprised.'

Neat and clean. Shiny black hair. Clear olive complexion.

'I see you ladies have finished your coffees. Will you let me buy you another?'

Simultaneously: 'That's awfy good o ye.' (Mary). 'We're aw right, thanks.' (Jessie).

He focussed on Jessie. 'Oh come on. Another teensy-weensy coffee?'

'Well. . .' Jessie hesitated. 'It's actually tea we're drinkin.'

'Tea! How genteel! Two teas it is.'

He headed off to the counter.

'Better waatch wursels,' said Jessie. 'Yon's a wolf if ever ah saw yin.'

'Uch away! Thon lovely voice! Pure sends me. See if he talks tae me again an looks at me the same time ah'm goannae swoon.'

'Aye, they talk kinna proaper, like, but no as pan-loaf as the English.'

'An they're that shair o theirsels.'

'Even the wey they walk. Stridin wi their heids in the air – no shauchlin like the keelies back hame. . .'

'But it's you he fancies. Wish it wis me.'

Two cups of tea, a cup of coffee. . . and three cakes. He laid them on the table and slid into the booth beside Jessie. He extended a hand.

'Frank MacGregor!'

'Jessie Watson.'

'Mary Morrow.'

'Jessie! My favourite name.'

'Ye don't say.'

'And Mary! There's even a song about that dandy old name. Have you heard it?'

'Aye!'

'*For it was Mary, Mary, plain as any name can be. . .*'

Mary joined in the song. Jessie looked doucely down.

'And where are you two fine little ladies from?'

'Scotland.'

'Scotland! Well, I'll be. . . Say something in your lilting Scotch brogue.' He moved closer to Jessie. His arm dropped to seat level. The two lassies made eye contact with each other.

'Toronto is a beautiful city, Mr MacGregor, and I am very glad that I have came here,' said Mary.

'Gee, that slays me! Say 'Toronto' again with that rrrrrolling Scotch burrrrr!'

'Smoke?' Frank flicked open a chrome case. The lassies drew back and shook their heads. 'Mind if I do?'

He lit one, drew and blew a smoke ring.

'Yer pals are away withoot ye.' (Jessie)

'That's all right. They were only waiting for their wives.'

'Whit aboot yer ain wife?' (Mary)

'What makes you think I've got one?'

'Huv ye?' (Mary)

Frank grinned at each of them in turn. 'Oscar Wilde said: Marriage is the triumph of imagination over intelligence. Second marriage is the triumph of hope over experience. But maybe we shouldn't take Mr Wilde's advice on marriage.'

'How no?'

'Never you mind your pretty li'l head, Miss Morrow.'

Another lazy smoke ring.

'We're lookin fur work.' (Jessie) 'Ye know of ony jobs gaun roon here?'

'Depends what you ladies can do.'

His arm passed behind Jessie's back without touching her waist. He looked her in the face. Her eyes slewed to meet Mary's and passed back to Frank.

'Can you use a typewriting machine? If I were a boss, now, I'd offer you my knee. I'd say 'Take dictation, Miss Watson!' Up on the twentieth floor of City Hall, looking down on the town.'

'Whit is't ye dae yersel, Mr MacGregor?' (Mary)

'Please! Call me Frank. I'm a heating, refrigeration and ventil-ation engineer.'

More eye tennis.

'Sounds a guid trade. Weel peyed, eh?' (Mary)

'I do OK. What line are you ladies in?'

'Hoosekeepers.' (Mary)

Jessie frowned slightly. 'We're waantin oot o service. Ur there ony factories roon here, wid ye know?'

'We worked in a factory durin the war.'

'Nice crowda lassies – laugh an a hauf.'

Another smoke ring. 'Don't know of any jobs going, but you could try your luck in the Distillery District.'

'Zat makin whisky?' Tremor in her voice.

'Not just booze. There are other factories too.'

'So's thurr nae Prohibition in Canada?'

'Not like in the States. Ontario itself's been dry since a referen-dum five years ago.'

'A veto poll. We've got them back hame. If enough folk sign they close doon aw the pubs.'

'Can't stop us hitting the rye at home!' Frank waggled his

eyebrows. 'I know a guy who keeps open house. . . If you ladies excuse me I'll make a call. . .'

He went to the counter.

'Wad ye credit that! They keep a telephone on the wa for customers to use!'

'Here, Mary. He's waantin tae take us tae some shebeen. Whit we goannae say?'

'He says it's a fella's hoose, jist. . .'

'Ma mammy wad pure murder me if she thought ah wis gaun intae a pub.'

'S'no a pub.'

'A speakeasy's worse.'

'Whit's a speakeasy?'

'Shoosh. Here he's comin back.'

'We're in luck! My friend Brent's having a little party round his place tonight. Shall we?'

Mary and Jessie looked at each other.

'We're no dressed fur nae pairty.' (Jessie)

'It's Come-As-You-Are.'

'Uch come and we'll go fur a wee while?' (Mary).

Frank offered an arm each. They sallied along the wide pavement. Frank was sure-footed on the ice. They passed people of every nationality: Chinese, Italian, Jewish.

'Thurr nae Indians?'

'Not many in the towns. Indians aren't allowed to keep their children. They must send them away to residential schools soon as they turn seven. They made a law last year.'

'Whit fur?'

'Why – to get all that war-paint and feathers stuff out of them. Turn them into loyal Canadian subjects.'

The streets roared with automobiles and clanged with streetcars. Hardly a horse in sight. Mary wondered how two places as different as downtown Toronto and downtrodden Gowkthrapple could exist on the same planet.

'Are aw your tramcaurs single-deckers? Glesca caurs huv an upsterrs. An open front and back bits that are private.' (Jessie).

'I give you. Scottish streetcars are dandier than Canadian streetcars.'

'Naw thurr no! See thae open bits – they're pure Baltic!'

'Here we are!' Frank led them down steps into a dunny. Notes tinkled from behind closed shades. In answer to Frank's chapping a door opened a chink. Muttered exchange. The door opened wider. Frank ushered them in.

'Sno a pub, onywey.' (Mary).

'How d'ye know? Ye ever been in wan?'

'Aye! Ma maw used tae send me tae get Jimmy hame. See if naebody come oot, ah'd tae pit ma heid roon an ask a fella goannae get him fur me.'

'Whit wis it like?'

'Like a butcher's shoap but darker. Sawdust oan the flair an them aw staunin aboot. No like this. Look, there ur weemen in here!'

'Aye, knockin back the bevvy!'

Mary and Jessie sat on a sofa in the corner of the room. Low table in front.

'You ladies like ragtime?'

'We love it!' (Mary). She sang along softly: *Oh honey moon, Shine on in June.* . . .

'Jazz is mair modern, but.' (Jessie)

'Ragtime, jazz, you'll find it all here. What can I get you?'

'Is there lemonade?' (Jessie).

'Aye, fur me an aw.' (Mary).

Frank went off to the bar. Mary and Jessie soaked up their surroundings. Men in bow-ties or cravats. Not a muffler in sight. Swan-necked ladies, helmet hair, eyebrows forever surprised. Cupid's bow lips sipping coloured potions. Cigarettes in holders. Ankles hooked round the stool cross-bars.

'Ye're no telling me this is some bloke's hoose.'

'An ye're no telling me it's a pub. Ye ever seen a pub wi jiggin?'

'Too wee tae be a dance ha.'

Across the room stools had been pushed aside. In the cleared space three couples were shimmying the night away.

Frank reappeared with a tray. He squeezed in between Mary and Jessie. 'So you're housekeepers, are you? And who do you keep house for?'

'Ah look eftir a viscount. Jessie works fur the owner o a coal mine.'

'A viscount, eh? Is that something like a duke?'

'Better. He gies aw the dukes rows.'

Frank's hand slipped up to cup the back of Jessie's head. He turned her head to face his own and drew it close. His eyes roved around her eyes, her hair and settled on her lips.

'And the coal owner? Is he a millionaire?'

'Eh. . . Goannae scuse me?' Jessie half rose.

'If you want to pass the toll is one kiss.' Frank puckered up.

Jessie deposited a peck and squeezed past.

'Ah'm headin noo, Mary. Ah'm wabbit.'

'Uch, goannae stey oan a wee bit?'

'You're not leaving already! And the night so young!'

'Aye, that's me. Been a lang day. Comin, Mary?'

'Don't abandon me!' He clasped his hands to one side of his cheek. 'I left my friends for you!'

Mary sniggered. 'I'll stey oan anither hauf oor.'

'Suit yersel.' Jessie reached for her handbag. She took two steps and turned back. 'Sure ye're aw right, hen?'

'She's swell. I'll see her safely back to your hotel.'

'Aye. Ah'm fine.'

'Aw right, well. See ye back hame.'

Frankie waggled his fingers. 'Tout a l'heure!'

Mary also waggled her fingers: 'Toodle-oo!'

'Well, Miss Morrow, just you and me from here on in. Shall we move on to the giggle water?'

'The whit?'

'You want to hug that lemonade all night or you fancy something stronger?'

Grinning alien. Trying to eradicate the tremor: 'Whit d'ye suggest?'

Whisky? Gin? Her heart began to thud.

'What about a cocktail?'

Mary had read about cocktails. Was pink bubbly a cocktail?

'Brent mixes a mean Mint Julep.'

'Aw right. Mint thingmy.' She liked peppermint sweeties.

Frank went off to the bar again. Plinkity-plonk gave way to the torment of a saxophone. Mary drew her cardigan round herself, even though it was not cold. She wished Jessie was still there.

Frank reappeared. Something leafy in a frosted goblet. She clinked glasses and sipped. She smacked her lips. She sipped again.

Frank held out his hand. 'May I have the pleasure, Miss Morrow?'

Mary knew then she had made the right decision.

* * *

Mary's letter nearly made Katie drop the black pudding into the porridge.

'Fur cryin oot loud, Jockie! She's merrit!'

'Who's merrit?'

'Wur wee Mary!'

'She cannae be. She's only jist went ower therr.'

'She's awready landit hursel a man!'

'Name o Goad! They must be fair short o lassies ower by!'

'Way an take a runnin jump! Mary could be a wee stoatir if she done hersel up!'

'Who's the fella?'

'Name's Frank MacGregor. A heatin and ventilatin and refrigeration engineer.'

Jockie whistled. 'Fancy trade that. She'll be aw righ' noo.'

'Honeymoonin at the Niagara Falls.'

'Fair seein the world.'

'Been gallivantin aboot on a motor caur.'

'Yer no tellin me hur man's got wan o thae contraptions?'

'No him. Wan o his pals. He's been takin them oot fur hurls in the country. She goat tae talk tae him on the telly-phone.'

'Could she mak him oot?'

'She says his voice wis aw squeaky soonding, but good considerin the distance. Here! They've goat Orange Walks in Toronto!'

'Name o Goad!'

'An hur an him – they've goat a two-room-an-kitchen.'

'Hus she an inside lavvy?'

'Way ye go! She's goat a *bathroom!*'

'Daen awfy weel fur hursel. Whit aboot the ither lassie. . . whit did she cry hur. . . '

'Jessie Watson. Nae mention o hur. But soonds like wur ain Mary's settlt doon in Canada fur good.'

'Heh, Katie, pet, whit ye greetin fur?'

Some months later: a transatlantic telegram.

'She's comin hame!'

'Who's comin hame?'

'Wur wee Mary!'

'Name o Goad!'

'Arrivin back next week.'

'Fur good?'

'Disnae say.'

'Hur man comin wi hur?'

'Disnae say that either.'

Jockie, diabetic ulcers all over his legs, could no longer get about. So it was Katie who caught the car down to the Broomielaw.

The good ship *Metagama* was already in view as Katie approached the quay. Docked she lowered over them all – 500 feet long and two funnels belching out smoke. Cheering passengers lining the decks. Canadian tourists, failed emigrants, businessmen from both sides of the Pond.

She spotted Mary coming down the gangway. A young man was carrying her trunk. Katie scrutinised him. To her disappointment when they reached the quay he laid the trunk down and shook Mary's hand. He tipped his bonnet to Katie, then was gone.

Mary wore a loose dark coat and the same T-bar shoes she had left in, now scuffed and worn. She smiled thinly at her mother.

Katie hugged her; felt something between them. Hard and round. She looked over Mary's head amongst the remaining passengers.

'Yer man no wi ye?'

'Naw.'

'Here, ye shouldnae be. . . Ah'll help ye wi yer trunk.'

Katie started dragging the trunk and Mary took the two smaller bags and the hatbox. Arduous trail over the cobbles from the quay. Both often stopped to rest. A couple of passing porters approached but Katie waved them on. However when two young boys offered to take the trunk Katie handed it over. They humphed it all the way to the tram stop and Katie gave them a farthing each.

At the stop Mary looked back to the Clyde with its screaming, wheeling gulls.

Katie asked, 'Hoo lang are ye here fur?'

'Don't know.'

'Is yer man comin ower eftir?'

'Mebbe. Look, Ah'm wabbit. Ah don't waant tae talk aboot it the noo.'

Katie's heart sank. 'That's aw right pet – we'll talk aboot it when ye're restit.'

Luckily the car came soon and was not overcrowded. Katie shoved the trunk into the space behind the stair and she and Mary took seats near the door. Katie handed Mary her ticket hoping she might remove her gloves, but she kept them on.

Katie tried to fill in the silence.

'Sarah's new baby daein fine. The wan they thought wis stillborn. They're goannae caw him Daly eftir Dr Daly that brung him roon. Yon doctor fair saved the wee man's life. If he hudnae persevered. . .'

'Ah know.'

'An Cathie's expectin. . .'

'That's grand.'

Katie allowed another silence to develop before broaching the next subject.

'When's yer ain due?'

'Halloween.'

'Ye keepin fine?'

'Sick aw the time.'

'Eatin somethin usually helped wi me.'

'Eatin whit? Cannae keep nuthin doon. Ah've took a right scunner tae slimy stuff like parritch. Jist huv tae lay eyes oan a plate o it an ah'm boakin.'

'It's usually jist in the early stages ye're boakin. Later oan it's mair the hertburn. . . '

'Ah've goat that an aw. . . '

'. . . an the backache.'

'Oh ma Goad! The backache. Ye're telling me. It's tormentin me, so it is.'

'Uch well, no fur much langer, eh no? Whit ye eftir – a wee lassie or a wee laudie?'

'Aw wan.'

'Sarah wid fair love a lassie if she gets ony mair. That's two lassies stillborn she's hud noo.'

'It's a sin fur hur, so it is.'

'Ur ye pleased aboot it?'

'Pleased aboot whit?'

'The wean ye're huvin.'

Mary turned outraged eyes on her. 'Whit wey wid ah no be pleased?'

'An is Frank happy?'

'Uch him. He says it's the berries.'

'Whit does that mean?'

'He's swingin fae the chandeliers.'

Up West Nile Street and round by Cowcaddens and St George's Cross. Canyons of blackened tenements. Striped awnings like Dutch aprons over the shop windows on the ground floors. Men clustered at corners under their bunnets. Women with message bags on their arms.

Time to get off the subject of babies.

'So whit's Canada like?'

'Aw right.'

'Is it like here?'

'Naw.'

'How's it different?'

'Jist is.'

'Better or worse?'

'Mair caurs.'

'Tramcaurs.'

'Naw. Aye, weel, they've goat them an aw. But ah mean mair motors.'

'Och aye, yese were breengin aboot in a motor caur. Whit wis that like?'

'Fine.'

'Wur ye no feart?'

'Naw.'

'Whit else is different fae here?'

'The bars.'

'Yese wurnae gaun intae pubs, wur yese?'

'Uch, the joints ower therr urnae like oor pubs. Thurr music an dancin. . . '

'They'll still be fu o drunks, but. Ye shouldnae gae near thae places. Ah've telt ye often. . .'

'Uch Maw, ye know nuthin aboot it.'

Another change. . .

'How's Jessie makin oot?'

'She's fair fell oan hur feet, so she hus. Swell joab in a claes shoap. Gaun oot wi some big cheese.'

'Somebody that makes cheese?'

'Naw. A big shot – ye know. Werrs a collar an tie an disnae get his hauns durty.'

At Maryhill Barracks they disembarked, Katie struggling with the trunk, and rounded the corner into Gairbraid Avenue. Street weans helped them trundle it along to number 33. Up to the top landing in stages. The boys and the trunk. Katie and the wee cases. Mary and the hatbox. The foetus inside Mary, insensible to any drama surrounding its existence.

Jockie beamed and half rose, spreading his good right arm. Mary greeted her father in a perfunctory way and flung herself on the settee. Katie watched carefully as she eased off her hat and peeled off her gloves.

Gold band on the third finger of her left hand.

Despite the warmth of the kitchen Mary's fingers were dead and white. She said: 'Ah'm wrecked. Ah'm away tae ma scratcher.'

'Whit aboot yer tea, hen? Thurr stovies in the pan.'

'Hud ma tea on the boat. Ah'm no hungry.'

She did not re-emerge from the bedroom until Jockie had left for his nightwatchman job. She came through, swaddled in a blanket. Katie was toasting bread on a fork at the fire.

'Here, hen. Ah'll butter some fur ye. Nuthin better if ye're no yersel. Thurr tea maskin in the pot.'

'Tim it in this.' Mary held out a mug with *Metagama* on the side. 'Wee fairin fur yese. Souvenir aff the boat.'

Together they sipped and munched.

'Weel.' Katie spoke gently. 'Goannae tell me aw aboot it?'

'Aboot whit?'

'Ah know thurr somethin no right. Ur ye merrit?'

'Aye!' Mary held up her left hand defiantly. The fingers were
pink again.

'So hus he skedaddled an left ye?'

'Naw!'

'So wherr is he, then?'

'Oh Mammy!' Mary burst into tears. 'He's in the jile!'

Katie put her arms round Mary and rocked her, chewing gently.

'Whit did he dae?'

'He double-crossed me, so he done! He spun me a right line
an ah wis daft enough fur tae believe him. . . Oh Mammy, whit um
ah goannae dae?'

Katie pulled a hankie out of her apron pocket and offered it to
Mary.

'Look, hen, how dae you no stert at the beginnin an tell me aw
aboot it?'

The sorry tale:

'Me an Jessie disembarked in Quebec because it wis the first
port o call. Widda cost mair tae go oan tae Montreal. But here! It
never dawned on us naebody therr can talk English! Here's them
gaun the French at us and us gaun the English back at them. Onywey
the haill toon looked run-doon. We'd never huv goat joabs therr,
wi us no speakin the lingo an that.

'We thought o movin on tae the biggest toon – that's Montreal.
But we fun this fella at the station that could unnerstaun a wee
bittie English an he telt us Montreal wis just as Frenchified as
Quebec. So we headed fur Toronto.

'At furst it wis smashin. See thon Canadian Pacific Railway – the
thurd cless on the trains ur better than wur ain furst cless! The
plan wis tae look fur work durin the day an go oan the randan at
night. But here! The very first day did we no fa in wi Frank
MacGregor.

'Frank took me tae the entertainment district o Toronto. Oh
man! We went tae the motion pictures an the dancin an he took
me oot tae tea. Plenty o spondulicks – forever flashin it aboot.

'They opened up this new place cawed Sunnyside Amusement Park – Oh, Ma! ye nivver saw the like. We were oan this roller-coaster. . . '

'Whit's at – a roundabout?'

'Mair like the Scenic Railway.'

'The whit?'

'Never mind. Frank's pal Brent hud an automobile and when it cam intae spring he took Frank an me a hurl oan it! See when he pullt back the roof an the wind whustles through yer herr – it's just the best thing.'

'The best thing oota whit?'

'Naw – that's jist a wey o sayin ah hud a rerr time. It's the wey they talk ower err.

'Jessie goat a job in a claes shop. I asked hur tae speak fur me an I wis waitin on the word when Frank proposed tae me! It wis lovely an romantic – he went doon oan wan knee in this night club wherr a crooner had jist finished his number. The neon lights ootside were flashin across Frank's face so that he went blue-black-blue-black-blue. . . .'

'Jist a wee minute, hen. When wis aw this?'

'Cannae mind the date. . . '

'Ye wurr jist talking therr aboot the springtime an then suddenly he's proposing tae ye. . . When did ye fin oot ye were expeckin?'

'. . .'

'Ye fell pregnant afore he proposed.'

Mary buried her face in Katie's shoulder.

'That's aw right, hen. Ah wis. . . Loatsa lassies ur expeckin oan thur waddin day. Main thing is he merrit ye. Did he gie ye an engagement ring?'

'Naw, he gied me this lovely locket instead.' Mary lifted her hands to her throat and opened it. A small blurred photo of a man in military uniform. A lock of dark hair.

'See yon badge in his cap – it's the maple leaf o Canada, so it is. Sure he's dead good-lookin?'

186

Frank's cap bore
the maple leaf of
Canada

Katie felt around until she found her glasses. She held the locket first close, then at arms' length. She frowned. 'Mebbe.'

'We jist hud a wee totie waddin, only Jessie an Brent an a couple mair pals. Ah waantit fur Frank's maw an paw tae come alang, because ah'd never met ony o his folks but he said they didnae keep well. Eftir the wadding we went tae Niagara Falls fur wur honeymoon, because it wis the custom fur everybody tae go therr. Thurr even this massive iron brig hingin ower the waaterfa cried the Honeymoon Bridge! They rin a Scenic Railroad alang it an the haill brig shoogles! An see in winter, thurr giant ice mountains come rollin doon tae hut it. . .'

'Huttin the brig? Is that no awfy dangerous? . . . Ah mind when yon railway brig ower the Tay cowped intae the river takin a haill train wi it. Thon wis a terrible thing.'

'Uch naw, the Canadians wid never build a brig that wis goannae cowp – everythin's weel-made ower therr. But we come back tae Toronto an we goat this luxury flat: two room kitchen an bathroom.

Smashin furniture. We goat this lovely Chesterfield second-haun. . .'

'Whit's a Chesterfield?'

'A settee wi big saft airms. Ah even hud an icebox in the kitchen!'

'Did yer man get that through his work?'

'Ah nivver knew wherr he goat hauf o thae things. That wis the trouble. Never telt me nuthin. An he still widnae take me fur tae meet his faimily. Ah kept oan at him. Ah bubbled a bit, asked if he wis ashamed o me. . . then he'd gae ragin oot.

'Didnae maitter because here we wurr thegither in this smashin hoose an planning it aw oot fur the wean. Ah wis in seventh heaven an so wis he. Ah went oot an bought wool an stertit knittin a perra pantaloons.

'An then that wumman chapped on ma door. An ma haill world collapsed.'

Mary picked up the tea-pot and tilted it over her drained cup. A few very dark drops ran out. Katie jumped up. 'Ah'll tim that oot an pit oan mair.'

She bustled about with the kettle, the caddy and the pot and turned up the gaslight. Outside a horse, homeward bound after the day's toil, clip-clopped along the cobbles. Snoozing driver slackly holding the reins. Katie was fleetingly put in mind of her first man and wean, now both at one with their yesterdays.

'Aye, the patter-merchants'll talk the pants aff ye. Ye're better wi a wee plain fella that'll treat ye honest.' She handed Mary her cup. 'Ye were sayin thurr wis somebody at the door?'

'A wumman. She sayd she wis Frank's sister, so she did. An then she says tae me, says she: Dae you know who you've goat therr? That's hur exact words: Dae you know who you've goat therr?'

'An who wis it ye'd goat therr?'

'Turnt oot Frank wis awready merrit! Wi a wee lassie!'

'The durty dog!'

'Aye. He'd walked oot on his wife efter a fight last summer an she'd been tryin tae track him doon ever since.

'Weel, whit could ah say? Ah telt her ah'd nae idea. Ah telt hur ah'd merrit him in guid faith. She said it wisnae ma faut but that his wife wad be pleased tae hear he wis found. His wee lassie wis askin fur hur Daddy every day. Ah telt hur ah wis expectin masel. She jist looked at me an she says, says she: His legitimate family has first claim. His legitimate family! That's when it hut me. Ah stertit tae greet. Says she: Ah'm very sorry the wey things have turnt oot – an then she jist went away again.

'It wis a bit later on when he come hame. . . '

'Whit hud he tae say fur hissel, the ro'en swine?'

'Whit a rammy! Me greetin an tryin fur tae batter him an him rinning roon wi his airms ower his heid. Took me a while tae get oot the words. Then he went dead quiet an he sat oan the Chester-field. Ah sat aside him an managed tae calm masel doon.

'We hudnae much time to talk afore the polis arrived.

'He says he's sorry, says he. He says he's awready left his wife – they wurnae getting oan – she's an awfy nag, says he. He says it's me he loves. He loved me fae furst he set eyes oan me. Mind you, ah hae ma doots because he only made his pass at me efter Jessie gied him the bum's rush. . .'

'Gied him the whit? Don't like tae hear ye talkin durty like that.'

'Aw naw, ye've goat it wrang. Ower therr a bum isnae yer bahookie – it's a tramp. So 'the bum's rush' is jist a wey o sayin. . .'

'Never mind aw that – wull he pey fur the wean?'

'See, he goat nine month fur bigamy an when he comes oot he'll mebbe no find it as easy fur tae get anither joab. . .'

'So huv ye saw him since?'

'Aye. Eftir he wis took away that wis me left high an dry. Nae dough fur food or fur tae pey the rent or the hydro.'

'The whit?'

'The hydro. It's whit they cry the electricity ower therr.'

'Ye hud electric lights!'

'Och aye. It wis a right wee palace. A fool's paradise. . .'

'Wisnae your faut, hen. That durty dog, see if ah could get ma hauns oan him. . .'

'So here's me sailin doon Niagara wi nae paddle! Ah couldnae look for a joab wi the wean comin oan. So ah goes tae see the bold Frank in the jile. Ah telt him ah jist waantit tae get hame tae Scotland wherr ah could get the support o ma faimily. He still hud dollars in the bank and so he peyed ma passage hame.'

'Huv ye hung oan tae yer merriage-lines?'

'Naw. Polis took it aff me – they waantit it fur evidence.'

'D'ye no ask fur it back efter the hearin?'

'Didnae know who tae ask. Here, d'ye think naebody'll believe me?'

Mary's baby was born a couple of days before Halloween. He was presented to all the guisers who made it to the top floor of No 33 Gairbraid Avenue. Washed, powdered and rigged out like a prince. Matinee jacket knitted by his mother, satin gown passed down from his cousins.

The boys – sooty faces, manly smiles – clapped his downy head. The lassies – traipsy frocks and high heels sticking out two inches behind their ankles – competed for a shot of holding him. Mary nearly burst with pride.

'Whit's his name?' the lassies clamoured.

'Ye goannae caw him Frank eftir his Da?' suggested Katie.

'Nut on yer nelly! He can be John eftir ma ain wee Paw!'

Jockie stretched out his good right hand and chucked the baby under the chin.

Mary discerned a hint of majesty in the baby's eyes. When she was up and about she invited her sisters round to pay homage. Sarah, Lily and Cathie all had weans of their own. They shared tips and experiences while Katie made the tea and the Love boys ran about in the back court wearing their presents from Canada: cowboy hat and Indian head-dress.

Sarah asked, 'Whit aboot yer man? When's he comin ower?'

Katie, coming in with the tea, opened her mouth: 'Actually. . .'

Mary overrode her. 'Frank's savin up his bawbees fur the ferr. Costs merr in this direction because they're no waantin tae encourage fowk fur tae come back. The sowel's workin night and day.'

'So we'll get tae meet him then?'

'Uch aye. Ony day noo ah'm expectin the letter fur tae say he's oan his wey.'

Afterwards Katie asked Mary why she'd lied.

'Mebbe it is the truth, fur aw ah know! Wid ye look at this wee man!'

She cradled the baby, drinking in every perfect feature. 'Who could ever resist him? Ah'm goannae get his photy took, an send it tae Frank. Ah'll bet ye he's ower here oan the next boat.'

'Whit aboot his wee lassie in Canada?'

'Uch away! Man likes a son.'

The photograph was taken and posted, with a letter. Six weeks later the same photo was returned, with another letter. Mary read the reply in silence and took it ben to file in the mahogany drawer. When she eventually returned to cuddle the baby she said nothing, but Katie noticed that her eyes were red.

Kailyard

THE DOMINIE of St Peter's R.C. School in Buckie was Mr William Hornby. He and his roly-poly wife had 22 offspring.

'A bairn for ilka fa-oot atween them. That's the wey they mak up!' claiked the chuckies to the wind.

Mr Hornby peopled his school with his dynasty. The older sons and daughters were teachers, martinets of the first order. Hard on all pupils. Particular tyrants to their own siblings seeded through the classes.

Throughout the rest of Scotland the instrument of educational correction was the leather tawse on the hands. However Mr Hornby, trained in England in the wielding of the cane on the backside, found it ineffective. The Hornbys compromised: they applied the English canes they'd brought with them to the hand in the Scottish way of the tawse.

One day Edward Hornby asked each pupil of the top class to pick a book to take home and have it read cover to cover by the next day.

60 years ago—at St Peter's R.C. School, Buckie:—Back row—William Hornby (headmaster), George Milne, Alex. Gerry, John Scorgie, Edward Hornby (teacher), Wm. Hepburn, James Galloway, James Thain. Second row—John Paterson, Alex. Anton, Tom Hornby, John Bruce, Cameron M'Donald, Alex. M'Kenzie, John Ross, Wm. Forbes. Third row—Maria M'Donald, Winnie Hornby, Ethel Anton, Nellie Bonnyman. Katie Gerrie. Maggie Jessie Paterson, Alexina Geddes, Annie Milne (pupil-teacher), Elizabeth Lobban (pupil-teacher), Front row—Thomasina Forsyth, Lizzie Hudson, Maggie Jessie Murray, Nellie Simpson, Ina M'Kenzie, Lizzie Paterson, Mary Garden, Nellie Duncan, Nellie Murphy.

The class of 1896 – William Hornby peopled his school with his dynasty

Nell Garden's spirit was game: she picked the very thickest tome of all. Her flesh proved weak. After tea, the sun came blinking through a borie in the clouds. Nell forgot the book and ran out to play rounders. The rain stayed off all evening and so she played rounders all evening. Slightly lame with congenital dislocation of the hip, she played with the best of them, scorned danger and laughed when she fell.

As she was going to bed Nell remembered the book. Too late now to read it cover to cover. If she skimped on her prayers she might have time to skim-read it enough to learn the names of the main characters.

Nell never skimped on prayers.

Maybe she wouldn't be picked. Particularly if she asked the saints to intercede for her. Praying to the saints could be an alternative to skim-reading the book.

When morning gilded the skies, as ever, Nell's heart awakening cried. 'May Jesus Christ be Praised!' Packing her playpiece, the lump of coal for the school fire and that book, hirpling briskly across the road, she felt sure the saints would not let her down.

It only took three questions for Edward Hornby to expose the extent of Nell's indolence. The cane came out.

Nell's religious faith gave her courage on all occasions. Catching a spinnin mary that was setting her sisters a-scraich. Sleeping in a big room without a candle. Facing down a bully.

Years later she took pride in the telling. How she stood straight and true and looked Edward Hornby in the eye. How she held out first one hand then the other for six of the best. And hirpled dry-eyed to her seat.

When she told her father that evening he said: 'Ach weel, ye're fowerteen noo. So dinna gang back – yer mither needs ye at hame.'

As indeed she did. At the Change of Life the biggest change wrought upon Jeanie Ross Garden was on her mind. For the next three decades she was donnert. She cooried in the ingle, mumbling toothless thoughts and terrifying her grandchildren.

There was the chapel incident.

Jeanie Ross had been forced on her wedding day to promise to bring up all her future children in the True Faith. She had been as good as her word, eleven times, but had never turned herself. So when the family attended Mass she stayed behind to prepare dinner.

An abscess built up over years of deference to superstition? A last attempt to present her children with an alternative set of beliefs?

Most likely the hormones.

Whatever the reason, one Sunday, just when Monsignor McIntosh was reciting the Prayer for the Eucharist and the Gardens were chanting the responses and thinking their thoughts. . . James praying for release from his pain – Jimmy nursing his hangover – Doad planning a secret trip – Muggie visualising the tucks to take in the bodice of Mrs Logie's frock – Tibbie trying to recall the words of a popular song – Nell picturing her responses passing into

The biggest change wrought on Jeanie Ross Garden, mother of eleven children, was on her mind

Paradise – Johnny worrying how to dodge a licking from two foes . . . a wavery voice intervened.

'Ach ee Caatholics is aa the same. Fit think ye? if the priest gies ye a puckle Hail Marys tae chunner ye'll get intae the Kingdom o Heaven?'

Jeanie was making her way up the aisle.

James jumped up, seized his wife's arm and wheeled her about. As he marched her out she hurled one last comment.

'Monsignor bloody McIntosh! Biggest daftie o them aa. Aside fae the Pope. King o the dafties!'

From then on the children took turns every Sunday to miss Mass and stand guard. Jeanie never made a break for it. She stared at the glazed picture on the wall opposite the window.

For a while James imagined this signalled repentance if not conversion.

Beneath the sorrowing eyes the heart wreathed in thorns pulsed its message out. Across the room. Through the window, to the Chapel beyond. And St Peter's Terrace beamed back to the picture its own story.

'Quick! Keek oot! Fa's at awa by the windae?'

'Wifie in a broon coat, mither,' answered Muggie, or John, or whoever was on guard duty that day.

'Aye, ah ken her. . . ill-gettit trail. . . Ah'll see her burn in Hell.'

'She sees aa Buckie beatin a path across yon holy picture,' remarked Lizzie. 'Like the Lady of Shalott.'

A fortnight after the chapel incident Muggie was trying to complete an order.

'Fit an oot-wind the nicht! An the dark fair draaing in. Can we licht the lampie?' she asked James.

'Nae yet. Gie't anither oor or twa.'

'Ah can hardly see tae tak in the darts. And Mrs Pearson wints it feenished by Monday.'

'Can ye nae shiv yer machine nearer the windae? Oot the wey, Johnny. Muggie needs the licht.'

Wee Johnny was kneeling up at the sill, watching the rivulets rushing down the small panes and the trees waving and creaking in the chapel garden across the road. The rain scuttered along the pavement and poured in a torrent along the gutter carrying with it leaves, twigs, cigarette ends and horse manure.

A flash of lightning marked them out in instant relief: Ma munching her ideas into the ingle, Pa in his winged chair, in the foetal position which gave him ease, Muggie bent over her sewing machine, Tibbie and Nell poring over a magazine, Doad whittling at a lump of wood, Johnny climbing down from his chair and Jesus sorrowing on the wall.

Ma kichert and clapped her hands. 'God's heerd ye, Muggie! Wis yon eneuch licht for ye?'

James said, 'That kinna on-ding never lasts ower lang. Bit aa richt – pit the lampie oan if ye wint.'

Doad stood on a chair, lit a match and put it to the wick of the central lamp. The yellow glow suffused the room.

The rain did ease off, but the wind became stronger. A siren, overriding the howls of the storm. A foghorn, continual and urgent.

Throughout Buckie telegraph boys dropped playing cards, jumped on bikes and headed into the wind or away from it. Runners grabbed their jackets and took off to all points. They interrupted the peace of half a dozen men wherever they found them: at work, dinner, sleep or prayer. They demanded that they immediately confront the hurricane. They bade them stake their lives in a game with the sea.

At the boathouse a rounded vessel was hitched to a horse-drawn cart and dragged over land in the direction of the call.

Doad, Tibbie, Nell and John rushed out the door of No. 26 and joined the crowds running down Land Street. At the foot of the road everybody, kin to seamen or not, peered out to the middle distance.

A drifter on the dark briny. Listing to starboard, steering lost, the vessel was tossed at the whim of every wave. Its foghorn gave voice to its pain. It was too far for those on shore to discern any crew, but a cheer went up when the Buckie lifeboat hove in view from round the headland. Oars and bows rising. Falling. Rising. Falling.

The plucky barque batted its way into the eye of the storm. Over and over again a breaker rose roaring from the horizon and swamped it; over and over again the roly-poly shape emerged from the deep. The distance between it and the drifter lessened. Grew. Lessened. Grew. Lessened.

A wall of water banked halfway to heaven smashed over both of them. Chaos, then nothing. Silence from the sea. Foghorn smothered. Silence from the onlookers ashore.

To a general gasp the lifeboat popped up, its primitive self-righting structure saving the volunteers at least.

The drifter also was spotted, cowped on its starboard side. Fragments of mast buffeting around, smashing like matchwood. The lifeboat dared to draw closer, keeping its distance, in and out, circling the flotsam, a dance of life or death.

A speck amongst the waves – and then another. Bobbing heads. Cheers from the shore. The lifeboat got into position: threw a lifebelt. By the end of the evening, when the last watchers straggled home, only a few pieces of driftwood were visible; these would wash up over the next week or two. The word was that of the five man crew three were saved and two – unfortunately from the same family – lost.

The Buckie town motto is *Mare Mater*. The sea is a calm mother: the giver of food. She is a boiling Gorgon: the bringer of death.

With the weekend the storm abated. The Buckie revellers went on their usual randan. Both the grown Garden brothers took a good bucket. Before Jimmy wed his sweetheart Janet, his Saturday homecoming was predictable.

His friends would take an oxter each and trail him home, into the living-room. He would keel like a tree and sprauchle the length of the bass. If Tibbie, Nell and Johnny were in luck bawbees would fall out his pockets and roll over the floor.

Doad Garden's movements were also regular, if secretive. Monday to Saturday he went to where he was apprenticed to Lyon the joiner. Saturday nights he strutted out and stottered back a warrior.

His sister Lizzie recited to everyone a bit in a Robert Fergusson poem which put her in mind of Doad:

> Fae joyous tavern, reelin drunk
> Wi fiery phiz, and een half sunk
> Behold the bruiser, fae to a!

Sundays he went to the chapel with Saturday's bruises above his clean collar. Never the word he spoke. This Saturday evening he returned from his bender sober enough to pick up the piece of wood and start whittling at it again. The wood had begun to develop a face. To Nell it had a look of the Blessed Mother about it.

'Fit ye makin, Doad – an ornament?'

'Keep yer snoot oot or ah'll brak it aff.'

He went on working on it on the Sunday morning.

James said, 'It's the Sabbath, keep it holy. Clear awa that bit work, fitivver it is.'

Back home after Mass, Doad grunted, 'Gie me ma denner first. Ah'm gaan oot.'

'Faar ye hashin awa tae the day?' asked Muggie.

'Fit's it till ee?' Doad took his bowl and hunkered in a corner, shovelling down the broth. He glowered and gobbled and everybody steered clear of him. He dumped his bowl unwashed on the table and went out the back door. He wheeled his bike through the close from the back garden to the street.

'Fit wey's he aye sae cankert?' (Johnny)

'Like a coo wi ae horn.' (Tibbie)

'Maybe he's coortin.' (Muggie)

'Coortin! Fitna quine wad rise tae that grim mudgeon ilka morn?' (Tibbie)

'Aye coort an never mairry an aye gae rovin free.' (Ma)

It was a year to the day. Doad knew the route well. Past the fields of mild fawn cattle. Past Dry Brig and then Craigmin Brig, where Bonnie Prince Charlie once hid from the redcoats.

Sky pearly grey, wind with a smirr of rain on every blast. Doad stopped briefly to pull his jacket collar over his ears and his bunnet over his head. The way dipped to cross a wooden bridge and then rose towards a farmhouse, walls patchy with moss, sagging rooftree.

Doad dismounted, left the bike against the wall, cupped his hands and keeked through the cloudy lozens. Ben the hoose: empty. But the hoose: a wrinkled face loomed.

Doad chapped at the window. The face scowked and disappeared. The door opened a crack.

'Ahm wintin Jessie.'

'She's at her wark. Dinna ee mak dispeace wi her.'

'Faaraboots is she? Howkin neeps?'

Doad surveyed the fields in front of the house.

'Tatties.'

The woman went on scowking at him. Doad turned back to her. They scowked at each other. He spoke first. 'Fit?'

'Hev ee nae deen eneuch herm?'

'Keep yer thochts in yer heid wi the beasties, Mrs Duncan. Dinna send them aa abreed.' Doad walked across the fields, climbing over each wire fence as he reached it. In the middle of the third field a row of bent backs.

Doad approached one of them – 'Hoy, Jessie!'

The quine stood upright, rubbing her back. – 'Aye, aye, Doad.'

'Jessie. Faar is he? I've brocht him a birthday present.'

He pulled the piece of wood from his pocket.

'Fit's at?'

'Toy sodger. Whittlit it masel, ken.'

'Losh, Doad, fin ye said ye'd a present ah thocht ye'd somethin useful. . . a wee coatie, aiblins, or a peera sheen. He's been oan his feet a fortnicht noo; that's fit wey ah've hed tae tie him doon. . .'

'Faar is he, syne?'

Jessie shaded her eyes with her arm and pointed. Diagonally across the field: a heap in the corner.

Doad picked his way between the rows. A thin wail, constant, despairing.

The bairn was tied down in a chair. His arms hung down; bare legs stuck out in front. When he noticed Doad he raised his greeting by several decibels and flailed his arms and legs. A fledgling about to launch. Strands of hair escaping from under the bonnet. Cheeks bright red. Jeelt with the cold.

Doad untied him, heaved him into his arms. The walloching stopped. The bairn leaned back to focus on him. The eyes slanted down at the outside corners the same way as Jessie's. A richt wyce-looking bairn.

Doad gave him the soldier and the baby put its head into his mouth. Doad carried the baby, stepping carefully between the tattie rows back to Jessie.

'Hi! Jessie! Fit wey's this tae look ower yer bairn?'

'Am ah tae live aff caller air? Mrs Duncan's richt gweed aboot it, lattin me keep him by me lang's he disna haud me fae ma wark.'

'Ah canna gie ye ony mair!'

'Fit ee've gien me winna keep the bairn in saps.'

Doad chucked the bairn under the chin. 'Fit like, Jim. Eh?'

The tear-stained face broke into a beam. Doad – very inwardly – was charmed.

'If ee winna tak tent o him ah will.'

'Och, is that the wey o't?'

'Tis.'

'It's taen ye gey lang. The bairn's a year aal the day.'

'Gied him ma name, did ah nae?'

'He canna eat yer name.'

'Goat him christened fur ye.'

'Aye, in yon wee barn at St Ninians. Stown-wyes, like ye wis affrontit wi him. Fit wey wis he nae christened at St Peter's like yersel?'

'It's aa the same in the sicht o God.'

The other workers gathered round. A diversion from the, tedious, freezing day.

'Fit wey cwid ee dee better'n me? Fit div ee ken aboot bairns?'

'My mither's brocht up eleven.'

'Hope tae God she maks a better job o it wi Jim than wi ee!'

Doad turned and started to walk back towards the gate.

'Wait a bittie! Ye're nae takin him awa ev noo, are ye?'

'Aye. Micht as weel.'

Jessie watched them leave with a slight frown. She ran after them.

'Dinna be sae hasty!'

Doad turned again. Jessie reached him and looked into Jim's face. She kissed him on each rosy icy cheek.

'Be ma gweed loonie, Jim.'

'Ah'll need tae hing in. Bairn's near sterved wi the caal. Is there onybody cwid gie us a hurl back tae Buckpool, think ye? The bairn's ower heavy for humphin aa the wey and ana think I cwid balance him on the back step o the bike.'

'I ken fine weel foo heavy he is. Hev ah nae cairried him for months?'

'Ye'll nae be fashed wi that noo.'

Jessie wiped her eye with the heel of her hand. 'Speir at Dougie Sutherland gin he'll gie ye a hurl in his van. Keep in touch, noo!'

One of the other workers spoke.

'Ye're nae lattin him tak yer bairn, ur ye?'

Jessie rounded on her.

'Foo mony bairns hev ee hud tae look ower on yer lane, Nessie Lindsay? Then haud yer tongue.'

Doad slung his bike on the back of Dougie's van amongst the sacks of animal feed and clambered up beside the driver's seat. Dougie handed the bairn up to him. He opened up his jacket and happed the bairn inside.

Jim gooed and gurgled, girned and grat. Doad wondered how to talk to a young baby, particularly with Dougie nearby. Anything he said would sound daft. Best say naethin ava.

'Hev ee telt yer fowks ye're bringin a bairn hame till them?'

'Aye.'

'An they dinna muckle mind?'

'Na.'

When he walked in the Tilly was lit and their faces turned to him, yellowed with the glow. Ma chuntering away in her ingle nook, Nell studying the Bible, Johnny bored in the corner. Tibbie wearing Mrs Pearson's gown while Muggie tacked the hem. Feyther's chair empty across the hearth. He planked the baby on the table.

'This is ma son. He's comin tae bide wi us fae noo on.'

Jaws dropped. His mother giggled with glee. Tibbie said, 'Fit wey kin ee huv a son? Ee're nae mairrit.'

Johnny sniggered.

Ma held out her arms to her grandson.

'Fit a bonnie loonie! Reidest cheeks that ever I saa.'

'Jeelt wi the caal. He wis oot aa day in a tattie field in a force ten gale.'

'Peer loonie! Come tae ma bosie!'

Doad, needing all the allies he could get, placed the baby in her arms.

'Fit's his name?'

'Jim Gairden.'

'Same name as yer feyther! Same name as yer breether!'

'Faar is Feyther?'

Time to beard the lion.

'In the oothoose,' said Johnny. 'He aye spends an affa time there.'

'Peer feyther's nae weel,' said Muggie. 'Nae weel ava. Affa pain aa the time. Canna pass naethin but a spot o blood.'

James came in, rubbing his stomach. His eyes lit on Muggie.

'Pit doon yer peens. Sabbath's nae deen yet!'

The baby gurgled.

'Fit's is till us noo?' James's eyes swept the room. 'Somebody been delvin in the kailyerd?'

Doad stepped forward. 'This is ma son, Jim Gairden. Ah'm wintin him tae bide wi us fae noo on.'

'Are ye mairrit, Doad?' asked Nell. Doad said nothing.

'Weel?' said James. 'Answer the quinie.'

Doad closed his eyes and shook his head.

'Fit wey kin Doad hae a bairn?' asked Tibbie. 'The feyther o a bairn is the mannie mairrit tae the bairn's mither. . .'

'Haad yer tongue, quine.' James lowered himself into his arm-chair. He let out a groan and focussed again on the baby. 'Fit ye deen, Doad, messin aboot wi the quines? Brakkin God's holy law!'

Doad's thoughts turned to the Family Bible kept by his parents' bedside. Last year he had discovered, written in his father's copperplate, the date of his parents' wedding. He said nothing.

'Hae ye disclosed aa this at confession?'

'Na.'

'The morn ee'll gang tae confession straucht efter yer work.'

'Aye.'

'Fa's the quine?'

'Jessie Ross.'

Jeanie clapped her hands.

'Ross! My ain name! Is she freen tae me, think ee?'

'A'na think it. She comes fae Elgin.'

'Is she nae wintin the wee loonie?'

'Canna be trauchelt wi him.'

James took it up again. 'Is she Catholic?'

'The bairn's been christened owerby at St Ninian's.'

'That's somethin, onywey.'

James looked at his wife dandling the baby on her knee. He shifted slightly as another twinge of cramp gripped his abdomen. 'Gin we tak in this bairn o yours, ye must promise tae mairry the quine soon's ye're through yer apprenticeship. Will ye promise us that?'

'Aye.'

Doad confessed all to Monsignor McIntosh next day and got a swathe of penances for the absolution of his soul. He said them in the night, fingering his rosary, waiting for sleep to come. Somewhere in the house the bairn that it was all about wailed for his mother but Doad was not the one who rose to him.

Neither that night nor the next nor the next.

Nell, newly left the school and not yet in paid work, got baby Jim to humph about with her. With her disability, he weighed heavy upon her.

'Fit wey can we nae get a perambulator like Jimmy and Janetty hev for their twins?'

'Fit ye crowpin aboot? Ee've only ae bairn tae look ower! Yer mither brocht up eleven wi nae need o a pram.'

James Garden the patriarch died of bowel cancer two months later. Before Doad was ever a journeyman, Jessie Ross married a diver out of Lossie and went west. She never came back.

Mary Morrow Marries Again

THE ROARING TWENTIES cast a rose-tinted, black-bottomed, blue sky, glad rag, pink bubbly sparkle on all endeavour.

Even finance.

Throughout the decade rising stock prices led to a frenzy of speculation. Spending and lending. Borrowing to invest. In the USA there was more money out on loan than the entire amount of currency in circulation. 1929 saw the clouds amassing in the sky. A hail of arrows rained down on the bubbles. Thousands of blameless people rose to find their bubbles burst.

The world economy took a dive. As did many of those grass-hoppers who had gambled on it not only all they owned but also much of what other people owned. More deeply in the red than they'd ever been in the black, some rode the elevator to the roof and took to the sky.

The House of Morrow was unaffected. One advantage of poverty is that you've no credit to lose. After investing in your daily bread you've no surplus to hazard on get-rich-quick schemes. If all your assets sit from Friday night until Thursday morning in a jar on the mantelpiece you can read about the failure of 4000 banks world-wide, emit a sympathetic tut and turn to the sports page.

So the state of the stock market was unlikely to be the reason for the form splashing in the Forth and Clyde Canal, one April night in 1930. When first spotted the figure was still flailing. Alternately calling and gurgling as the oily waters closed and opened over the face. A group gathered and reached sticks out from the bank. They almost touched the fingers as it floated past in midstream, arms and legs pumping all the way. The lungs filled. The cries became weaker. A few young men ran ahead to Temple Bridge and formed a human chain hanging over the parapet. However before the body reached the bridge there remained only a trail of bubbles.

Next morning the canal was dragged. Around eleven o' clock Bill Love's corpse rose from its lair. Greenish, dripping, fankled with waterweed, bicycle spokes and rusty bedsprings.

Why he ended up in the canal remained a mystery. Bill was not an unhappy man, nor a heavy drinker, nor had he any known enemies. Although the newspapers described him as 'an elderly commissionaire' he was only 49.

At the funeral Bill's widow Sarah remembered the brave Bombadier from the Royal Field Artillery who had stood by her side when the carnage of Ypres lay far in the future. She hung sobbing on to her mother Katie Morrow. The rest of the front row was occupied by the sons Bill had left behind.

Although the Loves and Morrows both lived in Maryhill, Katie had never seen her Love grandsons all together. Any time she'd visited, the eldest boys were out playing and the youngest not yet born. She could hardly recall their names.

As her other daughters Lily, Cathie and Mary passed the tea round the women and the whisky round the men, Katie issued a matriarchal command.

'Right. Love boys. Let's huv a gander at yese. Aw staun in a row in order o age; Jack this end. Whit's the wean cawed?'

'Henry Turner Love,' sniffed Sarah.

'Wee Henry at the ither end, ower err.'

Six fatherless boys, the eldest in a hired funeral suit and the five youngest in black armbands, arranged themselves in decreasing order of size. They stared into their uncertain future, good boys, shoulder to shoulder, arms stiffly by their sides. The guests turned to admire. Jack: 16, Willie: 14, Daly: 9, Jimmy: 7, Andrew: 5, Henry: 3.

'That's a grand faimily he left you wi, Sarah. They'll fair be a comfort to ye.'

'Ye'll be glad he saw his boays weel on the road tae manhood.'

'Jack and Willie'll be a big help tae ye noo, bringin in a wage.'

'At least ye've jist goat the wan no at the school yet.'

Sarah nodded through her tears. And she smiled on her boys with pride.

However, amongst the forms of the boys, Sarah also saw, ducking and diving, three nameless lassies in print frocks. Indistinct faces and ribbons in their curls. The twelve-year-old held a bunch of daffy-down-dillies in her right hand and the hand of the ten-year-old in her left. The two-year-old clutched a rag doll as big as herself, with painted smile. The wean was trying to catch up with her sisters who were always out of reach. Once she stumbled and nearly fell and Sarah almost, but not quite, reached out to save her.

A few weeks after the funeral Sarah, like her sister Mary, found work cleaning the grand homes of Kelvinside and Hyndland. She took Henry with her.

'Mammy, whit's that?'

'The sunbeam shootin in the windae.'

'But whit's *that?* Aw thae wee specky things?'

'They're stour, son. Specks o stour.'

'But how are they jist in that wee stripe tae the flair?'

'They're no jist therr. They're everywherr. We can only see them if the sun's shinin through them.'

'Like fairies?'

'Aye, mebbe.'

'Whit ur they?'

'Bits o aw the stuff roon aboot. Bits o stane, bits o wid. . .'

'Bits o people?'

'. . . Aye, mebbe.'

'An is aw thae specks the same as whit ye're sweepin up an pittin oot in the midgie?'

'Aye. . .'

'But how dae ye know therr urny ony real fairies amang them?'

'Uch, Henry, son, goannae let me get oan?'

The effects of the depression spread across the Atlantic. It reached the West End of Glasgow. Demand for charladies fell.

'Twas the night before Christmas at the top floor flat in No.33.

John MacGregor knelt on a chair at the window. Jack Frost's artwork covered the single pane.

'Ma! Goannae open the windae so ah can see oot?'

'We're nae opening nae windae the night. It's perishin!'

'Uch, goannae, Ma? Goannae!'

'For cryin oot loud, son, whit ur ye waantin tae see oot there?'

'Ah'm goannae try an see Santa!'

'Uch, he'll no huv set oot yit!'

Faint singing, long-drawn out notes, wafted up past their eyrie on its way to the stars.

John became more agitated. 'Who's that singin? It's maybe Santa! Waant tae look oot! Waaaa——hhhh!!!'

'Uch, in the name o Goad, Mary, don't set the wean greetin!' said Granny Katie. 'Gie the windae a dicht.'

Mary got steel wool from the kitchen, crossed to the window and heaved up the sash. By reaching her arm under and up she got a bit of pane on the other side. Chittering all the while, she scrubbed in a circle. 'There. Zat enough fur ye?' She slammed down the sash and rushed to the fire.

John climbed back up on his chair and pressed his cheek hard against the glass. Four storeys below, sparkling with frost, Gairbraid Avenue was almost empty.

Only two drunks wauchlin hame, propping each other up. Stottering towards the tenement wall, away from it, into the road, along the road, on to the pavement on the other side, back again. Twice they skited on the slippery cobbles and dragged each other down, but they picked themselves up and carried on with dignity intact. Never at any time did they interrupt their ululations, nor give any syllable less than its full entitlement of beats:

> 'The Bo-o-o-o-nnie W-e-e-e-lls o Weeeeeearie,
> the Bo-o-o-onnie We-e-ells o Weeeeeearie. . .'

John watched them dwindle to crooked shadows against the street lamps. He turned his eyes upwards. Velvet sky studded with diamonds. Moon a silver scimitar. The night vibrated with the magic about.

'Ma! Dae ye think b'*noo* he's stertit oot?'

Katie and Mary exchanged a look.

Katie said, 'Uch, naebody knows whit time he sets oot at.'

'But he must've. Sure the North Pole's awfy far away? Sure it is, Ma?'

'Aye. It's far.'

'Sure it's miles an miles an miles! An he's got the haill world tae get roon! Aw thae good boays an lassies!'

Mary rallied. 'He traivels by magic. So mebbe it disnae take that lang. Onywey, time ye were in yer bed, son.'

'Ah know, ah'm gaun. Santa'll no come if ah'm still up. Sure he wullnae?'

'That's right, son,' said Katie.

Mary said, 'Right, intae bed noo.'

John clambered into the double bed he shared with his mother. He felt down with his toes for the china pig. He brought it up and cuddled it.

'Whit dae ye think ah'll get, Ma? Sure ah've been a good boay aw year?'

After a moment Mary said, 'Maist o it, son.'

'Wull he mebbe bring me a train set like Shuggie McPhail's goat?'

'Och, ah don't know aboot that. Ye shouldnae get yer hopes up. . .'

'How no? Sure ah've been good?'

Mary hugged him impulsively. 'Aye, son. Ye've been the best.'

'Mebbe he'll bring me a wee train jist. A wee engine itsel. Then next year he'll bring me a cairriage, an then the year eftir anither cairriage. . .'

'Nae mair bletherin,' said Mary. 'If ye shut yer eyes right noo ah'll sing ye a Christmas sang.'

Next morning John rushed to his stocking.

The stocking was empty.

Not quite empty. In the toe was a small flat chocolate Santa Claus.

'Wherr's he pit the rest o ma praisents? The wans that are too big tae get in the stockin?'

Silence.

'Come an we'll look fur them thegither? Whit's at the back o yer cherr?'

'Goannae keep lookin, Ma – maybe he's hid them for a laugh.'

'This cannae be aw ah'm gettin? Sure it cannae?' He burst into tears. 'Ah've been a good boay!'

Mary turned her face to the wall.

The decade dragged on. Each year leaving in its wake a further fall in wages, dole money and prices. A further rise in unemployment, rickets and scurvy.

The National Unemployed Workers' Movement collected 112,000 Glasgow signatures on a petition with several demands: an end to the means test and to the Social Services 'voluntary' Labour Scheme, a rise in benefits, a cut in rents. In the teeth of opposition from the Labour Party, the TUC and all local councils, the NUWM organised a hunger march to present their petition to Edinburgh Town Council.

The thousand who marched the 44 miles occupied the capital for three days. They forced the City Fathers to receive the petition and to pay for their transport back to Glasgow. They claimed a moral victory.

Katie's daughter Cathie Boyd came to show off her new, late baby, Isobel. Her six older children shoogled the house with their racket. The woman downstairs came up to complain.

The Boyd weans were thrown out to play in the backcourt with their cousin John MacGregor. Amongst the leaking drains and ash pits John found them an old rusty can. For a while they played 'Kick the Can' together, counting to 1000 the fast way: (5, 10, double 10, 5, 10 a hundred!). The genders divided. John, James and Tommy played pitch and toss and hunch, cuddy hunch against the dyke. Betty, Helen, Kittie and Jenny skipped, danced in a ring and stoatit two balls against the washhouse wall, to the beat of a thoroughly modern song:

> Ah'm no the factor nor the gasman
> Napoleon nor Ronald Colman
> When ye hear me rat-tat-tat upon the door
> 'Have you money in the bank or money in the store?'
> Ye'd better look oot or else ah'll get ye
> Jist try and dodge me if ye can,
> For ah'm neither Santa Claus nor Douglas Fairbanks
> I am the Means Test man!

That summer a saviour arrived at No. 33 Gairbraid Avenue. First, Katie got a letter from her estranged eldest daughter.

> 'Dear Ma
> I hope this letter finds you and Mary and all my other
> sisters in Scotland well.

Kitty and young Dan and I are all well here. As you know
my husband Daniel passed away a few years ago.

I know we have not been good friends over the past few
years, but I would be most obliged if you could take my
son Dan as a paying lodger. He is after serving his time as
a photographer. Unfortunately there is no work for
photographers in all Tyneside. But he has found a job as
a trainee signalman in Glasgow with the London Midland
and Scottish Railway Company.

Dan is a very good boy and a hard worker. He would be
no trouble and would pay you rent regular. He was your
first grandchild and he wants to get to know his granny.

I remain

Your loving daughter

Lottie

Dan was a handsome young man, slim, clean, solemn. He bore
testimonials from Mr Elliott his erstwhile employer, praising his
diligence, reliability and eagerness to please, lamenting the current
economic situation which had forced him to let Dan Hammond
go.

There were no reminders of his eponymous sire in his demean-
our. Katie sang his praises. 'Ye're a real Morrow, so ye ur! Naw, tell
a lie. Ye're 100% Steel!' When the topic of ages came up Mary lopped
two years off her own, bringing herself entirely into the present
century.

Dan was not particularly interested in trains, but aloft in his
crow's nest he loved the solitude of his job. Until the bell rang to
warn of the approach of a train his time was his own. He read most
of Maryhill public library through and moved on to Possilpark.

Dan shared the second room in the house with John, then at
North Kelvinside School. They got along well. Dan was interested
in foreign languages, popular science, history, geography and
classical music. He read all John's school books through. He

Dan Hammond arrived bearing testimonials to his reliability

introduced John to the second-hand book barrows in the lanes around Hope Street and Renfield Street.

Although glad to be earning a wage, he envied John's being still at school.

'Man. ye're reet lucky here in Scotland. Back hame if ye pass the 11 plus and gan to the grammar school ye must pay fees. There are only two free places a year. I came third the first time I did the scholarship test. Me Da let me bide on another year and try again and I came third again. Me Mam an Da, they hidna the brass for the fees. I wanted that much to stay on, like.'

'And wur ye waantin tae stey oan at the photography an aw?'

'Aye. I had a class time at Mr Elliott's. I started wi him on me fourth birthday, and I finished in a year when I divvent hev a birthday at all!'

'How's that?'

'Cannot ye guess?'

'Naw. How could a wean fower year aul be an apprentice onythin?'

'Not four years. Four birthdays. Here's a hint: Last year was me

213

fifth birthday. This year ah divvent have a birthday at all.'

'Yer birthday's on February 29th!'

'Ye've got it.'

'Goannae let me see yer camera?'

'Hivna got a camera o my ain – that all belonged to Mr Elliott.'

'Did ye like him?'

'We got on thegither champion. He taught me the different kinds o photography, like – the portraits, the technical side. Selling cameras.'

'Did ye huv tae make aw the ugly mugs nice-lookin?'

Dan laughed. 'Nar, na, some things ye cannot dee. Fowk lie, but the camera winna!'

Over the next few years Katie's hands, long holding the reins, became less sure, her memory more wayward. First the future and then the present became swamped by the past.

She called Mary 'Sadie'. Tenderly and repeatedly.

She called John 'Jimmy' or occasionally 'Jockie'.

With the two thus labelled, she retained some frail grasp.

She would take John's left hand, examine it, grab his right hand and hold the two before her eyes.

Dan she looked on with bewilderment. His uncommon diction fitted no template. She was reluctant to ask because she expected she ought to know.

When Mary was in the scullery Katie leaned conspiratorially towards Jimmy/Jockie. 'Wha's yer freend?''

'Dan Hammond. Yer grandson.'

'Whit? But. . .' Her voice tailed away. She sank in the chair, chasing her last bits of food round her plate. Darting furtive glances at Dan. Recalling another Daniel Hammond.

The centre of gravity swung to Mary. Increasingly Mary planned the meals, went the messages, saw to the rent and gas bills. It was to Mary that Dan and in due course John handed over their Friday wages. From Mary that they received their pocket money.

Katie was sucked into the tunnel of existential closure. By day she hunted the house for her mother, her sister, her husband. Night found her wandering Gairbraid and Gilshochill, in quest of Gartsherrie and Gowkthrapple.

Time and again Mary and Dan scuttled out looking for her. They would take a street each and shout up the closes, wander round the backcourts.

'Ma!'

'Granny!'

They found her greetin for her mammy, cooried in a midgie, worsted cardigan happed round her, nightie stourie with ash. Or sipping tea with a neighbour, grey hair wild, hat agley, face tearstained and best dress creeshie and torn.

Mary was grateful for Dan's arm. He postponed the tea she'd laid for him and accompanied her on the search. When she faltered he put his arm round her. When the wind and rain howled he placed her in his wake, like King Wenceslas' page. Once when Mary was fainting with exhaustion he carried her in his arms.

She rested her head on his shoulder.

She ran her hand through his thick curly hair.

She breathed in his clean soapy scent and was lulled by the music of his accent.

She allowed herself forbidden dreams.

Dan put an extra lock on the door which curbed the ramblings of Katie's legs, but not those of her mind. One day Katie ventured along a new pathway. Seated between them on the settee she threw her arms round them.

'Huv yese made it aw up then?'

'Made whit up, Ma? We've never fell oot wi wan anither.'

'Aye ye did. Ower yon wean he hud tae anither wumman.'

Dead silence.

'Whit wis the name o the wean, Ma? Wis it Boabby?'

'It wis. . . ah cannae mind. Wis it. . . '

'Or wis it Danny?'

Dan interrupted. 'Dinnit lead her on in her confusion.' To Katie he said, 'Noo Granny, I'm not the Daniel Hammond ye're thinkin on. I'm his son, also called Dan. Alreet?'

Katie blinked up at him.

'And this here is not yer sister Sadie, it's your daughter Mary. Yer sister Sadie's in Crieff.'

'In grief?'

'In Crieff.'

'In grief aboot whit?'

'Not grief. Crieff. It's a toon up the highlands.'

'Whit aboot Crieff?'

'Yer sister Sadie's there.'

'Wherr?'

'In Crieff.'

'Whit's she daein in Crieff?'

'She got a job there after she left me Da.'

'Mind, Ma, she wis keepin hoose fur some ferm workers.'

Katie leaned forward in agitation, holding out her arms. Dan hoisted her to her feet. She took off out of the room at a speed of knots.

Mary murmured, 'Ah've aye wunnert aboot yon business wi the wean. You were doon in Tyneside – dae ye know mair aboot it aw than ah dae?'

Dan frowned. 'Nar, me Mam wad nivver talk much aboot that. Ye had to pick oot the core o what might be the truth from all the red herrings.'

'Dae ye mind o Boabby?'

'Nar. Ah wis nowt but a bairn, like, when he went away to the war. An he nivver came back.'

'It's something tae dae wi oor Danny an aw. Ma big brither Danny. Ah ayeways wunnert. . .'

Katie re-entered. She was wearing her coat and ramming a hatpin into her hat.

'Shift yersel, Mary! Get yer coat.'

'We're no gaun onywherr.'

'Aye we ur. Ah fun oot yer Auntie Sadie's in Crieff. Ah've been lookin fur hur for years an noo ah fun hur.'

Mary and Dan rose as one and tried to remove her coat and hat. She struggled. The hatpin tugged at her hair and she started greetin.

'We've goat tae get tae Crieff afore she's away again. . .'

'Wherr the hell's Crieff onywey?. . . Whit colour o caur?'

Dan suggested she write a letter to Sadie.

'Look what ah've got here that ye can write it wi.' He reached into his inside pocket and produced a fountain pen. 'Is not that a fine pen, noo?'

Mary fetched a sheet of rose-scented writing paper, a present at her last birthday. Katie started scraping away with the pen.

'Disnae work.'

'Ye're na holdin it reet. Let me show ye. . .'

Katie flung the pen across the room. 'Pen's nae yeese! Gie's a pencil!'

Dan retrieved the pen. 'The nib's bent.'

'Can ye soart it?'

'Nar. See it's all twisted.'

'Ma, that wis bad. See whit ye've did – ye've went an broke Dan's lovely pen.'

'Doesn't matter. It's nowt but a pen. Give her a pencil if that's what she wants.'

After twenty minutes Mary looked over her mother's shoulder and saw that she had written in her spidery hand:

'Dear Sadie

I found out Sadie is in Creef.

I found out Sadie is in Creef.

I found out Sadie is in Creef.

I found out Sadie is in Creef.

I found out Sadie is in Creef.

I found out Sadie is in Creef.

Instead of going into the pillar box the rose-scented letter went into the fire.

The following evening Mary answered the door to Mrs Cleland from down the stair. She was holding a tin.

'It's a cake fur yese – ah baked it masel, so ah done.'

'Fur us?'

'Jist a wee mindin. Fur yese gettin engaged.'

'Fur me gettin engaged.'

'You an Mr Hammond. Ah'm that happy fur yese.'

Mary smiled faintly at Mrs Cleland. 'That's awfy good o ye. Could ye jist haud oan the noo?'

She scuttled back into the house, closing the kitchen door behind her.

'Ma, whit huv ye been sayin tae the neighbours? Huv ye been telling them Dan an me's getting merrit tae wan anither?'

Dan burst out laughin. 'Married? Ye're ma auntie!'

'Aye, weel Mrs Cleland disnae know that. She thinks ye're the ludger, jist.'

Katie said, 'Ah'm awfy pleased you an Dan ur getting thegither again. . .'

Dan took hold of Katie's face and held it a few inches away from his own. 'She's yer daughter Mary. Not yer sister Sadie. Are ye listenin?'

Katie frowned, then went on, 'Aye. Weel, ah'm gled ye're mairryin ma wee Mary an aw, eftir the cairry-oan wi yon durty dog in Canada. . . '

'But Granny, we. . .'

Mary interrupted him. 'Goannae jist play alang wi her the noo?'

'What? But. . .'

'Ah've goat this wumman staunin at the door. Cannae leave hur therr. She's went an baked us a lovely cake. Ah'm goannae huv tae take hur in.'

'But cannot we tell her Granny's. . .'

'Jist play alang wi it the noo. Goannae?'

Dan threw his hands in the air. 'The world's gan mad!'

Mary bustled back to the front door.

Bushy eyebrows turned up. 'Ah'm no oota turn, here, um ah?'

'Nut at aw!' Mary assured her. 'We hudnae made it official, jist. But that's a lovely cake. Ye shouldnae huv bothered. Come in the noo.'

For the next half hour Mary and Mrs Cleland chatted over tea and cake about weddings and the neighbours. Katie beamed beatifically and Dan frowned into his cup.

The front door opened. Mary and Dan rose simultaneously.

'That'll be John. He wis oot wi Daly.' Mary waved Dan back down. 'Ah'll get it.' She closed the door behind herself. Murmured voices in the lobby.

'Need tae be headin masel.' Mrs Cleland rose. 'Get the tea oan fur the fellas. Been nice talkin tae yese.'

Mary busied herself taking the plates to the sink, timming out the tea, retaining the leaves for a second go.

Dan said, 'What was that all aboot?'

'Look can we no talk aboot it later? Ma heid's nippin.'

'But ye've left the neeboors thinkin ye're gan tae marry yer nephew.'

'No ah huvnae. They think ah'm goannae mairry the ludger. Nu'hin up wi that, eh?'

One Friday John went after school to stay overnight at the Loves'. He planned to go cycling to Saltcoats next day with Jimmy and Daly. To ramble in the hills. Paddle in the sea. The byways of boyhood.

Mary spent the morning shopping and the afternoon down the steamie. She pulled on John's outgrown wellies, piled the washing into John's old pram and trundled it down all the flights of stairs. Along Gairbraid Avenue, on the driveway to Gairbraid House, long demolished. Past the ranks of bored toddlers waiting on their mammies, cooried on the gutter, poking the stanks.

Inside Mary squelched over the slimy floor and settled into a stall. Washing everything with a cake of Sunbeam soap took most of the afternoon. After folding the washing and putting it through the wringer, she piled the lot back into the pram and trundled it home. In her own back court she hung out the sheets, breeks, skirts, blouses and shirts. Ascending backwards she bumped the pram up the four floors to the top landing and unlocked the door.

Katie was snoring in her chair. Mary lowered the pulley and hung up the smalls. Something missing. John's Sunday breeks. It would take only a minute or two to dash back.

She retraced her steps to where she and Mrs McGlinchey had been sharing the heavy folding. There, screwed up and kicked into a rusty puddle were the breeks. On her way back out Mrs Dunlop accosted her.

'Goannae help me faudin thae blankets?'

Finding the corners, folding, meeting each other, separating again, folding, meetin again. The age-old washerwoman pas de deux.

'So ur yese aw soartit, then?'

'Soartit?'

'Fur the big day.'

'Oh. Aye.'

'So when's it goannae be?'

'Um. . . no till. . . um. . . summer.'

'A rerr shindig?'

'Naw. Jist a wee do.'

Mary helped Mrs Dunlop stuff the last of her washing into her own pram. Mrs Dunlop accompanied her along the road. Mary forced her pace down to match.

'Must say, Mrs MacGregor, thon's a fine young man ye've got therr. Wee bit younger than yersel, is he no?'

'Coupla year.'

No. 33 couldn't come quickly enough.

'When he furst come tae ludge wi ye, Mrs MacGregor, ah says tae Mrs Johnston, says I, thon's a good-lookin young man. Ah widnae be surprised if thurr weddin bells afore lang. That's whit ah said way back then, Goad's honest truth.'

Mary helped Mrs Dunlop carry her pram up to the first floor. She herself skelped onward and upward as fast as she could. At the top landing her heart lurched. The house door stood ajar.

Quick dash through both rooms and kitchen. No Katie. If Katie had left the close in the last five minutes, Mary should have seen her on the road. Therefore she must have slipped out while Mary and Mrs Dunlop were folding the blankets. A twenty minute start, either to the right or to the left.

Night was falling. Mary waited for Dan coming home so they could search together. They hunted to the east. Along the canal as far as the golf course. Across the canal towards Ruchill Hospital. Past the Saracen Foundry and back through Possilpark.

They hunted to the west. Along the canal in the other direction, past the locks and gasworks and as far as Temple Bridge.

They hunted to the south. Past the Barracks across the Kelvin. Down through the grand avenues of Kelvindale. Out on Great Western Road near the pond and within sight of the lunatic asylum.

They hunted to the north. Past Gilshochill and as far as the Approved School and the Magdalene Institute.

In despair they turned into Gilhill Street to tell Sarah.

'Ma's here. She made it aw the wey oan hur tod, the wee sowel!'

They followed her in. Sarah pulled aside the bed-recess curtain. There lay old Katie on her back, cheeks sunken, mouth open and snoring.

'She musta been wanderin the streets fur hoors, greetin. Then aw o a sudden she spottit the shoap doon the sterr an recognised ma close. She wis near away wi it by the time she managed up the sterr. But ah goat hur tae take a bowel o lentil broth afore she gaed doon.'

'We'd better leave her here then,' said Dan.

'Och aye. Cannae move hur the noo. Yese kin come an get hur the morra.'

'Whit aboot John?' asked Mary. 'Is he still up?'

'Naw, he's sound. Him an Daly an Jimmy huv an early stert ramorra.'

Back home they met Mrs Dunlop on the landing, calling for her cat.

'Did yese find her? Yer Maw.'

'Aye.'

'Wherr wis she, well?'

'Roon ma sister's. We jist left hur therr – she wis sleepin.'

'Yese'll be fair relieved she's fine.'

'No hauf.'

'Ah'll no keep yese. Wee John'll be desperate fur his tea.'

'Aw he's awreet,' said Dan jovially. 'He's had his tea. He's stopping the neet wi Sarah an aa.'

'Ah see.' Did a slight leer pass over Mrs Dunlop's face? 'So yese huv goat the place tae yersels the night?'

Mary gripped Dan's hand and pulled. 'Come oan.'

'Oach, she's in a hurry, Mr Hammond. Ah'd waatch hur!' Yes, a definite leer.

Upstairs, Mary opened the door and locked it behind themselves. Against the nosey parkers. This was the first time she and Dan had overnighted alone together. She set out the tea and, famished, they fell on it.

'Sausages is the boys!' Dan cried out. 'Who used tae say that?'

'Tommy Lorne?'

'Did ye see in the papers he's died?'

'Never! But wis it no him we saw yon time in the pantomime at the Theatre Royal. . .'

'Last year.'

'He wis a young man, but!'

'Forty-five.'

'Only 45!' Mary stopped. At 24, Dan's perception of age would differ from hers, at 38.

After the meal they sat on the settee together. Dan's arm casually flung round her. Her head on his shoulder. The natural thing to do.

She had an uncanny sensation that Mrs Cleland and Mrs Dunlop could see them, looking up through all the floors and ceilings. That Mrs McGlinchey was watching them through the wall.

She turned to face Dan. Their lips met. A light kiss. A closed-lips kiss. Almost a child to adult peck, the kind a dutiful nephew might give his auntie. Mary's heart started to thud. She pulled away in case he could feel it.

As her heart settled, she cooried in again. 'Ah'm awfy worried, Dan.'

'What's ma wee Mary worried aboot?'

'The neebours, Dan. They're aw gossipin aboot us.'

'Aboot us?'

'They aw think we're getting merrit in the summer.'

'Aye, well, ye should not have put that idea in their heads, Mary.'

'Ah didnae. It wis Ma. Ye know whit she's like – her heid's full o mince.'

'Ye should have put them reet on that story, Mary.'

Mary gathered up the dishes and laid them in the sink. She put the plug in and ran the water over them.

'I'll wash them,' said Dan.

'Leave them tae soak in the cauld the noo. Ah'll pit on the kettle and dae them later.'

She put the kettle on the hob, raxed down the teapot, tea caddy, two cups and two saucers. She set them on the table. She sat down next to Dan on the settee again.

'Listen, Dan, whit's tae happen fur the future?'

'What div yee mean?'

'When Ma's no here ony mair. When John leaves hame, mebbe, tae work or get merrit. Dae ye aye waant tae stey oan here wi me?'

'Of course ah div. Granny told me when ah came that ah'll always have a hame here.'

'Ah'm talking aboot when she's no here ony mair. Ye see whit

223

the neebours are like the noo. Whit'll they be sayin aboot us when it's jist the pair ae us here?'

'We'll tell them we're aunt and nephew. Nowt wrong wi. . .'

'They'll no believe us. No when we've been kiddin oan we're gettin merrit.'

Dan sat still for a moment. 'Who was it said: 'Oh what a tangled web we weave, when first we practise to deceive!'?'

'It's too late noo, well.'

'Walter Scott. Was it not in one o his long poems. . . maybe Marmion. . . ?'

'When Ma passes away an John leaves ye'll need tae find yersel ither digs.'

'What? But. . .'

'Nae buts, Dan. Ah've went through it aw afore. Efter John wis born – it wis cruel, Dan, the things they said. Ah thought ah wid never live it doon, Dan. An nane o it wis ma faut – ah'd hud the woo pu'ed ower ma eyes. . .'

She burst into tears. He put his arms round her and kissed her on the brow.

'Ah know it's been hard for you. My own family was near run oot o town by gossip . . .'

'That's yer Maw an Paw, no yersel. An the fowk doon in Blyth widnae know the hauf o it. See when ye're bringin a wean up yersel, pittin him through the school, tryin tae earn money tae feed an claithe him, meetin aw the neebours, the teachers, yer boss. Dae ye kid oan ye've a man at hame that's idle? Then John opens his mooth an lands ye in it. Dae ye kid oan ye're a widow? Or mebbe that yer man's went aff wi a fancy wumman? Ah'm no gaun through aw thon gossip again, Dan. Ah cannae. Ye'll huv tae find yersel new digs, Dan, when the time comes.'

'Ah don't want new digs. Ah want to stay here wi ye.'

'Well, ye cannae. When the time comes ye'll huv tae shoot the craw. Either that or. . .'

'Or what?'

'That's the kettle bielt.' She made the tea, put it on the hob again to mask. 'Ye waantin a cake? Ah bought some this eftirnoon. We deserve a treat.' She opened the box. 'Thurr a fern cake, an Eiffel tower, a pineapple cake an an Empire biscuit.'

'Oh boy.' Dan feasted his eyes. 'Which do you want?'

'Naw, Dan, you pick. Ah bought them fur ye.'

He took the pineapple cake and bit the top off. 'Yum yum. The cat that got the cream, eh?'

Mary took out the Empire biscuit and shut the box. 'Ah'll leave John the Eiffel tower – it's his favourite. An the fern cake kin dae Ma when she comes back the morra.'

She set out the tea. She sat down again beside Dan.

'Or what?'

'Whit's at, Dan?'

'Ye were sayin. A way ah could mebbe stay on here. . .'

He half guessed what she was going to suggest.

'Aye, weel, it's no practical. . . or even legal.'

He was at a loss.

'We could get merrit aw the same.'

Dan drew away. He wrapped his arms round his head. Mary had never seen him so vulnerable. She dared to stroke his hair.

'We cannot. We could gan to jail.'

'Yer Paw widda sayd we could go tae hell.'

'That's nowt but hocus pocus. But we could gan to jail, and that's a fact.'

'Only if they fun oot. Fur cryin oot loud, Dan, the neebours huv goat us wad awready!'

'But. . .'

'Naebody here knows we're related.'

'Yer Mam. . . Granny does. John does.'

'Ma disnae know if she's comin or gaun. An leave John up tae me.'

'Yer sisters div. Jimmy and Beattie over in Canada div. My sister Kitty dis. And me Mam.'

'Aye, weel, we'll mebbe no tell them for a while. We'll huv the weddin ower the hills an faur, faur away fae your fowk and mine. . .'

'Oh Mary, lass, ye've got me in sich a fettle. . .'

On the last day of July Mary Morrow embarked on her second illegal marriage. She and Dan Hammond exchanged vows at the blacksmith's anvil at Gretna Green.

They were older than the run of the runaways – the bride emphatically so – and arrived from the opposite direction. Mary assured the registrar that their only motive was to have a dramatic wedding they would keep in their hearts forever.

Three nameplates on the door:

'MacGregor', 'Morrow' and 'Hammond'.

A year later, on July 28th 1937 at 8.00am a telegram was delivered to No. 33. Dan, on the back shift, was still in bed. John was eating his breakfast ready to go to his new job as a delivery boy.

Aunt Sadie, sister to Mary's mother Katie, aunt to Dan's mother Lottie, estranged widow of Dan's father, had died in Crieff at 1am that morning. Mary read it out to Dan and John. She went to break the news to her mother. She wondered if Katie would mind who Sadie was.

Katie minded.

She minded cawin ropes, stottin bas, plaineys, doubleys, dreepin dykes, singin. She minded working at the printworks with Sadie, racing each other back home through the factory gates, at Gartsherrie and Gowkthrapple. She minded primping Sadie up to net herself a man. She minded the two of them diddlin a baby thegither. . .

Which baby was that?

Were there not two babies?

'Sae that's the end o aw that, then.' Katie turned her face to the wall.

'Will ah pit the parritch oan fur ye, Ma?'

'No the noo, hen. Ah'm awfy wabbit. Jist let me sleep.'

226

Next time Mary looked in Katie's breathing was laboured. Mary tried in vain to shoogle her awake, to raise her up. Katie was too heavy for her skinny muscles.

Mary chapped the McGlincheys' door. Mr McGlinchey helped her heave Katie into a sitting position and went for Dr Begg.

At 1pm Katie, after searching so long for Sadie, caught up with her. Mary Morrow signed her mother's death certificate in the presence of the neighbours as Mary Hammond. The following Thursday Mary took the train to Crieff and signed her Aunt Sadie Hammond's death certificate in the name of Mary MacGregor.

Two losses in the one day. Two identities, two funerals in the one week.

A few months later Mary read in the papers that the January ice floes had brought down the Honeymoon Bridge at Niagara.

The Honeymoon Bridge died as innocently as it had lived. It gave plenty of warning. For days the ice pouring down from Lake Erie built up against it. It crushed the abutments and the hinge supports of the arch in a way that no structure could withstand. News of the coming spectacle brought tourists from far and near. The souvenir shops made more spondulicks out of that January disaster than out of a whole Juneful of brides.

The end came when the abutment on the American side pulled free, yanking out the abutment on the Canadian side. The bridge fell in one piece into the deepest part of the Niagara River, cameras clicking feverishly from both banks.

To Mary Morrow-MacGregor-Hammond that was the final line drawn on Canada, bigamy and Frank. She cuddled her second 'husband', her Danny Boy, and for the first time in her life felt truly warm.

Bunnets and Hats

In Barry, Mary Garden (left) thought
she had found her future husband

THE NICHTS are fair draain in.

Last week ah goat a warnin. That's fit the doctor caaed it.

Wee scliff o the scythe tae ma neck.

Wee mindin that there's been nae craitur born but wis kickin up
the daisies in the fullness o time. Nut Methuselah nor Jesus Christ.

Yon aal poet – canna mind his name – pits it weel.

Since he has all my breether taen,
He will not let me live alane;
Of force I maun his next prey be
Timor Mortis conturbat me.

For ower lang ah've lived a lee. Fin ma dochter Jenny gets hame
fae her work the day ah'll mak her shut the door an ah'll tell her the

228

truth aboot her origin. She has the richt tae ken.

Here's me fyles haadin in aboot ma bed. Naethin tae dee but lie low an think on the life ah've led. Ma philosophy.

Religion. Ah've bade in Glesca noo near as lang as ivver ah bade in bonnie Banffshire. Sae ah ken plenty aboot religion, as muckle as ony ither buddy that never gaes near a kirk.

In Glesca the Protestants that mak the biggest strushie are oota Ulster. They cam ower lang syne tae wark in the Harland and Wolff shipyairds. They brocht wi them their cairry-on aboot King Billy. Jinky enough tunes. Mak ye wint tae mairch up an doon. But hee haw tae dee wi Scottish politics. An they get that fired up! If ye hing aboot tae hear the tunes ye're like tae get a boattle ower the napper.

But in Glesca, jist like in the rest o Scotland, maist o the Protestants are aff John Knox. They wark hard aa week, savin their siller for their funerals. They mak siccar that the ae day they dinna wark is dreicher than aa the ither days by tyin up the bairns' swings an shuttin the pubs. They're fair taen wi black. Black tinimints in black streets, black meenisters thumpin black bibles in black kirks, lang black winter nichts. The blackoot ev noo wi the war on brings a licht tae the ee o mony a Kirk elder.

The Catholics in Glesca are aff the Irish. They pit in a wheen o effort wi the ritual. Kowtowin tae the priest, moothin the responses. Genuflectin. Keepin aa that daft rules aboot fish on Friday. But they're a easy-osy shower forbye. They jink wark if they can. They splairge their siller the day they get it. Ilka peyday they're fechting fu. Beerials are a chance tae gang on the randan.

In Buckie, far ah grew up, ilka ither biggin's a kirk. A wheen o the Banffshire Protestants are gaen fair gyte wi it. The Gairdenstoon fowk are aa Closed Brethern. They hae naethin tae dee wi ootsiders. They'll nae wark wi them, they'll nae spik wi them, they'll nae eat wi them, they'll shair as hell nae mairry them. Ye'll find naethin in Gairdenstoon but religious tracts blawin aboot the chuckies an een scoukin fae ahint the curtains o the toun.

Buckie Catholics lose oot baith weys. We hae tae dee aa yon wi the best o them, the bobbin up an doon at Mass and the roonds o the rosary. But we hae the Protestant dowieness an aa. On the Sabbath in oor hoose we daurna clip oor nails an the men daurna shave. Ma feyther gied Jeanie an me a fair flytin ae Sunday fin he caught us playin a spring roon bi Daftie's Square. Me oan ma roon-backit mandolin an Jeanie oan her melodeon. Had we been playin a hymn (sma chance!) we wid a gotten the same tellin. There's nae bools nor gowf nor fitba played throughout the haill parish o Rathven on the Sunday. And it's nae jist that ye mauna hing oot yer waashin on a Sunday. Ye *maun* hing it oot on a Monday or ye'll be the spik o the toon by the Tuesday.

Ah had ten breethers an sisters. We were brocht up strict Catholics by a feyther that aince trained tae be a priest. Ma mither wis oot a Protestant faimily o publicans.

Ae unco thing – aa the Gairdens fa bide oan in Buckie stick like limpets tae Holy Church. They spend their lives dottin in an aboot St Peter's.

The Gairdens fa took the braid roadie south shooglit the stour o the Chapel aff oor sheen. Fae we won oor wey intae the Central Belt we never took Communion again. Maist o us, onywey.

Ma sister Jeanie wad a Lanarkshire miner caaed Will Duffy. Aff the Irish. They sent their bairns tae the Catholic school in Shotts.

Durin the big strike the miners held their union meetins in the Duffy hoose. Ane o the miners pintit at a wee Sacred Heart calendar hingin oan the wa. Says he, 'Ah see ye're ane o us.'

Will Duffy lookit blue. Fin the miners gaed awa, says he tae Jeanie, 'Get yon thing aff the wa. If it marks us, ah want rid o it!'

That's foo Catholic they were.

Politics.

We're fechtin ev noo agin Germany. Saicint time in ma life that Germany has brocht the warld tae war. Aabody has it in fur the Jerries, as ye micht expect. An yon Hitler is a richt coorse bugger. But me – ah tell aabody 'Beware o Russia!'

The things ah've read aboot yon ill craitur Stalin wid turn yer

Garden flowers – Jeanie, Lizzie, Tibbie, Muggie, Mary, Nell

hair fite. He had his best billy Trotsky murdert wi an ice-pick. Fit an affa wey tae win hame. If Stalin disna like the mudgeon on the chiel across the table, he pulls oot a gun an shoots the craitur deid. Then he sends his freens tae the sautmines in Siberia. Even the peer Russkies that stey behind in Moscow hae nae freedom. They gang faar they're sent, dee fitever work they're pit tae and dinna own the very claes on their backs.

Ah ken the Russkies is supposed tae be oor allies. But they're bidin their chance tae tak ower soon's the war's by.

Ma nephew George Paterson, Lizzie's son, is in wi the Scottish Nationalists. Quare-looking fowk. Bairdies. Ane or twa o them in kilts even in the winter. Kiltie-kiltie-caald-bum. Ah see young George gaan aff wi them for a day in the hills. Plannin their insurrection.

Young men will seek oot adventure ae way or anither. There's naethin'll come o yon playin at sodgers. But mark ma words: if Labour get in power, we'll see a fair difference then. Nae sooner'll the socialists get in than the Russkies'll be in at their backs. Tae tak oor liberty awa. And freedom is worth mair than aa the gowd in the warld.

That's fit wey, ever since weemen goat the vote, the Tories hae got mine. Even though ah'm nae Orange, nor even Protestant, and though ah've less siller comin in on a Friday than ony o ma sisters.

An even though ma man votes Labour.

Ah hinna introduced masel. Ah wis born Mary Gairden at 26 St Peter's Terrace Buckie. Same year as ma feyther James Gairden had the hoose built, wi No. 24 bein ower wee for us aa. Fin ah wis jist a year aal ma big sister Annie caught the croup ae day an deed the next. Eftir that fowk said ah growed ilka day in ilka wey mair like the same Annie. A'na ken, but it wis as like wishfu thinkin, ma mither mournin her bairn.

Ah goat the name o Mary Gairden eftir ma feyther's favourite sister. She had a richt excitin life. Sent tae France for an education. Mairrit tae a publican, Sandy Ross, that wis breether tae ma ain mither. Emigratit tae San Francisco far she tummelt through an earthquake an cam up lauchin. Ane o her sons wrote novels an her dochter mairrit a detective. That's nae aathin. There wis mair in the heid o the same Auntie Mary than fit the spoon pits in.

Ae summer she an Uncle Sandy cam ower tae veesit. Aa the wey fae San Francisco. They brocht their ain dochter, caad Young Mary, that wis mairrit tae a detective. Fit a journey! By train across America, by steamer across the Atlantic. Then aa the wey tae Buckie.

Young Mary (twice ower ma first cousin!) wis a dour quine. Nae muckle tae say for hersel. Fin she did spik it wis an unco mix o Scots an some ither thing. Ah didna ken it as American till the day the motion pictures turnt intae the talkies.

Bit the quarest thing aboot Mary – baith the Maries – wisna the wey they spak. It wis fa they spak tae. Baith o them yammert awa tae the deid.

Back hame in San Francisco their neebours peyed them gweed siller tae contact their deid freens. Yon 'mentalist' cairry-oan wis aa the rage in America.

Ma sister Lizzie has a sherp wit. Says she tae young Mary, 'A bonnie bit skill for a detective's wife. If a craitur's been murdert ye'll jist hae tae speir at the corpse fa did it. That'll be yer man solvin aa his cases!'

Young Mary said it didna work that wey. She said ye had tae haud yer horses till ane o the speerits got in touch. Wisna ilka speerit at pit in for it.

Lizzie said, 'If ma enemy hid shot me deid ah'd be fair burstin tae clype on him an see him hing for it.'

Auntie Mary offert tae dee a séance wi us free o chairge.

Maist o us were a bittie feart. Fit if a haill jing-bang o ghaists cam clatterin in aboot! Foo wad we clear them aa oot the hoose again eftir?

Nell wisna feart ava. Bit she refused ower the heid o it bein the Deil's work. Holy Church widna approve, says she. If we did it we'd hae tae hine awa tae Confession. We didna wint that. Some o us hidna been tae Confession for years. Sae Auntie Mary never did her séance wi us. But she did anither thing.

She wad press doon wi her haans on the tap o the chess table ma feyther made lang syne. She never gruppit it roon the edge; her loofs were aye flat doon on the surface. She telt us anes tae pit oor hauns on the tap o it an aa. She shut her een an for a lang fylie naethin happent ava.

We didna aa hae the patience, syne. The men aye got scunnert wi waitin and hashed awa tae some ither ploy. Bit noo an again if we waitit lang enough, the table wid stert tae rise.

It had nocht but ae leg – a fat ane in the centre. A quarter inch o ae edge o the fit o it wad lift aff the grun. Then a bittie mair roon the edge o the leg. At the hinner end, if we were lucky, the haill leg wad be aff the grun by maybe half an inch.

That wis as faur as it gaed. Except for ae time fin the haill leg liftit mebbe twa inches aff the grun. Auntie Mary moved towards us shivin the table in front o her through the air, een ticht shut like a dream walkin. Or like she wis deid hersel.

We didna bide tae fin oot. We scootit scraichin oot the door an richt oot the hoose intae the street.

Back tae masel. The winter Lizzie left the skweel oor wee breether Alex stertit. He wisna fower week a scholar fin he fell ill wi the bronchial-pneumonia. He hoastit an hoastit. Lizzie gied him a coal-cairry tae help him breathe an keep him cantie. Roon an roon the hoose she galloped, gaan 'Nei-iegh-iegh-iegh-iegh!' like a horse or fyles 'Hee-Haa!' like a dunkey. Alex hingin oan tae her neck for dear life.

Didna save him, though.

Eftir wee Alex deed aathin wis dowie. Ah wis for gettin richt awa fae Buckie.

Ma mither fae the time she mairrit never left Buckie. She bore eleven bairns and beerit twa and never yet had a perambulator. She never left the hoose ava but aince a year, fin ma feyther's annuity cam in that some weel-aff uncle had left him. Then she'd trail the haill clanjamfrie o us doon the toon tae Mackay's the draper's in West Church Street tae rig us oot.

Aabody thocht she had a braw man til hersel. Ah never saa ma feyther wi a drink in him. He didna gyang wi ither weemin an he gied ower his pey poke unbroken. But tae ilka ane o us as we were growin up ma mither gied the same advice: 'Aye coort an never mairry an aye gae rovin free!'

Ah didna wint the kinna life ma mither hid.

Ma big sister Jeanie worked as a domestic at Blair's College in Aiberdeen (far oor ain feyther aince studied tae be a priest). Through this she goat sent tae be a hoosekeeper in a priest hoose in Gourock, the ither side o the country. She spak fur me an got me a job there an aa, as her helper. It wis fine there, me an Jeanie thegither, jist the twa o us an aa the young priests.

Gourock wis a coastal toon like Buckie, but gey different. Handy for Glesca so it got a wheen o summer veesitors an aa that gaes wi them. Promenade alang the shore. Boarding hooses. Tearooms. Swanky hotels – Gourock hid a gweed conceit o itsel.

If ah but kent it, a young lawyer caaed Duncan MacLeod wis close by at the time. A regular summer veesitor tae Saltcoats, jist doon the coast fae Greenock. He wis later tae become gey significant in ma life.

Bit ah'm rinnin aheid o ma story, here.

Jeanie an masel workit thegither a fylie in Gourock an then moved on. Jeanie gaed doon tae Ramsgate, anither seaside toon. She telt us service in England wis different fae in Scotland. Mair deference aa roon. The ither servants, even sharing craik amang themselves, spak o 'The Master' and 'The Mistress' insteid o plain 'Mr an Mrs So-an-so.' The bairns got caed tae their faces 'Master Clarence' an 'Miss Sophie'. Fit wey a nurse cwid caa a bairn 'Master Clarence' fyle she's skelpin his dowp blecks me.

Moved back up the North East. Ah moved fae job tae job. Ah wis quick an eident. Eftir a puckle year ah wis a hoosekeeper masel, in chairge o ithers. Maist young quines didna bide lang in service. They were ettlin tae mairry an set up on their ain.

Ower the years a wheen o lads cam speirin for me, bit nane o them wis fit ah wis eftir. Ma wee sister Nell, fa nivver had ony lads chappin in by for her, tellt me ah wis lattin aa the bunnets gae by lookin for a hat.

Some o ma employers were gweed an some bad, like fowk the warld ower. Ah workit a puckly year for a doctor caaed Ricket – suitin name! – an his faimily. They kept their wee lad in velvet suits. Richt Little Lord Fauntleroy. He wis that bonnie ah took a notion for a bairn o ma ain. Ah made up ma mind if ever ah had a wee loon ah wad let his curls grow free. Even if fowk took him for a quine the wey they did fyles wi wee Colin Ricket.

Fin Mrs Ricket heard me plinkin at ma mandolin she peyed for me tae gang tae piana lessons! A richt gweed-hertit wife. Ah hid a bookie – a tutor, they caad it – wi aa the practice pieces. I pit in ma practice ilka nicht an soon ah cwid read music a bittie, an play the tunes slowly at sicht.

Ah left the Rickets for a better-peyed job as a hoosekeeper tae Mr Leslie, the aal laird at Auchinhove House in Fetternear, by Lumphanan, up the road fae Banchory.

It wis at the same Lumphanan that Malcolm Canmore killt MacBeth. Shakespeare got the name o the place wrang, and the name o the chiel that drew the sword. In fact, there wisna muckle the craitur got richt in yon play. But he wis never in Scotland aa his days, sae he widna ken ony better.

Mr Leslie wis richt taen wi me. Ah pit him at his ease, syne. Gied his face a dicht wi a weet cloot ilka morn. Trimmit his snawy-fite baird. Pit the eyntment on his feet fin the gout wis giein him jip. The craitur wis deef as a post, an haaf blin, but he aye speirt for me tae come an sit wi him as the sun wis drappin in the west. Ah didna muckle min. He wis ower deef for crack an it gied me the chanst tae catch up on ma letter-writin or read a bookie.

Fetternear wis a gey quate place. Lang roadie rinnin intae it fae ae horizon an same roadie rinnin oot tae the ither horizon. Fient a sowel the length o it except fit cam in an oot o the fairm itsel. Dairymen an milkmaids gaan oot wi their coggies afore dawn. The plooman leadin his horse hame at lowsin time. Bare fields lattin ye see for miles. A puckle trees staanin prood agin the sky.

Fetternear wis a richt bonnie place, lang's the sun steyed oot. Bonnie in the spring, wi the chaws in flourish an the caller air aff the hills. Bonnie in the simmer, wi first the whins an syne the broom paintin the braes yalla, an the bees aa buzzin roon the hives. Bonnie in the autumn wi the stooks o corn, the trees ootby reid an gowd an the rasps linin the dykes. Bonnie in the winter wi athin fite except the hoodies on the fence crowpin for scran. But stervation caal!

Auchinhove wis a grand hoose. Fair number o staff, wi the gairdeners an the hoosemaids an aa, an at's nae even coontin the ferm workers. But they were aa affa rustic, ken.

Kinna saft-like. Fin the Great War stertit up ane o them thocht Belgium wis a toon in Scotland. A puckle o them, twa score year if they were a day, had never been the length o Aiberdeen. Gyad sakes! They cwid hae shankit it in that time.

Riddled wi superstition. Fin a wifie in ane o the fairms wis brocht tae bed wi a bairn wi a harelip some thocht it wis a changling left by the wee fowk. The ferm workers aye left a corner o a field unplooed

Lizzie brought George and Albie for furtive holidays in Auchinhove House

for the deil tae tak for his ain an the hoose servants left a bittie bannock for the broonie.

They werena bonnie. A'na ken finivver ah saa sic an ill-faart shooer. Gley-een, bowlly legs, gumsy grins, the haill clanjamfrie. Mebbe they were a bittie in-bred, like, oot there the back o beyont. At denner-time we'd sit roon the table an gowp ower at ane anither. There wis ae wee craitur, gyke-neckit wi a neb a fit lang an a chin tae match. He wad tak the haan o his wife, hersel the spit o the aal maid in 'Kate Dalrymple', an he'd speir at her:

'Did ah nae pick ee oota aa the warld?'

She wad answer, 'Aye, man, at ye did, at ye did.'

Here's me picturing aa the beauties o the day, Lily Langtry tae Mata Hari, linin up for wee Gyke Cowie. But ah nivver let dab.

Aye, a bonnie place, wi a couthie thrang o fowk, but losh! Ah wis lanely there.

Fae it dawned on me there were dizzens o toom chaumers, an the aal laird wis ower deef tae ken fit wis gaan on in them, ah easit ma laneliness by invitin ma sisters an their bairns ower for holidays.

Lizzie cam wi her loonies George an Albie. We had some lauchs, syne. Here's Mr Leslie an me ootbye takin a danner roon the hoose. Me supportin his airm as he hirples oan at a snail's pace wi a codgie smile on his physog. As we got near a cornerie ah'd be yallin oot:

'At's us hyterin alang noo, Lizzie! Waatch yersel, we'll be roon this corner in a mintie! Hing in, noo, hide yersel an the bairns!'

Lizzie cam up three times fae Glesca. Jeanie an her bairns cam fae Shotts. Tibbie an Nell cam an aa, fyles. Ah wis aye dowie tae see them g'wa.

Eftir the hairst wis in the fairm-servants wad hae a richt meal an ale tae theirsels. At first it wis braw; a bit music an jiggin an hantles o scran. But at the hinner end aa the ill-faarit wee mannies wad get fleein an stert chasin eftir aa the weemin. Ah'd beat a hasty retreat tae ma ain chaumer an read some o the books Lizzie left me fae her veesits. She left a bookie o poems. The bit ah mind best wis fae Gray's Elegy:

'Full many a gem of purest ray serene.
The dark unfathom'd caves of ocean bear:
Full many a flower is born to blush unseen,
And waste its sweetness on the desert air.'

Ah took a gweed scance in ma mirror an thocht that wis me tae a 'T'. There wis mair than masel thocht ah wis the bonniest oot o aa ma sisters. Here ah wis near thirty, aye weel-faarit, but getting aaler by the day. An naethin but kye, yowies an ugsome wee bockies in aa the country roon.

Twa year afore it stertit we were already hearin the rummles o war. The Red Cross set up trainin for quines at wintit tae work wi the W.V.A.D. as nurses or ambulance drivers. Trainin as an ambulance driver wis ma ticket intae the world. A hard trainin. Lectures. Practical demonstrations aboot anatomy as weel as aboot mechanics. Fair biggit up ma muscles. Jist caain the stertin haanle wis ower muckle for some quinies. By the time ah wis a qualified V.A.D. ah kent aa there wis tae ken aboot the insides o a person and aboot the insides o a motor car forbye.

Gaan back an forrit tae Aiberdeen for the trainin at the military hospital ah fell in wi a young pharmacist caad Barry. He wis a refined

craitur o gweed education. He an masel – an his canty wee dug! –
steppit oot thegither for twa or three year. Ah took him up tae Buckie
tae meet ma mither an the rest o the faimily. They were aa fair taen
wi his weel-mennert weys.

Ma wee sister Muggie got wad tae her lad Dodd Milne an they
moved intae the front bedroom at no. 26. Peer Muggie hid an affa
hoast on her for years, but we aa hoped the mairriage micht be the
savin o her. Ma sisters were banterin wi me aboot fan ma ain waddin
wid be.

Barry worked fyles up at the hospital far ah met him an fyles in
a wee dark shoppie. Windae full o gless bottles, reid, green an blue.
His een were weak and he aye had tae bring the prescriptions up
tae the shoap windae tae mak them oot. He had tae be carefu wi the
measurements. Doctors' handwritin is ill tae read even by fowk wi
perfect veesion. Barry wis the lad for getting ye aathin ye needed fin
ye were under the weather. Camphorated Ile, Epsom Salts, Syrup o
Figs. He cwid mix up his ain patent elixirs an lotions an aa, wi mortar
an pestle.

We seemed tae be richt suitin tae ane anither. Ah thocht at lang
last ah'd fun ae craitur ah cwid mairry. If only he wid pop the
question.

Hard tae be a wumman. Ye canna strike up wi the men ye fancy
or the warld caas ye a limmer. Ye canna pop the question at a man
or the warld caas ye desperate. Ye maun wait for them tae come tae
ee. An fit if the men that come yer wey an seek yer haan are nae fit
taks yer fancy? Fit if the ae man ye *dee* wint niver comes near ye ava?
That wis aye ma problem.

Ae day Barry went in hissel for a medical examination up the
hospital. He cam oot and ah met him and we gaed roon tae his digs.
His landlady didna approve o him takin in lady veesitors. We did a
bit duckin an divin tae win up tae his rooms. But fin he snibbed his
door agin the world we were richt bien.

This particular evenin he shut the dug in the parlour and took
me ben the bedroom. He stertit tae undress me, as aftimes afore.

Just as he wis gettin doon tae business ah saw there wis ae thing missin.

'Far's yer french letter?'

He said naethin for a mintie. Then, 'We'll nae need to bother wi a french letter ever again.'

He gaed richt ahead and made love tae me. Ah gaed through the motions, but my mind wis only half on it. Wis this his wey o proposin mairriage? Barry wis aye a responsible craitur and ah cwidna think o ony ither reason he'd risk bringin a bairn intae the warld.

It wad be aa richt. We'd wad ane anither an settle doon and raise a wheen o bairns. Wee loons like the Rickets' son, gowden curls tumblin aboot their heids. Quinies that wad sing sangs fin ah played ma mandolin.

Eftir he'd feenished he rolled back and lit a cigarette.

'I want nothin more in this life, Mary, but to wed you.'

Ma hert sang.

'I can give ye a comfortable life, Mary. I'm earnin £5.10 a week an I've a bit put aside forby. When Mr Gilchrist retires I hope to take over the practice. So Mary, bonnie Mary. . . ' he took ma haan 'Do you think you can marry me?'

Ah took a deep breath. Ah opened ma mooth.

'Jist before ye give me your answer, there's one thing ye should ken.'

Ah waited. The clock on the tower ootby struck eicht o'clock. Time tae feed the wee dug. He stertit scrabblin ootside the door.

'Mind I wis away gettin a check-up. Well. . .'

He stopped. Ah waited. He stertit again.

'When I was new left the school I cam doon wi the mumps. I took it right bad, Mary. It wasn't just my face swelled up twice the size. Afterwards I aye wondered. . . Well, before I went ahead and asked ye to marry me I got them to check me oot for this. An so they made me. . . well, never mind. They told me: I canna father bairns.'

Goose-pimples on ma neck. Ah forced masel nae tae pull ma haan awa.

'Mumps can leave ye that way. But we can have a grand life thegither withoot bairns, Mary. We can travel, dine out. Ye'll not need to skivvy – I can afford a maid for aa that. Bairns aye cost a wheen o siller. Wi seven wee brothers an sisters ye'll have had yer fill o bairns, I'm thinkin.'

He gruppit ma haan mair firmly. His kindly een, his waarm smile.

'But if a while down the line ye're aye greenin after a baby, I've no objection tae takin in a wee bairn some day, fae an orphan hame.' He smiled. 'Or even two. So what do you say, Mary?'

He had jist speirt at me the question ah'd been ettlin tae answer for mair than a year. And noo ah cwidna mak up my mind.

He saw ma hesitancy and withdrew his ain hand. 'Mebbe ye need some time tae think about it?'

'Aye!' Onythin tae pit it aff. 'Cwid ye gie me till next Sunday? It's jist that suddenlike – ah wisna expectin. . .'

Naw, ah wisna expectin. And wi Barry ah never wid be.

The air felt cooler tae Barry as well as tae me. He speirt at me if ah wintit tae come back tae the parlour, an he wad stoke up the fire and pit oan some tay.

'Na, thanks, ah'll be weerin awa ev noo. Ah've an early rise the morn's morn.'

Cwidna get awa fast enough. An lang afore ah won hame the tears were pourin doon ma cheeks.

Gin ah stuck wi Barry ah'd hae a fine life. He wis a gweed-heartit craitur and wad treat me weel. He had a gweed profession an wad ae day be his ain man. Ah wad never ken fit it wis tae bear a bairn. But ah micht ae day mither a bairn athoot gaan through the pain an danger.

An gin ah bid fareweel tae Barry? Nae guarantee ah'd find anither chiel as suitin. It had taen me twa an thirty year tae find Barry. Time wisna oan ma side. Neither wis the War that wis layin waste tae aa the mairriageable men o the world.

Ah thocht lang an hard aboot it. Tae this very day ah wunner if ah made the richt decision, in the licht o aa that's come tae pass since syne. Maistly ah've nae regrets. Jist noo an again that ither life that micht hae been comes back intae ma thochts.

Ah'd a braw time o it, drivin ma ambulance. Breengin alang at a fair lick tae save some craitur's life. Deein valuable work in a wey ah wisna fin ah wis skivvyin for fowk ower sweir tae skivvy for theirsels.

But the pey wisna great. Twinty pun a year plus bed an board. Ma wee sister Tibbie, workin in the munitions factory in Glesca, wis earnin twa pun a week. That's aye the wey o it: ye get peyed mair for helpin tae kill fowk than for savin their lives.

Aince ah'd made up ma mind, ah wintit tae get richt awa fae Barry. Come Sunday, ah telt him ah widna mairry. Ah telt him ah wis gwine tae Glesca, tae work in munitions wi Tibbie. The hurt in his face gart me wint tae pit ma airms roon him an delt him in ma bosie. But ah cwidna dee that, because ah wis the very ane hurtin him. Even the wee dug pit its eyebroos up yon wey an looked sae sorrowfu that ah stertit tae greet. And then Barry pit *his* airms roon *me*. It wis aa wrang.

1916 saa me arriving at Buchanan Street Station in Glesca. The station wis a toon in itsel. The flair covert wi fowk hashin here an there. The air fu o flappin doos. Soon as ah steppit on tae the square in front o the station, Glesca lats at ma lugs wi its dirdum. Clankin tramcars. Throngs o fowk shivin past ane anither on the causey. Eftir the quate o Lumphannan, it deeves me.

Ah pit ma haans ower ma lugs an shut ma een. Fin ah open them the racket's aye there, but Tibbie an Lizzie are staunin afore me. Faces deckit oot wi the smiles o hame.

An Glesca's been ma destiny ever since syne.

It wis a fine life, bein a 'Munitionette'. Wi me able tae drive, that wis ma job, drivin roon the factory deliverin components. Tibbie wis at the packin, an it wis aa single quines far she wis. They used tae pack wee notes intae the boxes alang wi the ammunition. Some o them wid get an answer fae a peer lad in the thick o it. A wheen o them stertit up correspondences that wey. A puckle waddins cam oot o it.

The weemin that worked in the danger buildings fillin the detonator caps wi high explosives were maistly mairrit weemen wi their men awa at the front. Aiblins they thocht this wey they cwid be upsides wi their men, aa facin danger thegither.

Ana ken if it wis tae dee wi aa that wark we pit in, buildin their bombs, but at last some weemen were allowed the vote in elections. Didna affect me, bidin in digs, but Jeanie an Lizzie were mairrit tae householders and so they qualified.

Fae the tap o a tram caur ah saw a puckle suffragists at the corner o University Avenue. They were cheerin oan twa gairdeners plantin an oak sapling tae commemorate the occasion. The sun beamin the length o Kelvin Way. The daffs in bloom amang the trees. Ah cwidna help but think a new day wis dawin.

Richt enough, in November that year the War cam tae an end. We were aa fair gled tae see the back o it. But it wis a wae time for the Gairden faimily.

Ma three survivin breethers: the eldest Jimmy, the middle ane Doad an the youngest Johnny aa signed up wi the Gordons like their feyther afore them. Fin Johnny read the list o necessaries he telt the sergeant he didna need tae pack shavin equipment. Says the sergeant, 'Ye'll be needin it afore ye've won hame.'

They mairchit doon the brae tae the Low Road far the boat wis waitin. Kilts swingin, pipes skirlin. A braw show.

Johnny cam back tae us wounded three times. Ilka time he telt us foo affa it wis oot there in the trenches. Up tae yer kilt in glaur an fyles in blood. Deeved by gunfire, blindit by gas. Diggin yersen oot fae under a pile o corpses an groanin wounded. He hidna the words tae describe foo affa it wis.

'Ah wish ah had the courage tae desert.'

The fourth time he went aff he never cam back ava. The letter the King sent wi the medal said he had 'No known grave.' He wis nocht but 21.

Jimmy did come back, tae 10-year-aal twins that didna mind him an a wife that hardly kent him. He brocht as a souvenir the gallopin

Doad tended the horses behind the lines

consumption an wis deid within the year.

Doad had a job on the back line aa through the War, mindin the horses. He cam back tae us the same dour, crabbit, fechtin craitur he gaed oot.

Ah heered ma cousin George oot in San Francisco, author o a novel *The Country Cousins,* the son o ma Auntie Mary, also fell victim tae the War Tae End Wars. Droont at sea.

Wi the war feenished, the munitions work dried up. But Tibbie and masel had the taste for city life.

Tibbie had a young lad caaed Angus Ramsay, a train driver fa got cheap passes tae traivel wi her aa ower the country.

Lizzie had mairrit a weel-aff businessman caaed Albert Paterson. Originally fae Huntly. An ironmonger tae trade but wi shares in aa sorts o enterprises. Ane o their freens wis seekin a hoosekeeper. Sae that's fit wey ah got in wi Duncan MacLeod.

He wis a lawyer, sole pairtner in the Renfield Street firm Hugh and Duncan MacLeod. Ah nivver fun oot fa Hugh wis or if he'd ever existed.

Duncan wisna the kind o lawyer that spent his days wi thieves an murderers. He took tae dee wi businessmen, keepin track o their siller. Aboot ten year aaler than me, but aye perjink in appearance. His een were clear an blue. Ah nivver used tae like a mowser oan a

Duncan's mowser gave
him a distinguished air

man, bit fae a saa the neat wee frill aneath his snoot ah changed ma
opinion. Gied him a richt distinguished air.

He spak English insteed o Scots. That wisna because he took
hissel for better than the lave o us (or so ah thocht syne). It wis
because he'd only met wi English at the skweel.

His faimily had come fae Applecross tae the Black Isle and they
spak the Gaelic tae ane anither. Sae did the bairns he played wi in
an aboot Kilmorack. Bit at the skweel Gaelic wis banned.

The dominie hid a bit wood wi a string on it that the bairns
caaed the Hanging Stick. The first time in the day the dominie heerd
a bairn gaan the Gaelic tae his freens, he hung this stick roon the
bairn's neck. That bairn hid tae listen aa day tae try tae pass the stick
on. The stick got passed fae bairn tae bairn, till the craitur aye wearin
the stick roon his neck at the hinner end goat the belt. It wis a gweed
wey o rootin oot the Gaelic, because it gart the bairns spy on ane
anither in places the dominie didna gang, like the school yaird an
the cludgie.

The Gaelic hidna been haimmered oota Duncan, but the English
hid been weel haimmered in, so that noo he wis as easy wi the tane
as tither. He spak wi a douce voice, a bonnie musical accent.

An music wis fit he wis aa aboot. He wis aye singin roon the hoose. But an ben. Fyles Gaelic sangs, fyles sangs ah kent an aa, sae ah cwid jine in wi him.

Durin the days fin he wis oot ah practised awa at ma piana playin. Then ae Setterday fin he wis workin at hame ah sat masel doon quate-like an stertit playin. First of aa wi the saft pedal oan sae ah widna disturb him. Then a bittie louder.

He cam peltin ben an flang open the parlour door. Ah wunnert if he wis angert, bit then ah saa the beam on his face.

'You didn't tell me you could play the piano!'

'There are many things ee dinna ken aboot me, Mr MacLeod!'

'Then I'm going to enjoy finding them all out! A voyage of discovery round Miss Garden!'

He sat on the bench aside me. Afore ah cwid blink here we were playin a duet. I wisna up tae his level, of coorse, an made mony mistakes, but he wis patient wi me. Syne ah brocht oot ma mandolin, an he wis gey taen wi that. Mony's the canty forenicht we hud thegither, him playin an me strummin.

His breether Roddy in Edinburgh wis a Free Kirk Meenister. But no jist ony meenister. He'd deen affa weel for hissel. He'd been chaplain tae a peer o the realm, Baron Glendyne, an had mairrit the Baron's dochter.

Ah telt Duncan the aal tale aboot foo Cullen Hoose should hae been oors. Ah changed it a bittie fae Feyther's version. Didna say the heretics hud pochelt it fae us. Jist said it had aa tae dee wi the Reformation. Duncan didna seem as interestit as ah'd hoped.

Ah wis richt canty bidin in Glesca. We were in a braw flat in Falkland Mansions in Hyndland, a pan-loafie pairt o the toon. High tiniments o rosy sandstane that the sun set aa aglow. Ye gaed in fit the Glesca fowk ca a 'wally' close. The entry richt alang an up the stair wis decoratit wi shiny tiles. Dark green, dark reid, blue an yalla set intae a pattern o flooers. On the first landin wis a picture windae, stained gless like in a church. The same stained gless wis fittit intae ilka door on ilka hoose in the close. Twa hooses tae ilka landing, fower fleers in aa. Ah hid the hoose tae masel aa day.

Drawin room wi a bow windae takin in baith ends o the street. Bath wi a line o taps aa deen different things. Ah liket fine jist tae lig there an soak.

Duncan an me baith hid a notion o the Buttercup Butter oot the Buttercup Dairy in Byres Road. Pit me in mind o the fresh kirned butter we ett doon at Auchinhove. It wis braw tae gae there for the messages an mix wi the young students daunerin oot o University Avenue.

Fin Duncan cam hame at een he wad pour hissel a whisky fyle ah pit oot the tay. Syne the peer o us wad sit an eat thegither at the table. Like an aal mairrit couple. Sometimes – aften – he wad look across at me wi the whisky mellowin his een an spik words o tenderness.

'Och, a Mhairi bheag mo chridhe. If I were ever to take a wife, you would suit me down to the ground.'

Ah wid smile back and hae a bit daydream tae masel.

At the same time ah wis ettlin tae build up ma ain circle. Ah wis aye hopin tae be mistress o ma ain hame an faimily. Jeanie, Lizzie an Muggie were aa mairrit. Ma breether Jimmy left his widow Janetty a doo's claikin, wee Molly and Sandy, tae be a comfort til her doon the years. Aa the men ages wi me seemed tae be mairrit.

Or streetched oot aneath a cross in France.

Twa o ma sisters were near enough tae drap in by. The subway took me in nae time at aa fae Byres Road tae Lizzie's hoose in Ibrox.

Bonnie wee subway! Fit a guff waftit oot the stations! A reek like ye met wi nae ither place. Wee widden cairraiges. Ane far the men cwid smoke and ane for the ladies. Hashin roon the 14 stations like a cat chasin its tail. A'na ken fit wey it won across the Clyde. Didna flee ower. Must hae burrowed aneath.

Lizzie had twa loons. George, the elder, quate-like an thochtfu. Albie, a manly wee character, nocht bit fower year aal but aaready croose in the craw.

Sometimes ah gaed wi Tibbie an her lad Angus tae the jiggin. Glesca wis loupin wi dance halls. The Albert wis ower dear for us but we gaed tae different wee halls near far Lizzie bade. It wis therr ah fell in wi Willie Galbraith. Mair o him later.

Duncan hidna muckle time for soirees. Roddie cam ower a puckle times fae Edinburgh wi his blue-bloodit wife. She wis caad the Honourable Helen Nivison but Roddy and Duncan jist caaed her Nellie. Ah didna ken fit tae caa her sae ah caaed her naethin. A wee wifie that widda yammert the hind legs aff a dunkey. Ah never in ma life heerd onybody tae blether oan like yon.

Her man keepit aa his bletherin for the pulpit.

There were twa ladies, sisters tae ane anither, that drappit in by. The Miss Lamonts. They lived by their ain means an hidna tae gang oot tae work. They cam roon ilka Friday evenin tae play duets wi Duncan. Duncan didna hae the usual kind o piana stool. He had a lang bench that cwid tak twa pianists cheekie for chowie. Dandy for duets. But fin he wis playin duets wi the Miss Lamonts, they didna sit cheekie for chowie. Duncan sat in the middle o the bench wi his knees wide apart and the ladies took it in turns tae sit atween his shanks. He wad play the low octave an the highest ane, and the lady wad hammer awa at twa middle accompaniments.

Ah thocht it looked a bittie peculiar at first, but syne ah goat used tae it.

Fin ah gaed tae the jiggin wi a crowd o freens, Willie Galbraith wis never faar tae seek. He wis a journeyman joiner, fae Tilliecoultry. A country loon, jist as ah wis a country quine. Nae chicken. Weel-traivelled. New back fae workin in New Zealand. He'd served wi the Argyll an Sutherland Hielanders mony a year. Got a medal fae the South African War. A veteran o the Great War forbye. Aye cairried a bit shrapnel in his shank.

He wis aye ettlin tae get me oan ma lane, the same Willie Galbraith. He danced wi me, he bocht me a fish supper, if he'd a drink in him he sang tae me. Aabody cwid see he'd got the smit for me. Ah thocht it wis braw, haen a lover, but ah cwidna think o him in the same wey.

Ma heid wis fu o Duncan MacLeod. Ah wis 35 year aal wi a fair wheen o broken herts in ma wake, but noo for the first time ah kent fit it wis tae be in love. Ah danced on air aa the roadie doon tae the shops far ah'd pick him oot somethin tasty tae his tay. Aa the wey hame ah'd keep up an imaginary bit crack wi him, picturing fit he'd say tae me an fit ah'd answer. Ma bit crack wi the imaginary Duncan wis aye wittier than it wis fin it cam tae the real thing, but that's ever the wey o it.

Ae nicht Willie Galbraith had a good bucket in him an wis gettin amorous. Ah lat him kiss me aince, twice, an then ah wis fechtin him aff. The crowd o us half cairried him hame tae far he bade wi his mither an sister in Middleton Street, up a close nae far fae Lizzie's. His mither lookit blue fin we tummelt him in the door.

Says I, fair blushin at sic a cairry-oan in front o ma freens, 'He's a richt Lothario, that ane.'

Ma chum Dolly Drysdale said, 'No hauf. Ah could tell yese aw somethin aboot the same Willie Galbraith.'

'Fit?'

'Mebbe ah shouldnae tell yese. Whit's the score wi you an him, Mary? Are ye thinkin o mairryin him?'

'Mairry *him*? Nut me. Ah'm seekin a sober, weel-geddert man.' Ah kichert. 'Ah'm efter a hat, nae a bunnet!'

'Ye know the Red Lion Pub? Doon the sterr fae ma sister's hoose.'

'Canna say ah've noticed it, but ah ken far ye are.'

'The bloke that runs it is cried Artie Gunn. Their youngest wean's his.'

'Fit dae ye mean?'

'Wee boy cawed Crawford Gunn. Aboot fower year aal – no at the school yet. Ma sister waatches him while his mither's helpin in the pub. But his daddy isnae Artie Gunn the publican. Mrs Gunn hud him tae Willie Galbraith.'

'Fit! Are ye shair?'

'Shair as ah can be. Mrs Gunn telt ma sister hersel. Wee boy's the spit o Willie Galbraith. Ridd sandy herr. An she gied him a middle name tae mark it. . .'

'Galbraith?'

'Nae Galbraith – that widda been too obvious. Harper or Hudson or somethin like that. A name that's something tae dae wi Willie Galbraith, onywey.'

'An does Artie Gunn ken aw this?'

'Your guess is as guid as mine.'

'Fit an affa thing tae dee tae a man.'

'Whit – ride anither fella's wife? Happens aw the time, Mary!'

'Naa, ah dinna mean that. Pass anither fella's bairn aff on yer husband.'

'You're tellin me. Ye'd be livin a lifelong lie.'

Duncan an masel grew closer by the day. On ma birthday he took me tae the motion pictures. A richt lauch! Eftir, we gaed tae Miss Cranston's for high tea. We sat on a peera cheers wi backs like ladders. Aa the world milled roon thinking we were winchin.

He caught the Spanish flu that wis gaun the roons an had ilka buddy drappin. Ah nursed him through it. Ah brocht intae play the skills ah'd larnt fae the Red Cross an the knowledge o medicines ah'd gleaned aff Barry. Mony's the time ah sat wi Duncan till the scraich o dawn, haudin his heid up sae he cwid breathe mair easily. Ae nicht ah thocht he wad dee, but he cam through the crisis.

We aye had the same sense o humour, but there wis a seriousness in his een noo fin he lookit at me. He clappit me tenderly roon the shouthers, he straukit ma hair an ma cheek. Cam the day he gaithert me in his airms an kissed me on the mou.

His kiss wis waarm an saft and ah wintit mair.

'I'm sorry,' he said. 'I don't want to offend you.'

Offend me? As if ah wis some haughty ice-maiden.

'Nae offence taen,' ah assured him an tae drive hame the pint ah stood on ma tiptoes an kissed him again.

Eftir that it wis a matter o time – nae muckle time – afore he cam chappin at ma bedroom door. Pit me in mind o the sang wee Gyke Cowie at Auchinhove come oot wi fin he got bleezin foo.

'Wake up, wake up, love, it is your ain true lover
Open the door love and let me in. . .'

Gweed kens fa larnt him it. The ither lads were giein it laldy wi
the bothy sangs aboot feein-mairkets an ticht-fistit fairmers.

Ah took Duncan in. Intae ma chaumer. Intae ma bed. Intae masel.
He wis gentle an passionate. Best lover ah'd ever hid. There wis nae
mention o french letters – it wid hae spielt the moment.

Also, there wis the bit thocht that if onythin did come o this,
micht it nae be the very thing tae gie Duncan the push? Tae gar him
pop the question?

Eftir we're lovers, Duncan an masel become even mair like a
mairrit couple. We read thegither in the evenins an tell ane anither
the interestin bits. Affa things gaun on in Russia. Yon Stalin is a richt
coorse breet. An noo they're forming a Communist pairty in America.
Duncan says the Bolsheviks will be the daith o us aa.

Duncan is cultured an weel-read. He gaes tae concerts in the St
Andrew's Hall and tae plays at the twa theatres in the Gorbals. English
is nae his mither tongue but still he kens aa the great poets better
than me. His hoose is fu o books. Ah try tae aye hae ane o them on
the go masel, tae keep up wi him.

He took me tae the Gilbert an Sullivan at the Theatre Royal.
Efter the shaw we daunert hame aa the wey in the saftness o the
midsummer gloamin. Past eleven an the sky aye pink and blue. Fin
we won tae Great Western Road he took me through the back wynds
wi their foxgloves an forget-me-nots. We were gaan haan-in-haan
like we were coortin. We sang the bits we could mind. Me as near
heaven as in ma life.

Ah sew Duncan's buttons on an he pits up a shelf for me in the
kitchen. We sing an play music thegither. We feenish ane anithers'
sentences. Ah stert tae think o him as ma man.

Comes the day ah fin oot ah'm expectin. There wisna ae
particular day o discovery. Ah didna gang tae the doctor aboot it. He
kent me an widna be fooled by a waddin ring oota Woolworth's. But

June turnt intae July an syne intae August an ma period didna come. Fin ah stertit feelin squaimy, wi an orra taste in ma moo, ah kent for sure.

Ah made it gey romantic, the day ah telt him.

It had been a scorcher. Cobalt sky wi a cat's hair o cloud. I spent the eftirnoon in the Art Galleries. Ah daunert aboot the Sculpture Ha, takin in the gran men on plinths an the carvins risin tae the roof. Ah gaed roon aa the paintins up the stair, ilk ane bringin me tae a world ayont ma ken. Comin oot intae Dumbarton Road, the muckle reid biggins o the Museum an the Kelvin Ha faced across fae ane anither. Wi the sun an the sky, the colours pit me in mind o a Van Gogh paintin.

The park wis fu o perambulators. Mithers an nurses pushin them or sittin on benches diddling the bairnies. Doon the bandstand the band played oot a jinky spring. By this time next year it wid be me pushin a pram. Aa the wey hame ah daydreamed aboot ma baby. Fit wid it look like? Fit wid it soond like? Fit wid ah ca it? Foo wid ah dress it? Wid it sing like a lintie? Wid it be gleg at the skweel?

Fin Duncan walked in the door ah hid the table laid oot wi his favourite denner – steak an kidney pie. We ate thegither. Ah wis up tae high doh, but ah never let dab. Duncan telt me aboot his day at a business meetin an ah telt him aboot the art exhibition.

Aince he speirt at me if onythin wis up. Ah near on poured it aa oot then, but ah held back till he'd feenished his denner and wis lichtin up his pipe. He held a taper tae it and puffed awa. The pipe glowed and faded, glowed and faded. Ah like fine the guff o a pipe. Perfumes the air.

'Ah've somethin tae tell ye,' says I. 'There's a bairn on the wey.'

He lost interest in the pipe. He sat up straicht. Ah tried tae judge the mood on his face. Didna seem tae be joy.

'Is it mine?'

Ah wis black affrontit. 'Fit! Ye canna think. . . there's been nae ither man. . .'

A lang silence, durin which Duncan slumped doon the chair an ma speerits slumped even further.

'What do you suggest?'

The maist obvious solution hidna occurred tae him. Sae ah remindit him aboot it.

'We cwid get mairrit,' says I.

Anither lang silence. Then five words that damned ma hopes.

'I can't marry you, Mary.'

The very sun beamin in dimmed. The shaddas drew aboot the table, aboot the cheers, aboot Duncan an me.

Ah persistit in ma hopeless cause. 'Ye canna or ye winna?'

'Both. I can't. . . If ever I do take a wife, it would be one of the Miss Lamonts. There's family pressure. . .'

'Faimily pressure? Yer mither and feyther are lang deid. Gweed sakes, ye're 45 year aal!'

'Roddy's wife's the daughter of a baron. What would they think if I married my housekeeper?'

So there we had it. Bigsieness. That's fit wey he widna mairry me.

'Yer ain mither wis a servin quine!'

Duncan passed his hand ower his broo, held it there a mintie. A fylie back that wis ain o his maist wycelike mannerisms. Made him look that deep, that sensitive. Noo it jist looked pitten-on.

'That's right. Our mother was in service long ago. But Roddy and myself have risen in the world since then.'

'Grown bigsie.'

'How can I explain to you, Mary?'

'It's plain as a pikestaff tae me.'

'This is a crucial time in Roddy's career. He's under consideration to become the superintendent of all the Gaelic churches in Scotland.'

'Ye're sayin the Kirk wid be mair pit oot by his breether mairryin a servant, than aboot his breether getting a servant wi child and *nae* mairryin her?'

'You're twisting the issues.'

253

'Like a very lawyer, eh? Sae fit wis aa yon aboot me suitin ye doon tae the grun, as a wife? Ee said that tae me mair than aince.'

'You should not have taken that literally, Mary. . .'

'Fit ither wey could ah tak it?'

'Sometimes when I'm speaking it's from the heart instead of the head.'

'Fae the bottle, ye mean.'

'Yes, maybe that was in it too.' His expression changed from sorrowful to earnest. 'It's very important nobody knows about this.'

'Important for yersel, ee mean.'

'Yes. Important for me.' He held both my hands in his. 'I'm begging you, Mary, tell nobody about this.'

'In a puckle month they'll nae need tae be telt. Unless ye've a tent ye can hap roon me.'

'You'll have to go away for a while. Don't worry – if you don't want to stay with your family I'll pay for you to stay in digs. We'll find somewhere pleasant in the country. . .'

'An fit syne? Smuggle the bairn back in wi the waashin?'

'I'll arrange something. We can board the baby out. I'll pay. . .'

'Ee'll pey. . . ee'll pey. . . ee canna pey yer wey oota aathin. Ah'll nae gie up ma bairn tae be brocht up by somebody cares na doit an it lives nor dees. Ma bairn has a richt tae its ain hame, wi its ain mither and feyther.'

We looked at each other for a long moment. Foo cwid ah ever hae thocht he looked kind, cultured and waarm?

'I can't marry you, Mary. I won't. Don't bring up the subject again.' Ah stertit tae greet. 'You'll have to accept some other solution. I'll give what help I can.'

The next fortnicht wis murder. By day ah trail aboot the streets, nae able tae bide at hame lookin at the fower was. Ah thocht and thocht aboot fit ah cwid dee. Gang hame tae Buckie? Number 24 was aye let. Number 26 wis fu tae capacity.

Muggie an Dodd Milne in the front bedroom, ma mither an Doad an wee Jim in the twa upstairs bedrooms an Nell in the back bedroom. Nell wis aboot caaed deen, keeping hoose for them aa, an peer Muggie hoastin up her lungs. And cwid ah expect Doad and Dodd Milne tae pey ma keep?

The annuity fae Aiberdeen had deed alang wi Feyther.

Ah cwidna land masel on ma mairrit sisters. Lizzie had twa bairns o her ain and Jeanie – mairrit tae a miner Willie Duffy oot at Shotts – wis expectin her fourth.

In the forenichts Duncan cam hame. It wis a far cry fae the carefree days. Never a word tae say tae ane anither. If ah brocht up the subject Duncan wad pile oan the persuasion aboot boardin the bairn oot. Aince we endit up screamin at ane anither. A'na ken fit his douce neebors made o it aa.

Ah stertit up again gaan oot at nichts, jist tae get awa fae Duncan an the affa shadda atween us. Ah veesitit Lizzie in her braw flat at Clifford Street. Her wee boy Albie wis a richt chairmer. Nae even at the school yet, but here he's yammerin awa tae the grown-ups. Mannerly wi it. Thinks I, he'll fair brak a few herts fin he grows tae man's estate.

Ah gaed tae the jiggin wi Tibbie an Angus an their crowd. Comin oot again there wis a mellow moon, yalla as a lampie, hingin at the breist o the brae. We linkit airms an dannert up the street kickin oor legs oot like Tiller Girls an singin *'By the Light o the Silvery Moon. . .'* We had a fair lauch. Took ma mind aff ma troubles for a mintie.

Ah gaed tae the motion pictures wi Willie Galbraith. Romantic film wi Gloria Swanson. Willie getting romantic an aa. We neither o us took in much o the plot.

Eftirwards Willie's for gaan roon the back o a close for mair o a cuddle. Ah pit up ma usual protest, but ah wis dowie and wintin a bit comfort. Ah lat him gang some o the distance afore ah pit the hems on him. Eftirwards fin we were shooglin back intae oor claes Willie speirt if he can see me and we made anither date.

Back hame mair fechtin.

'Have you decided what to do?'

'Fit tae dee?'

'You can't stay here much longer, Mary. By the end of the year you'll find other accommodation.'

Ah wis speechless.

'Unless you've come to your senses by then.'

Ah stertit greetin an hittin at him. He duckit awa, grabbit haud o ma fists.

'You're getting yourself into a terrible state. This is not helping at all, at all. Look at things calmly. Work out your options. And, Mary, your options are running out.'

That nicht ah lig awake the haill nicht, deein jist that, thinking ma options through.

Ah thocht on the bairn that Willie foistit on Artie Gunn. Ah wunnert if they'd pit Artie in the picture. Ah thocht fit an affa thing if the peer man kent naethin aboot it.

The wife wis maist tae blame for the lee, but Willie wis surely pairty tae it. Unless the wife wis keepin the pair o them in the dark. Nae affa likely, seein as half the street seemed tae ken.

Even if he didna ken aboot the bairn, Willie wis aye a philanderer. Except fin he wis aff tae the dug racin he wis never oot the Red Lion. Musta kent she wis a mairrit wife. Gweed sakes, he an Artie were thick as thieves. Willie wis in every day. Drinkin the craitur's whisky. Giein the craitur his crack. Then gaan roon the corner an daancin the reel o Bogie wi the craitur's wife.

Mind you, he'd never deen ony bad turn tae me, the same Willie Galbraith, an ah'd nae business deein ane tae him.

Next Saturday sees Willie an me at the jiggin thegither. At the interval fin we were drinkin oor tay we talked aboot oor faimilies. Ah telt him aboot the Buckie crowd, and aboot ane o ma breethers killt in action. Ah dinna speir at him aboot the Gunn loonie. But he tells me somethin interestin. He wisna aye caaed William Galbraith. He wis born illegitimate. Galbraith wis his stepfaither's name he took on. His original name wis William Hunter.

That evening, comin sweaty oot the dance ha, the nicht air hit us like a glacier. The street, the causey, the gress in fowk's gairdens, aa sparklin fite. And ilka spark o glitter mindit me that the year wis weerin deen.

Willie walked me hame. Fin we come amang the pan-loaf closies wi their clean landins we gaed up ane o them. Willie had a bit o a drink in him and fit began as a cuddle endit up gaan the hail wey.

Ah telt masel if aa gaed weel ah'd pit ma life's effort intae makin Willie the best wife ony man ever hid. Better wife than he deserved, the drunken, gamblin adulterer. Aince this bairn wis born ah'd gie him as mony bairns o his ain as he cwid wint. Ah'd tak never a scance at anither man. Mebbe even turn a blin ee if Willie got back amang the weemin. Ah'd scrimp an skivvy. Ah'd be his slave.

Back wi Duncan it wis like Cox and Box in yon Gilbert and Sullivan opera. Fin he comes in ah gae oot. Fin ah come in he gaes oot. Deid tae ane anither.

Ah packit a bag to stey wi Lizzie a bittie. Ah cwidna thole tae clap een on Duncan. Maybe ah cwid speir at Lizzie for her advice.

As ah gaed doon the road the weather hurlt half the sky at me. Rain as wad drench yer banes. A gale as wad tak the claes aff yer back. The caur wis packed wi nae seats free but the front and back bitties upstairs, open tae the elements. The main upstairs flair is roofed ower noo but aabody aye refers tae 'upstairs or inside'. Ye're nae allowed tae staun upstairs in case ye cowp the caur ower.

Ah optit tae staun inside hingin on the leather strap wi ae haan and ma bag wi tither. The caur shoogilt me till ah wis feart the bairn micht come loose. Ah didna wint for that tae happen, fitever the future brocht. Ah wis gled tae tak the subway. Waarm an dry, sun, win, rain or snaw.

Lizzie lat me in.

'Ah peety ony fishermen oot the day,' said I. Then ah noticed somethin wis up. Aal pinnie an tousie hair. Nae Lizzie's style ava. Wee Albie wisna tae the fore, actin the host wi his wey o it. Lizzie said he wisna hissel – she'd keepit him in his bed.

George wis readin in the parlour. Ah said he wis fair stretchin.

He said hello an dove back intae his bookie. Never muckle tae say for hissel.

I gaed ben tae see the patient an he wisna lookin weel ava. He wis het an chitterin.

'Are ye gettin the doctor for that bairn?'

'Albert says tae wait an see ev noo. He'll decide fit tae dee fin he gets hame fae his work.'

The day dragged on. Ah kept on gwan tae tell Lizzie aboot ma dilemma but the time wisna richt an the words widna come. The wind moaned doon the chimneys an the rain rattilt the windaes. The maid brocht tay an cakes. We drank the tay but cwidna face the cakes.

We gaed ben ilka half oor tae look at wee Albie. We bade there a fylie, talkin in quate vices, Lizzie strokin his wee haan. He wis affa het. He cwid hardly spik and fin he did it wis tae say he'd a sair throat. Ah wis hert sorry for him.

'Dae ye nae think ye should gang for the doctor jist in case?'

'Albert'll be hame in half an oor. We'll speir at him fit he thinks.'

By the time Albert arrived Albie wis sleepin. Athoot aa the hoastin he looked peacefu.

Albert said, 'It's maybe just the croup. My sister used to take the croup – it was alarming at the time, but it passed in a night.'

Ah sayd, 'Oor sister deed o the croup.'

Albert said, 'I don't think Dr Leitch would thank us for bringing her out on this wild Friday night.'

Next morning fin Lizzie looks in on Albie she lats oot a scraich. Ah rush in wi Albert ahint me. Albie's neck's that swollen it's the same size as his heid. Same size as his shouthers.

Ah'd seen it mony's the time fin ah wis drivin the ambulances.

'Yon's nae the croup ava. Yon's diphtheria.'

Tae mak siccar, ah keek inside his mooth. 'Definitely diphtheria. Ye see this skin formin ower the back o the throat?'

The grey membrane had aa but shut aff his passageways.

At that very moment he hoasts and snorts and a haill torrent o

Albie [front] at age four. Brother George on left

stinkin bloodstained mucus comes gushin oot his neb, doon his chin, ower the coonterpane.

Lizzie bursts oot greetin, 'Oh, ma bairn!' She hauds him in her airms tae aise his breathin. Ah rin fur cloots tae dicht the mess. Albert gets oan his coat and gaes hashin oot intae the blast.

It's the first time ah've seen a lady doctor. She sits doon aside Albie and keeks inside his mooth.

'It's too late to pass a tube down his nose or throat. I'll have to carry out a tracheotomy.'

'Ah'll help if ah can,' says I. 'Ah'm Red Cross trained.'

'We must get him to the hospital as fast as possible. What made you wait so long before calling me?'

Albert and Lizzie looked at ane anither. They said nae a word ava.

'At Shieldhall they can inject diphtheria antitoxin to stop the poisons attacking his heart, but I fear it's too late.'

And sae it proved. Wee Albie, ane o the best loonies ye cwid hope tae meet, wis deid by the morn.

Lizzie and Albert were inconsolable. Ah left them in the hospital and gaed awa tae tell Tibbie.

Ah bade wi Lizzie ower the next puckle days. Ah tried a hundred times tae mention ma business wi Duncan. It didna seem richt tae be crowpin aboot ma ain problems fin theirs were a hunnerfold waur. Nae mair tae look tae be lamentin the life in ma wame fin Lizzie wis eftir losin her bairn. Sae ah said nothin. Lizzie took tae her bed for twa days and then dichtit her een and rose tae prepare the beerial.

Ower the next few years they tried tae pit the past ahint them. They bocht a muckle great hoose caaed Manhanset, in Bishop's Road, Jordanhill. They got the telephone in sae they cwid get the doctor the least sign o illness in ony o them. They moved back tae Banffshire and took on Tillybo ferm, near Turriff.

But aa turnt tae dross. At Manhanset Albert lay aboot drunk on the chaise longue while his business interests gaed doon the sheugh. At Tillybo, the ferm workers got the measure o Albert's agricultural knowledge and pochelt aa the profits.

Ah never saa him sober again.

Lizzie said nary a word tae us, but mair than aince ah caught her timmin a full boattle doon the sink. Peer Albert birled his wey intae a tunnel. Eftir sixteen year o it he pit his heid in a gas oven.

Back tae masel. Cam the day, fower week on, ah met up wi Willie Galbraith. He wis sober. We sat thegither on a wa at the tram stop an he sang me a sentimental sang. 'Dae ye Mind o Lang Lang Syne.' Pit me in mind o oor common experience o a country childhood.

He wis a bonnie singer, richt enough. Mebbe even a bonnier singer than Duncan. He looked that guileless wi his rosy cheeks ah near blurtit oot the truth.

But ah didna.

Wi een dooncast ah telt him ma news. The version that wis fur him. Eftir nocht bit a mintie, he pued hissel up like the aal sodger he wis an said the words Duncan should hae said:

'Dinna you worry, ma bonnie wee Mary. We'll get mairrit.' He pits his airm roon me. 'Ah widna want ony bairn o mine tae be born athoot a name the wey ah wis.'

Then ah stertit greetin. Tears o relief, grief, gratitude, shame and the deepest blackest guilt ye can imagine.

An incubus on ma shouther. An albatross roon ma neck. The lifetime lee.

Double Helix

Ever-diminishing – Dan, Violet, Mary Morrow,
Mary and Ronnie MacGregor

John's Valentine to Jenny

This tender heart and gentle dove
This Heart that ne'er can elsewhere roam
This Dove that treasures its Heart's Home
This symbol of my constant Love
This simple little Valentine
This token of the Journey's End –
All these I to my Dear One send,
As tokens of my Love for Jenny.

JENNY GARDEN GALBRAITH starts off life with her mother Mary
Garden and Willie Galbraith in a hut in Allan Street Dalmarnock. Living-
room, kitchen, bedroom and small garden. Her first memory: the birth
of her brother Alec, on New Year's Day 1922.

John Morrow MacGregor starts off life with his mother
Mary and grandparents Katie Steel and Jockie Morrow in
their flat at 33 Gairbraid Avenue, Maryhill. Two rooms, a
scullery and inside toilet. Mary goes out cleaning, taking
John with her. His first memory: a house with dragon
wallpaper and the sound of hooves outside.

In an isolation ward Jenny, fighting diphtheria, sees her mother and
Alec through glass. She is restrained from reaching them. On her
discharge, Mary gives her a Californian Poppy from the garden. Jenny
throws it down and stamps on it.

John falls prey to the epidemic of 'sleepy sickness'
which leaves thousands in a vegetative condition. John
comes out unscathed.

When Willie wins at the dogs he goes on the randan with Artie Gunn.
He comes home fechtin fu. He attacks 'Mary's' Pope in the vain hope
she'll defend him. He threatens to leave her. 'You take the lassie and
I'll take the boy.' If he gets aggressive Mary rouses the children and
the three of them walk round the block till Willie calms down.

Jockie dies of diabetes in 1923, the year insulin is discov-
ered. An attack of polio leaves John with a slight limp.

In 1929 scaffolding loosens under Willie and he falls, breaking bones
in both feet. He never works again, but spends years writing to lawyers,
battling for increased compensation.

John's honchos are the Love boys: sons of his mother's
sister Sarah. They dreep the dykes and range the
midgies of Maryhill.

Jenny stumbles on the existence of libraries. She can't believe you can take books for free. She wanders round the children's section gathering a pile. The librarian says she needs a form signed by a ratepayer. Next day Jenny rushes up with the form. The librarian says she must wait for her ticket to be processed. She greets all the way home.

> John's mother gives him *The Golden Wonder Book* for
> Christmas – a masterpiece of art-nouveau illustration.

The Galbraiths' only income is Willie's compensation. This decreases down the decade: 35 shillings a week, 28 shillings a week. The pawnshop is a friend in need: 'Fit'll ye gie's on a round-backed mandolin?' They flit from the hut to cheaper accommodation. Room, kitchen and toilet flat at 115 Allan Street.

> Dan Hammond arrives in Glasgow. He settles in with his
> grandmother, Aunt Mary and cousin John.

Jenny enrols at John Street Senior Secondary School. Her parents can't afford the books. Jenny shares with others in class and gets let off homework.

> John enrols at North Kelvinside Senior Secondary
> School.

One day Tibbie and Doad visit the Galbraiths. Ben the room Willie's threatening Mary with a hairbrush. Doad throws off his jacket and bunches his fists. The men square up, circling each other. The women and children flee into the street. After some time Mary looks through the window. Willie and Doad are all smiles, shaking hands, slapping each other on the back. Both joiners. Both drinkers. Marriage made in heaven.

John loves the cinema and can enjoy watching the same film repeatedly. His favourite film is Lost Horizon, his favourite actor Ronald Colman. As he grows to man's estate he is told he resembles James Mason.

Going a message, Jenny hears a song floating out of another classroom. The melody is sweeter than any her own class has learnt. Lingering outside, she picks up the tune and sings it to the sol-fa notes. She assumes everybody can do this.

John scours the second-hand book barrows. Luckily he can enjoy the same book over and over.

Jenny persuades her mother to order a £1.10s ukelele-banjo on hire-purchase. Jenny greets with joy when it arrives.

John leaves school at 14 to bring in money.

Listening to a tune, Jenny finds in her brain a harmony underlying the melody. She scribbles these harmonies down in sol-fa. She seeks friends to try them with.

John's grandmother Katie dies in Maryhill exactly 12 hours after her sister Sadie dies in Crieff. The family say they were waiting for each other.

Jenny's cousin Iris gives up violin lessons and gives Jenny her old violin. Jenny calls the violin Jacobus and writes a poem in German to it.

John's cousin Dan Hammond and mother Mary Morrow undergo an incestuous 'marriage' at Gretna Green.

Jenny likes German at school: the funny script and the vigorous sound. She and her friend Margaret Geddes exchange letters in German.

Unlike most Glasgow boys, John has no interest in
football. He climbs rocks with the G-nomies. They cut their
teeth on the Whangie and progress to more challenging
peaks. Cycling north with tents and gear, rock-climbing all
Sunday, returning to work on Monday. John's hands
bear frostbite scars, mark of the mountain man.

Jenny and Margaret sell their violins on and buy others, again and
again, in search of that sweeter tone. They name their violins for the
instrument's 'accent'. Jenny's are Jacobus, Angus and finally Wolfgang,
with a lion's head in place of a scroll. Jenny passes the violin exam to
become an Associate of the London College of Music.

John gets a bike. His ticket out, his freedom of Scotland.
Despite his weak leg he becomes an expert cyclist.

Jenny passes her Higher Leaving Certificate and is second dux of the
school. There's no money for university, but Jenny's path is clear. She
starts work with Glasgow Public Libraries, studying at night for the
ALA qualification.

Dan buys a gramophone. He and John collect records;
particularly Wagner.

Jenny buys a second-hand piano.

The G-nomies are vaguely Communist. They know the
songs of the Communist Party. Even some Nazi songs.
John forms a repertoire where extremes meet.

War breaks out. Librarianship is a reserved occupation but Jenny's
brother Alec is drafted into the Marines.

Unemployed, John gets free entry to the Empire
Exhibition in Bellahouston Park. Down the years he
retains the image of Anna Neagle arriving in her stretch
limo .When war breaks out John's in a reserved
occupation in the shipyards. He joins the Home Guard.

On 13th March 1941 Jenny and Margaret Geddes celebrate Jenny's
21st birthday at the opera. Returning, Jenny hears bombers overhead.
They sound so close she runs all the way home. Next morning a
tenement close in Allan Street has been sliced in two by a bomb aimed
at Dalmarnock Power Station. Jenny's friend Helen Howat is stranded
on the landing. The shock gives her a brainstorm lasting years.

Before daybreak on 15th March 1941 John is sent to
clean up bomb-ravaged Clydebank. He travels through a
twilight landscape. The only points of light the glow of
hundreds of fires.

When the sirens go Mary and Jenny go to the shelter. Willie won't get
into close contact with his neighbours. He takes his chance with the
bombs. Tibbie evacuates 3-year old Ailsa to Buckie. Ailsa stays with
Nell for three years until Angus, alarmed at the Catholic cant she
parrots on her home visits, wheechs her back.

Air-raids are common over Glasgow. The residents of
Gairbraid Avenue have no shelters. The closes are
reinforced with struts and they sit out the raids there.

Bridgeton Library gets in workmen. Word's passed to Jenny that one
of them knows her. Jenny's heart jolts at the sight of her Dad, 30
years younger, hammering on the panelling. She's told the joiner is
Crawford Gunn. She does not approach him.

John joins the Forestry Commission and hews wood on Deeside. The Grampians develop his climbing skills and his geology collection. He glories in pitting his solitary spirit against a mountain.

In 1942 librarians become liable to the draft. Jenny enlists in the ATS. She works in cipher in Armagh. She loves decoding messages but dislikes Army discipline and the colour khaki. She misses her mother. Secrecy is such that decades later she won't discuss her war work.

John falls in love with Lochnagar. Three peaks, sudden grand corrie. In summer he swings through the pine-covered glade. In winter's cold icy car John's a lone limpet on the rock.

After night duty Jenny crosses into the Free State to buy rationed goods. She recites poetry as she walks through the drizzle:
Thousand threads of rain and fine white wreathing of air-mist.
Hide from us earth's greenness, hide the enarching azure.
Yet will a breath of spring homeward convoying attend us,
And the mellow flutings of passionate Philamel.

John becomes obsessed with the Matterhorn in Switzerland. He collects pictures. He vows to conquer it one day.

In 1944 Jenny's mother has a heart attack. Jenny gets a compassionate home posting. Her mother drops a (metaphorical!) bombshell. Willie is not Jenny's father.

The war over, John settles back with his mother and Dan. He finds work as a crane driver.

Jenny buys a posy of Lily of the Valley to accompany her mother's birthday card. That night Mary takes another heart attack. She dies on her 62nd birthday. Jenny tries to break the news gently to Alec, in Australia awaiting demob. Instead of a telegram she posts a letter, stating their mother is ill. Then a second, saying she is dead. Each letter takes weeks. So Alec misses the funeral.

John's wartime experiences have expanded his mind.
For holidays he forsakes Saltcoats for Deeside.

Willie Galbraith's obsession with claiming his due becomes a nervous breakdown. To stop the neighbours spying he nails down the letterbox. Jenny moves in with Aunt Tibbie and puts her own name on the waiting list for a Corporation house. She continues to financially support Willie, who has no income of his own.

John spends his holidays among the Grampians.
However he hankers after foreign parts.

Jenny's back in the libraries, missing Mam and estranged from Dad. She expands her social circle with a view to motherhood. She joins the Glasgow Gaelic choir and sings in Mods. Because she enjoyed German at school, she joins a German-speaking social club run by a Swiss couple. Theo and Huldie Ditscher.

John is steadfast in his ambition to climb the Matterhorn. Because of his interest in the Alps and in Wagner, he joins a German-speaking social club run by a Swiss couple. Theo and Huldie Ditscher.

[opposite] Emilie, Theo and Huldie spoke Schwyzerdeutsch which no-one else understood

268

Ae Fond Kiss. . .

IN THE LATE 1920s Theo Ditscher from Lucerne, a man of strong
principles, arrives in Scotland to join his sister who's married to a
Scot. If offered any liquid: tea, coffee, Iron Bru or clear water, he
ascertains its freedom from alcohol before touching cup to lips.
He joins the Independent Labour Party, distributes leaflets. He is
jailed and threatened with deportation. On release he abandons
party politics and expresses his redistributive ideals through deeds.
When he passes a beggar he peels him the coat off his own back.
The beggar, roofless, is in greater need. When a child passes the
door Theo hands out money if he has any or food if he has not.
Lines of children and adults wend their way to Theo's sister's door.

In December Theo decides to have a real Swiss Christmas for
the poor children of the neighbourhood. He erects a tree and
decorates it with candles. He lights the candles and goes out to

buy sweets to give the children when they come. Walking back he's overtaken by two fire engines, sirens wailing. To his surprise it's his sister's home which is ablaze. He helps his sister and her husband clear up the debris.

He promises to find alternative accommodation for himself. He rents a house at 42 St Vincent Crescent. He sets up a Language School.

In the early 1930s Huldie Frei, a silk weaver from Zurich, arrives in Scotland. She comes to practise fine embroidery. She plans to study the design of the world-famous teardrops which have trickled down the millennia and along Indo-European pathways from Patna to Paisley. Huldie is 27 years old. She does not suffer fools gladly. She abhors debt. Not a *mañana* sort of person. A mistress of handicrafts. Sewing, knitting, crochet, wood-carving, metal-working, screen-printing. She decorates her home with her own art. She was taught counterpoint at school and can sing, harmonise and yodel beautifully. Her sister Emilie is a Lutheran nun.

Theo is 40. Reared a Catholic but estranged from organised religion. A man with a vision for the world. Implacably anti-war and generous to the poor, whether or not they happen to be richer than himself. Forced to prioritise, a beggar will trump the rent every time. He rambles in the Highlands which remind him in a small way of home. He knows the words to all the verses of lengthy German anti-war songs. He will happily perform these on request although he is tone-deaf and cannot keep even the simplest tune.

In Lucerne or Zurich they would have walked different paths and never met. Had they met they would never have struck up a conversation. Had they struck up a conversation they would have ended it and moved on. Homesick in Glasgow, living round the corner from each other (he in St Vincent Crescent, she in Radnor Street) they draw together. She wears braids wound round her head: a style foreign to Scottish women. He wears long socks over his breeks, Tyrolean style. They converse in Schwyzerdeutsch which no one else can understand.

The familiarity bred from the conversation proves enough of a basis for them to follow up with another meeting, and another, and in 1932 to marry.

War breaks out. Germans and Italians are interned. Theo and Huldie, citizens of a neutral country, are left alone. Occasional reminders of their alien status. One of Huldie's phone calls is interrupted: 'Please restrict your conversation to High German. Our tapper can't understand Schwyzerdeutsch.'

Even in the 1940s enough students want to learn German that the Ditschers struggle on. Huldie hides the food, rent, phone and gas money from Theo and his doorsteppers.

With the coming of peace business picks up. Theo starts a social club 'for lovers of the German language'. Those eager to learn or improve their fluency through attending talks or going on camping trips include immigrants from various cultures. Even a Cree Indian. The lessons are old-fashioned and pedantic. However the club programme is imaginative and Theo's charisma holds members in thrall.

Ever since her mother's death Jenny has lacked an object for her boundless love. By her 28th birthday she's desperate for a child who will love her unconditionally. She searches for someone to father that child. Contenders are: Charles, an artist. He and Jenny attended a psychology class together. He filled her autograph book with sketches. He gave her a watercolour landscape which hangs to this day on her wall. He proposed marriage.

She rejected him because she hoped for a proposal from: Joseph. This tall, blond lad had been a classmate. He spent much of 1946 in Singapore, week on week, month on month, lounging, lazing, longing for a space on that Blighty boat. He wrote to Jenny thrice a week. Letters twenty pages long. So long he had to send them by parcel post.

He poured out his hopes for the new peace. For his country, that the new Labour Government would change the social system forever. For himself, a place in teacher training college.

Lacking his Higher Leaving Certificate, he needed to pass the university matric exam. Jenny tutored him across the miles. Posted him books. Assessed his essays. Explained the idiosyncrasies of German syntax and advised he no longer required to learn German script.

They counted the weeks, the days, the hours until his demob.

Together at last, they tramped the weekends in the hills above Aberfoyle. They drifted through lazy evenings boating on Hogganfield Loch. Jenny examined the water for fishes and aquatic beetles. Dreaming of the tall blond children she and Joseph would produce.

The weekend after she'd rejected Charles, Joseph broke it off with Jenny. Shortly afterwards Jenny bumped into Charles in the company of his new sweetheart. The reek of burning bridges wafted behind her. Ahead, the sons and daughters of her future slipped into the middle distance.

Her next swain was a ship's engineer called Eoin. Gaelic and poetical. He composed verses for her autograph book. They spent an idyllic springtime together. She fancied him more than Joseph. Much more than Charles. One day when she called round Eoin was gone from his digs. His landlady said he had a job with MacBraynes ferries and would be away all summer. The last she heard from Eoin was a poem sent from his boat in the Minch.

> A bhancharaid chaomh, Fair Dispenser of Wisdom,
> Compiler of Learning and Lore,
> Down there where your precincts the blue caur compasses,
> And traffic appals by its roar
>
> – I am writing this now in the neck of the Narrows,
> Which thread 'tween the Mainland and Skye,
> As we battle along, 'gainst both wind and swift current,
> While the grey gull glides effortless by.

No address. Jenny vows never again to let slip any chance that might lead to having a baby. With or without a husband.

In June Jenny Galbraith and John MacGregor go with a group from Theo's club on a camping and cycling holiday to the Isle of Skye. John's an experienced camper and cyclist. Jenny wobbles along on a man's racing bike borrowed from her cousin Gus Ramsay. On the way to the station all her attention is on keeping the wheels out the tramlines.

John is drawn to Jenny's shy beauty. Her truthful eyes. Her hair with the night on it. He admires her lyrical sensitivity, her ability to play musical instruments and to compose harmony on the spot. He commandeers her company, converses with her endlessly. If Jenny is in love with anybody in the party it's Theo. His uncompromising idealism, lived as well as asserted. His exoticism. An older man married to a friend: out of bounds for a sexual relationship.

John is well-turned out with an engaging, toothy smile. For economic reasons he left school at fourteen and works as a crane driver, but he has educated himself as far as possible. He is a voracious reader, with interests ranging through literature, films, photography, geology and Wagner's operas to the philosophies of Nietzsche and Schopenhauer. He has climbed many a mountain, can name Scottish peaks from their silhouettes and hails the Alpine Matterhorn as his Holy Grail. He has political opinions which he voices articulately in Glasgow patois.

Jenny hankers after staying with the crowd, listening to their discussions, putting in *sotto voce* harmonies to their singing of the German songs. However John wants them to vanish off together. In deference to her vow to seize every chance of a baby, she follows him.

John draws out Jenny's interests. Like the vanished Eoin he woos her with poetry and drawings. Jenny reckons that with a more structured literary education John might have been a writer. She appreciates how with only a few strokes he can suggest a bird, a flower, a Geisha. The only musical instrument John plays is the moothie, but Jenny appreciates his ability to vamp. She has brought her own double-sided harmonica and together they vamp accompaniments to the German songs round the campfire. She considers John would have good genes to pass to a child.

Jenny could not get the whole week's holiday from the library. When she leaves Skye early, John MacGregor leaves with her.

John takes Jenny to meet his family in Maryhill: his mother Mary and stepfather Dan. When Jenny tells them she stays in Brigton Mary's eyes narrow. Like most Glaswegians she associates Brigton with razor gangs and the Billy Boys. John hurriedly presents Jenny's bourgeois credentials: 'It's a wally close, but.'

Jenny takes him to meet Willie Galbraith. Willie has recovered from his nervous breakdown and is friendly and pleasant. They decide to move in with him after they wed.

John reveals to Jenny that both his mother's marriages have been illegal, the first because of bigamy, the second because of incest. In exchange she divulges that Willie Galbraith is not her biological father. She swears John to secrecy.

'Don't tell a soul, not even your mother.'

Next time they visit they tell Mary and Dan of the plan to move in with Jenny's Dad.

'He can have the room and we'll have the kitchen.'

Mary says, 'Ah hear he's no yer real feyther?'

Jenny and John quarrel. They'll be living with Willie Galbraith. This knowledge shared by all except the one concerned will sit in their presence like an unexploded shell. A grenade with the pin exposed. A weapon for some future dispute. They know enough of each other to be sure there will be future disputes.

However Jenny's invested too much. She's transferred the tenancy of 115 Allan Street into John's name. She's given notice to the libraries. She's withdrawn her superannuation to pay for the installation of electricity. She hopes that she's already pregnant.

They marry on John's birthday. Jack Love's the best man and Margaret Geddes the bridesmaid. At the reception in Aunt Tibbie's house Margaret delivers a soulful rendering of Toselli's Serenata.

Jenny and John knew there would be future disputes

The bride recalls her golden past with her beloved mother. She anticipates a golden future with her loving children. A tear wets her cheek.

Honeymoon in Mallaig then back to auld claes and parritch. They set the ground-rules: Jenny will do the housework and cooking six days a week. Every fourth Sunday John will do the chores to give her a day off.

'Ah'm the easiest bloke in the world tae cook fur. Thurr's jist three things ah like an if ye stick wi them ye're soartit.'

John hangs a picture of the Matterhorn over the fireplace in the front room that is to be Willie Galbraith's. Jenny buys a bowl, an oxygen plant, gravel and a goldfish. She calls the goldfish 'Goldie'.

They argue about names. They agree John will choose for a boy, and Jenny for a girl.

John swithers between 'Edward' after Edward Whymper, first conqueror of the Matterhorn and 'Ronnie' after Ronald Colman.

If the baby's a girl she'll be Mary Garden Morrow MacGregor. Her acknowledged ancestry on display.

One day when the red sun has started to break down the iron soil and Jenny's mind runs on dresses for a summer baby, she gets pains. Dull and irregular. Cramping and regular. Blood.

For weeks Jenny greets over her loss. At the same time, suddenly, she and John can agree on nothing. Whatever position she adopts, he takes the opposite.

Which more valuable: health or wealth?

Jenny, reared in a family with no regular income: 'If you don't have your health it doesn't matter what else you possess.'

John, scars of polio in his leg and of encephalitis in his brain: 'Wi money in the bank ye can enjoy miserable health a loat better.'

Communism.

Jenny: 'The Communists take your freedom away. Freedom's more to prize than all the gold in world that is'.

John: 'Stervin fowk wad gie up a lifetime o whit ye cry freedom fur a squerr meal.'

The arguments end the same way:

Jenny: 'You've got your opinion. I've got mine.'

John: 'Yours is opinion. Mine is fact.'

After months of rotating mince and totties, Lorne sausage and black pudding, Jenny puts the boat out. She cooks cauliflower and cheese. Milky sauce and strips of toasted cheese over the top. John won't touch it. 'Whit's this – rabbit food?'

Still they stick to the agreement that John gives Jenny a day off from the housework and cooking every fourth Sunday.

The doctor confirms to Jenny that she's pregnant again. The foetus is weak and likely to miscarry. In keeping with pre-thalidomide theory, he administers a massive injection of oestrogen. Perhaps because of this, she suffers nausea and vomiting morning, afternoon, evening and night throughout her pregnancy. A glimpse of a billboard advertising totties has her throwing up in the street.

John and Jenny visit John's relatives in Tynemouth. They have interesting furniture. A self-playing pianola. A phonograph which plays cylinders instead of discs. With her head down the nettie most of every day Jenny cannot appreciate these curios. She rejects Kitty Hammond's home cooking. She spoils John's holiday.

When Mary Garden Morrow MacGregor is born after a long labour the baby is whisked to an oxygen tent. Jenny awakens from the anaesthetic. She watches the nurses bringing the other babies to the other mothers. She convinces herself her baby is dead and greets softly into her sheets.

When she sees Baby Mary she falls passionately in love with her. She loves the baby more than she has ever loved before, apart from her own mother. The baby's hair is the same colour and texture as Jenny's mother's hair. The bond between Jenny and John is melting like snow. However on this 14th of February he has given her the best Valentine of all.

Back home, she spends much time gazing at the baby's noddle. She develops the fancy that grown-ups have oversized heads. Pushing the pram she half expects the necks of the passers-by to give way, for the heads to wib-wobble and bounce, grinning or greeting, to the pavement.

Jenny and John take breaks from each other. John organises and leads a tramping holiday for members of Theo's club through the Cairngorms and up Lochnagar. Jenny takes Mary to Buckie for five weeks. She takes her up brunette and brings her back blonde, bleached by sea and sun.

With £20 'borrowed' from Jenny's savings John travels to the Alps and makes his first assault on the Matterhorn. Climbing alone, always his choice. Up, up, he wins two-thirds of the way. An avalanche forces him off the route. He thinks he might die there, alone, off the tracks and his body not found for years. Only this makes him turn and descend, down, down, through snow and scree. Into the greyness of Glasgow, the blackness of the marriage.

Returning through Paris he has no money left for presents for Jenny or his mother, but he buys an embroidered frock for Mary. 'So ye can say she's wearin the Paris fashions!' In the fullness of time it becomes an heirloom which Mary's own daughter will wear.

Jenny decides to take up the Gaelic choir again. Returning the first evening, she finds John wearing his coat and waving the tin rattle in Mary's face. He has darkened the light with brown paper. Mary's screaming blue murder. Jenny picks her up and the screaming subsides. She asks John why he's got his coat on.

'Couldnae staun her greetin ony mair. Wis oan ma way oot tae tramp the streets till ye cam hame.'

Whenever Mary cries at night John punishes Jenny by staying in bed next morning, losing a day's pay out of her £4 weekly budget.

Jenny considers escape. She doesn't know any other mothers who support themselves. Maybe when Mary is ten? She looks at Mary cooing 'Ging ging' and waving her rattle. She tries to picture her ten years old.

Having borne her child Jenny refuses unprotected sex. She fears bringing another child into an uncertain marriage. John asks her permission to seek a sexual relationship elsewhere. The first time he asks she refuses. The second time he asks she accedes. Still he bides his time.

Because of the strain of the relationship, John develops psoriasis. Every morning, making the bed, Jenny shakes large flakes of skin out of the sheets. Like snow they flutter down and are swept up and binned. The tatters of the marriage.

. . . And Then We Sever

ONE DAY Jenny suggests separation to John. He admits he's been thinking along the same lines but lacked the nerve to voice it.

A librarian works Saturdays and till eight o' clock some nights. For a lone parent a change of career beckons. Jenny applies to Teacher Training College for a place on a primary teaching course.

This is the height of the baby boom and the city's desperate for teachers. In place of the usual three-year course, Jenny can do a two-year crash course, with lots of home projects plus attendance throughout the summer vacation. Although Mary is still under three, since she's out of nappies the Education Department will give her a full-time place in a nursery school. They'll give Jenny a grant.

Because Jenny has transferred the tenancy of 115 Allan Street to John's name, he has sole right to remain. The other residents – Jenny, Mary, Willie Galbraith and Goldie the goldfish – must seek alternative accommodation.

[opposite] At Jenny's wedding the bridesmaid sang
Tosselli's Serenata

279

Jenny approaches Aunt Tibbie who gave refuge before. Tibbie and Angus Ramsay don't have their own sorrows to seek. However they do have a council house in Castlebay Street, Milton with spare capacity. They offer Jenny and Mary temporary shelter.

The Ramsays have spare capacity in their home because their daughter Elizabeth, aged 23, underwent an operation last year to remove a lung and died a few days later. Two of their other children, Gus aged 21 and Ailsa aged 15, are hospitalised with TB. Their remaining daughter Margaret has just split from her own husband and moved with her toddler son David back with her parents.

When Tibbie was in her teens she and Nell saw a fortune teller at Peter Fair who told Tibbie three things: she would marry a man with a weakness in his side; they would have four children; she would outlive her man and all her children. Shortly after Tibbie and Angus wed, Angus developed a hernia in his side which forced him to wear a truss for the rest of his life.

Down the years Tibbie has kept this curse secret from her family. Only Nell knows. Tibbie's faint but shining hope is that the same gypsy told Nell she would marry and have seven children. Nell is now a maiden lady of sixty summers.

Coming back from her new nursery school on the tramcar, Mary is excited to hear that they're flitting. Jenny then breaks it to her that Daddy is not coming. Neither are Grandpa and Goldie. Mary grows alarmed at this decimation of her world. Jenny says in their new home there will be a whole new circle of inhabitants.

Right up till they leave, John does the Sunday housework as per the agreement, to give Jenny her day off. Everything points to a civilised split.

Jenny and Mary take Goldie to the fish pond in the Kibble Palace hothouse in the Botanic Gardens. In one flick of Jenny's wrist Goldie glides into a higher phase of piscine existence. Mary greets to lose her wee friend but Jenny assures her Goldie will glitter in this new social circle.

Jenny and Mary settle in with their own new network. Mary and David play happily together. The Ditschers call round and Mary giggles at baby David lisping, 'Uncle Hoodie and Auntie Tail'.

Jenny repeatedly, surreptitiously, warns Mary never to play in the beds of other members of the household. Not to use their towels. Not to crawl into small spaces with any of them. 'In case of germs'. Her friend Margaret Geddes writes to her that as long as she is staying with the Ramsays she would prefer if she didn't visit her or let Mary play with her own wee boy.

Willie Galbraith lingers on for a few weeks in what had been for twenty years his marital home. Nell in Buckie tells Jenny the but'n'ben is too damp for an old man with thin blood. She plans to let it to a young family. Eventually his dead wife's niece, Annie Duffy, offers him a home helping out on her Wigtownshire farm. Already in his seventies, he abandons his lifetime collection of goods and chattels. He sets out into an uncertain future on a farm with a dry toilet and no running water. On California Farm, however, the country boy in Willie is reawakened. He retains enough strength for the work, and the fresh air brings roses to his cheeks.

He mends fences, loads milk churns and carries out the duties of an orraman. The years of composing legal letters and hiding from his neighbours roll back. Again he is in Tilliecoultry, roaming the Ochils with the lads.

So far all is amicable. John gets Mary every other weekend. Jenny drops out of clubs, classes and choirs: all activities which cannot include Mary. She continues visiting the Ditschers: harmonising with Huldie, putting the world to rights with Theo.

With no children of their own the Ditschers take in Margaret MacKenzie for long periods. Margaret is the daughter of a German war bride struggling to bring up four children on her own in a single end. Margaret and Mary play at hide and seek through musty chambers of blackboards, bookcases, pianos and cuckoo clocks.

John continues to attend Theo's German class. Theo allows a French teacher to hold classes in another room. One day she's sick and Theo takes the French class in with his German class. They hold a discussion in English on gender equality.

A scholarly-looking lady called Violet Kyle opines that the sexes should have an equal say in all matters.

John MacGregor: 'When wan fella gies anither a backie oan a bike, it has tae be jist the wan that does the steerin.'

Violet : 'But it shouldn't always be the same one!'

After the class they stroll out together. Violet agrees to a date with John, the ascent of a Munro. She has never climbed a hill before and he advises her on footwear.

Violet Kyle was the only child of a tram-driver father Jimmy and an introverted mother Agnes. Agnes's own mother had selected favourites amongst her children and Agnes had been a reject. Agnes could never credit that anyone, especially the handsome Jimmy Kyle, could love her enough to marry her.

When Violet was a week old Jimmy's centenarian granny, old enough to remember Queen Victoria's coronation, came to view the new sprog. The Kyles lived eight flights up at 102 Alexandra Parade, Dennistoun. The old lady never recovered from this marathon, and passed away shortly afterwards. Violet grew into consciousness with the joke that she had killed her great-granny ringing in her ears.

Violet complained of loneliness. Agnes said, 'You're better off as you are than as one of a crowd that's unwanted.'

Trying on a dress in Daly's, Violet muttered that she didn't like the colour. Agnes dragged her out into the street and snapped, 'I never had anything new till I earned the money to pay for it.'

On May 10th 1941 Jimmy Kyle along with fellow members of the Home Guard was summoned to an Eaglesham farm where a German pilot had crash-landed. The prisoner looked vaguely familiar. When Jimmy saw the RH monogram on the prisoner's high boots he realised his identity.

Having been stationed in Cologne at the end of World War I Jimmy was one of the few soldiers there with knowledge of German.

He attended to Rudolf Hess's needs. Hess knew to the last dot on the last i which luxuries – newspapers, writing paper – he was permitted under the Geneva Convention.

Apparently at least one high ranking member of the aristocracy had been indulging in treasonable fraternisation. Possibly even a member of the Royal Family. There was consternation about embarrassment amongst the blue-bloods if this ever came out.

So after Hess had been taken away the soldiers involved in the capture were assembled and sworn to secrecy. They were split up and individually sent, family responsibilities notwithstanding, to the far corners of the UK. Jimmy went to Orkney where he watched Italian POWs constructing a beautiful Catholic chapel out of a Nissan hut.

The loss of her husband's company destroyed Agnes. She wandered into a catacomb from which she never emerged. Twelve-year-old Violet tried to arouse her interest, gain her attention, make her talk. When she could no longer persuade her to eat, she went for the doctor. Agnes was taken to Leverndale Psychiatric Hospital, there to exist for the next twenty years.

Violet returned alone. Her father, cooling his heels in Orkney with little to do, requested a compassionate home posting to care for his child. His request was denied. The Army postal order with Jimmy Kyle's wages arrived. Violet, in her gymslip, joined the Post Office queue and signed for it. The clerk looked askance.

'Away ye go! You urnae Jimmy Kyle's wife!'

'I'm his daughter.'

'Ah cannae gie you the money hen. Tell yer Mammy tae come an sign fur it.'

'She can't. She's in hospital.'

'Well, ah'm no haundin the money ower tae you, hen!'

Violet wrote to the Army. They sent her forms. She lived on hand-outs of food from her school friends and a kind neighbour. The rent fell overdue. The gas was cut off.

Eventually the Army transferred to Violet the right to draw her father's pay. From 13 to 17 years of age she lived alone, cooking, cleaning, taking her turn of the stair, running the household budget, knitting and sewing clothes for her own growing form. At Whitehill Senior Secondary School she chose a secretarial course as the quickest route to financial independence. During the week she studied French under the guidance of the effervescent Oliver Brown; on Saturdays she listened to him on his soapbox at the corner of Bath Street and Wellington Street, fulminating about independence for Scotland. At 16 she left school and found a job.

One day when John comes chapping to pick up Mary he's not alone. A young woman stands behind him, apart, looking down the road.

'If ye're waantin a divorce, Jenny, Miss Kyle ower therr is willin tae provide ye wi the evidence. Ah'll no contest it.'

Jenny is well pleased. After her foray into marriage she harbours no plans to wed again. However she wants to break ties with John. To put the episode behind her and move on. With Mary.

Near a year tae the day eftir ma dochter Elizabeth deed, they operated on ma son Gus tae tak awa a bit o his lung. Streetcht oot oan the table, syne, he stopped breathin. They cwidna revive him ava.

A fortnicht eftir Gus's beerial, here's me gets a summons tae Belvedere Hospital, the hame o ma youngest quinie Ailsa twa year past. Ah dons ma black coatie and hat, aye in mournin for ma deid bairns.

Ailsa's aaready there in the room. Face fair flushed. That's fit the TB dis tae ye. Aa roond the table are hauf a dizzen doctors, clever-lookin craiturs.

'Mrs Angus Ramsay? Let me introduce us. I'm Mr. . .'

He gaes roon them aa, mentionin aa their names an me jist as quick forgettin them. At the hinner end he shoves a form at me. He pints tae a line at the fit. 'Please sign here for the next stage of your daughter's treatment.'

Ah tak ma time readin the form. They're aa scoukin at me, wintin me tae get on an be deen wi it, but ah ken it's important and dinna wint tae miss onythin. Ah reads it aince. Tae mak siccar ah reads it ower again. Ah look up. They aa look back at me.

'Ah'm nae signin this.'

'You must. It's the only chance left for Ailsa, with the progress of her disease.'

'Ah'm nae wintin her tae have nae operation tae tak oot a bit lung. Ah'm eftir losin twa bairns wi the same operation.'

'They were unlucky. Most patients survive the operation and are the better for it.'

'Ah'll nae chance it.'

They're aa takin shotties at me, tryin tae win me roon. Ah turn ma heid left an richt, fieldin aa their shafts.

'It's the only treatment left on offer.'

'A'na wint it.'

'We've tried everything else.'

'Ah've lost ma ae son an ane o ma quines. Ah'm nae ettlin tae risk anither quinie.'

'Mrs Ramsay, any surgery carries risk. But without this operation Ailsa will definitely die, and soon. Do you understand that? Refuse this treatment and you condemn your daughter to certain death.'

Ailsa sterts greetin. Ah feel in ma bag an gie her a hankie. Ah shake ma heid. 'Ah'm nae signin.'

'There's no way you'll change your mind?'

'Na.'

'You'll accept full responsibility for the death of your child?'

Ma ain een fill up. Ah reemish in ma bag for anither hankie an there's nane. Wi ma een an snoot streamin ah squile. 'She's haein nae operation.'

'Very well.' The Heid Bummer stands up, an important-lookin man. He taks a scance at his watch. 'We've wasted enough time. Mrs Ramsay, you can take your daughter home.'

We baith stare up at him.

'If you're refusing treatment then your daughter's occupying an NHS bed which someone else can use. Ailsa Ramsay, go and clear your locker.'

We rise thegither. Ma bag fas aff ma knee an ah fumble aboot the fleer. Ah wonder if Ailsa unnerstands. They're writin her aff. Waashin their haans o her. Signin her daith warrant. As ah trail oot eftir Ailsa intae the corridor ah try tae think fit wey ah can brak it tae her.

Comes the cavalry. Sir Galahad. The Redeemer.

Ane o the doctors pits his hand on ma shouther.

'I can get a bed for Ailsa in Ruchill Hospital. There are new treatments coming out just now – we'll try everything.'

For the second time, Jenny owes Aunt Tibbie a debt she can never repay. However she's imposed on the Ramsays long enough. She finds an unfurnished bedsit in a top-floor flat at 419 Great Western Road. Close to Kelvinbridge subway station, on the car-route to the college and to Whiteinch Nursery School.

The flat has a living-room, a kitchen, a large bedroom, a small bedroom and a bathroom.

Miss McIver, landlady, and her tabby cat Trixie live in the kitchen. All the lodgers use the kitchen range for cooking. Miss McIver's only guaranteed privacy is the kitchen's curtained bed-recess.

Miss McIver is an elderly lady of unhygienic appearance, smell and habits. Her tiny pension and the rents of her sub-tenants cover her food, rent and meter money. She begs fish-heads off the fishmonger for Trixie. She tries to treat her lodgers fairly. She likes children and asks Mary to sing to her. She tells anybody who expresses interest in her history, 'I am somebody's unclaimed treasure.'

When Miss McIver and Jenny squabble politely, as ladies do, over which should accept a few coppers for some bill ('You take that sixpence.' 'Not at all! You take it!') Mary hopes that her mother wins the argument. She fears the coin in her mother's purse will carry Miss McIver's stink and pervade the purse, the message-bag.

Mr and Mrs Robertson occupy the living-room. Because she has white hair Mary assumes Mrs Robertson is old; later her mother explains about albinos. Mrs Robertson takes Mary for walks and hands Jenny in fish poached in milk. Jenny wonders if Mr Robertson is the full shilling because she has to stop him picking Mary up by the head.

The Miss Fergusons, sisters of uncertain age, live with their black cat Sukey in the large bedroom. Sukey is the sworn enemy of Trixie. When they meet in the lobby fur flies.

Jenny and Mary share the small bedroom. Jenny hires a van to take as much as possible of her furniture to the new digs from the previous marital home, Allan Street, which they had shared with Mary's father. The double bed along one wall. Piano, wardrobe, chest-of-drawers and bookcase along another. Jenny's mother's old trunk and the violin under the single light window. Table and chair by the bed. Armchair by the fire. Paraffin cooking stove (so Jenny doesn't have to disturb Miss McIver too often) in the centre of the room.

Jenny: Don't be telling everybody Daddy's living with Violet.

Mary: Why not?

Jenny: You're not supposed to live with anybody unless you're married.

Mary: Why not?

Jenny: I don't see anything wrong with it myself. But people in the world don't like it.

Mary: I'm living with you and I'm not married.

In the mornings Jenny takes Mary to nursery school and goes on to college or to teaching practice in some school. In the tram they pass a crying tree and an angry tree. Mary always waves to them and the trees bow back.

In the evenings Jenny picks up Mary from nursery and they shop for food. There's no storage space in the bedsit and no fridge anywhere in the flat. They have to buy in every day. Mary falls asleep while they trail round the shops and Jenny has to carry her, the messages and all her college books and projects.

Later Mary plays with her toys in the space under the table or on top of the bed while Jenny cooks on the stove. By night Jenny does her assignments propped up in bed. Mary lies beside her under orders to go to sleep.

Jenny and Mary visit the Legal Aid Society who recommend a divorce lawyer: Mr William McRae of the firm Levy and McRae. Mr McRae's office is the brownest room Mary has ever entered. The room smells brown. Peaty mix of leather, wood and tobacco. Forest-born panelling and furniture. Bookcases packed with calf-bound volumes. Down the years of grown-up murmurs between Jenny and Mr McRae, Mary creeps along the bottom shelves, trying to make sense of the titles. As her literacy skills improve she sounds the words letter by letter. She never gets anywhere with them.

In future life when anyone refers to being 'in a brown study' Mary is transported back to face the chain-smoking, heavy-jawed Mr McRae across the leather-bound blotter on his desk.

In the 1950s Jenny and Mary were unaware of Willie McRae's interesting past.

In the 1970s Mary hears him speaking at the SNP Conference. His features have hardly changed: the jutting chin, the powerful voice. When he stands for leadership of the party, she uncovers legends about him.

At the age of six he could recite the whole of Tam o Shanter. After a first class Arts degree he went on to win every prize in Glasgow University Law Faculty. During World War Two, aged 21, he commanded a destroyer in the Royal Indian Navy. Still in his 20s, he risked a charge of High Treason to collaborate with Indian Nationalists in their struggle against British rule. Linking up as a law partner with Abraham Levy, he became emeritus professor at Haifa University. He was the author of the maritime law code of the emergent state of Israel, which later planted a 3000 tree forest in his honour. He counted Gandhi and Ben-Gurion amongst his friends.

A man of dauntless courage, joint citizen of the UK and Pakistan, fluent in Urdu and Hindi. An activist in a whole range of causes.

His future will be even more dramatic.

One day Jenny gets a surprise.

'Although the defendant's not contesting the divorce action, he's put in a claim for custody of the child.'

A rushing of air in the windless office. A roaring in her ears through the silence of the room. A flashing through the window from the sunless sky. Mary, finger on the glass of the bookcase, sounds out J-u-r-i-s-p-r-u-d-e-n-c-e.

'Can he get her?'

'Wouldn't *think* he's got much chance. With a child as young as Mary they usually grant custody to the mother. And her home's been with you the past year and a half. Also, he's the party who committed misconduct and he continues to live in an immoral liaison with Miss Kyle. Of course there are never any guarantees.'

Jenny hears nothing past 'Wouldn't think he's got much chance.' That means John has *some* chance. By the time she's home she's convinced he has a *great* chance; that the odds are in his favour.

Next time she visits Mr McRae he tells her John will be paying fifteen shillings a week aliment for the child from now on.

'Can't we tell him I'll do without if he'll withdraw his action?'

'No chance of that. Better take the money. I'm sure you need it if you're living on a grant.'

War.

Jenny hands over Mary in cold fury. John receives her in the same spirit. No unnecessary words. Necessary words between gritted teeth. Mary, feartie that she is, keeps under the crossfire. Makes herself inconspicuous. She doesn't mind poisoned darts as long as none come her way.

At night, sleeping between John and Violet in the kitchen bed-recess at 115 Allan Street, she misses her mother's cuddles and whispered words of love. However it's only for one night at a time. In general she looks forward to the access weekends.

They visit Violet's family. Violet's father and stepmother have a girl, a boy and a baby. The girl runs to greet Mary, hugs her, babies her. The boy chases her with his mother's fox-fur stole, snapping its teeth at her. Mary half loves the thrill of the chase and is half terrified, unsure whether the creature is alive or dead, vicious or merely creepy.

Jenny's not the only one who disapproves of John's action. When he asks his mother to testify as a character witness, she's horrified.

'We don't waant fur yon lawyer tae stert askin me questions, son. Whit if they fun oot ah'm Dan's auntie as weel as his wife?'

Dan says, 'If ye gan through wi this, John, ah could lose my job.'

Mary says, 'We could get the jile!'

Dan says, 'Are ye nee better anyroad wi a different character witness? Some other body than yer mother?'

They also worry about the effect on their friendship with Jenny. She continues to bring Mary to visit them and they get along well. They have no wish to quarrel with the mother of their grandchild.

John MacGregor has the bit between his teeth. Among his few friends the Loves have fallen out with him. From their angle John appears to have evicted his lawful wedded wife and installed Violet the Vamp. The Ditschers are thicker with Jenny than they are with him. And John's too opinionated to have developed his own circle of buddies.

His mother is the only possible character witness.

She never could deny him anything.

Facing redundancy, John takes Dan's advice and applies for a job as a railway signalman. Soon he and Dan are installed in separate solitary eyries, high above the tracks, noses deep in books. The privilege tickets will carry John and his family slowly but cheaply to Deeside, Zermatt or the world.

John sometimes plays a game with his young daughter Mary where he pretends to be an octopus, chases her, winds his arms round her, makes honking noises and gobbles all over her. When Mary tells Jenny about this, Jenny disapproves. 'That's no way to play! That would terrify any child!'

Mary doesn't find it terrifying at all. She squeals with glee, fleeing the 'big octopus' all over the house. Unsure what an octopus is, she doesn't for an instant believe that her father actually is one or wants to eat her up. It's the same safe thrill she gets when the person who's het approaches in hide-and-seek, or in high tig, or when Mr Wolf yells 'Dinner-time!'

Jenny persists. 'Are you not awfully scared when he does that?'

The required response is clear and Mary gives it. Next time John comes Jenny, to her horror, berates him for terrifying the child with that octopus nonsense. John's baffled. 'Do ye no like me bein an octopus, Crocus? Ah thought ye loved it!'

How can she get out of this? She shakes her head, nods, avoids the eyes of both, feels terribly guilty.

They never play the octopus game again. Mary mourns the loss of the now rare bonding, while realising that she was herself entirely to blame.

John makes Jenny's life difficult by splitting the child-support into several postal orders made out to post offices all over the city. Jenny spends her Saturdays trailing after two bob in Springburn, half-a-crown in Knightswood, five bob in Gorbals.

The week-day routine continues as usual. After finishing her assignments and putting out the light Jenny spends the night in tears. Mary, sharing the bed, notices nothing.

Jenny finishes her course, spends the last penny of her grant and starts teaching at Dundas Vale School, once upon a time the Normal School for training teachers. The classrooms are tiered, the children ragged. Incontinence in the classroom is such a problem that Jenny keeps old pairs of Mary's knickers in the cupboard.

There's a month's lying time before her first pay. Reluctantly she tells Miss McIver the problem and Miss McIver agrees to wait for the rent. Mrs Robertson hands in fish poached in milk. Jenny and Mary visit the Ramsays sometimes for tea. They walk everywhere rather than take the tram. Jenny gets through the month without either of them starving. Mary, taking for granted whatever food appears, notices nothing.

John comes to see Jenny. They mutter grown-up talk. After he leaves Jenny announces, 'Daddy and Violet are going to have a baby.' Mary's delighted. 'What'll the baby be to me?'

'Your half-brother or sister.'

Mary pictures a half-brother. Strange. Will he be a half-brother with only a right side or only a left side or will the division be across his waist? Only a head and arms? Only a bottom and legs? She's never seen such a creature in her life.

After a year Jenny is transferred to Glenross School near Anniesland Cross. She enrols Mary in the baby class of the same school.

'Don't be going telling the other children I'm getting divorced.'

'Why not?'

'Because that's my business. And if you're mentioning Ronnie don't say he's your half-brother. Just say he's your wee cousin.'

'Why?'

'Because that's my business.'

Mary is promoted a stage. Maybe because she can already read fluently. Maybe because the Infant Mistress – who teaches the baby class and structures the infant department – doesn't want a colleague's child in her own class.

Between 3pm and 4pm, when the infants have gone home and the senior classes are still hard at it, Mary sits at the back of Jenny's class with a book. A four-year-old amongst nine-year olds, the Teacher's Wee Lassie, she gets spoiling and status.

After 4pm, when Jenny stays on at her high desk doing correction, Mary plays in the playground with any weans prepared to hang on with her. Otherwise she helps the cleaner, Mrs McNiven, on her rounds, putting up the desks and benches. She likes having intimate acquaintance of every room. The Quali Classroom: blackboard scrawled with esoteric hieroglyphics. The Ladies' Staffroom: burst armchairs and stuffy smell. The Gents' Staffroom: out of bounds even to Jenny.

Jenny works on till five. Sometimes by the time she stops the janny's locked the gate. They've to climb over the paling. Such fun!

Mrs McNiven's daughter Sheila goes to piano lessons with a lady called Mrs Cope. Jenny sends Mary too. The half-crown lessons are informal and in winter often take place in darkness because Mrs Cope runs out of shillings for her meter. The house is cold and both Mrs Cope and Mary keep on their coats and hats.

After nine years' crawling up the housing list Jenny's name crosses the finish line. They flit to Drumchapel. A three apartment in Scheme Three. Way, way out, on a bus, miles from the edge where the different streets begin.

First indication you're in Drumchapel is a red neon sign beaming over the fields. It flashes three times.

EAT. Then. . .

BEATTIES BISCUITS. And finally. . .

BEATTIES BISCUITS LTD.

Then back to EAT all over again.

From upstairs in the bus, Mary watches eagerly for this landmark. So clever the way they extract part of the word BEATTIES to form the word EAT and remember to drop the word LTD until the end. LTD is the whole factory. You wouldn't eat the factory.

Ah, Drumchapel! Fresh, green, pure, spacious! Songs in the air, dancing in the feet. Clear views to the blue Kilpatrick hills. Clean-looking houses everywhere. Fawn, beige, white, bright, not a shop or school in sight. Grass and flowers where streets remain unlaid. Mounds of builders' waste ready to be castles, houses, cottages. Sandy, brambly roads leading nowhere. Hills, cliffs, quarries, trees, bushes, streams, frogs, birds, bees, rats, butterflies.

Airgold Drive. Golden air Mary sucks into her lungs, veins, fingers, toes. It inebriates her soul. Lawns in front for the ground floor neighbours, defended from the street with privet. Three red steps to the close, clean and pale.

Within, the house reeks of fresh paint and hope. Floorboards sweeping endlessly to broad windows. Different coloured paint on the doors and cupboards in each room. Green front bedroom, pink back bedroom, blue bathroom. Yellow living-room with a wonderful glass door leading out to an open space which Mummy calls a verandah!

Each room! Each door! Such space! Cycling around on her trike, Mary can hardly credit that all these chambers are to be in the control of her own family.

Her *family*. Grandpa, Willie Galbraith, is leaving Annie Duffy's farm and coming to stay with them. Hurray!

By night a Barkers' Choir howls atmospherically at the moon.

On a morning when the trees trill with summer song Jenny and Mary clamber into Mr McRae's car. Merrily they bowl along the Edinburgh Road under the bright June sky.

It's a journey Mary will remember all her days. Her first private car journey. The exhilaration of the speed. The smell of the upholstery. The fear of being required to publicly choose one parent, reject the other. To expose her hypocrisy.

In the end no one elicits Mary's opinion, whether alone, in the presence of her parents or with a megaphone before the court. Jenny comes to cuddle her. 'It's all right, dearie. You're coming home with me.'

The journey home is different from the journey out, but still spellbinding. Although the street colours are softer, the shadows longer and the faces and shop windows less distinct, Mary no longer confronts the QUESTION. Instead, the prospect of going to Lyons for high tea and then on to the pictures. Something she and Jenny generally only do on a Friday.

While eating high tea they'll scan the Evening Citizen together for a cinema with interesting A and B features. The Cosmo's good. They often include a cartoon. Mummy likes their foreign films. Mary hopes there'll be a film with a wee boy or girl in it. She likes all picture shows, but that kind is the best.

Many years later Jenny discloses that if the judgement had gone the other way, she planned to abduct Mary. To Ireland, where they knew nobody and nobody knew them. Without knowledge of the Irish language, she could not have worked as a teacher. She would have taken any job, shop or factory, as long as she and Mary could be together.

From her position of victory, Jenny tells John that full weekends are too much access. She wants to make it only Saturdays.

John is incandescent with rage. Satisfied with the informal access arrangements, he neglected to seek a legal ruling. Now he'll have to go back to court. Putting him hundreds of pounds in debt. Violet will have to return to work to pay this debt, leaving her own baby with a childminder.

John never forgives Jenny for this.

For a year all normal access stops. Mary sees her father irregularly, when he drops by with – on St Valentine's Day – birthday presents, or – on April Fools' Day – an Easter Egg. Jenny leaves them alone for half-an-hour. John doesn't take his coat off. Mary sees Violet and Ronnie not at all. Mary misses her father. She's curious about her brother. Can he walk and talk? What does he look like now?

Daddy says when asked, 'Whose boy are you?' Ronnie answers 'Mary's boy.'

Mary knows Daddy's taught Ronnie to say that to please her. To please Daddy back she smiles. But Ronnie can't possibly belong to her. They've hardly met. He won't remember her. She can hardly remember him.

She draws pictures of Ronnie based on the few toddlers she's had dealings with. She makes him blonde and is surprised to find out later that he's dark.

Jenny tells Mary she might have to spend a week every summer with Daddy, Violet and Ronnie.

'I know a week seems an awfully long time, pet. Tell you what. I'll buy you a writing set and while you're away you can write me a wee letter. How's that?'

A whole week with Daddy! What an adventure. She'll be very grown-up, writing letters home.

Daddy, Violet and Ronnie go exciting holidays to Germany and Switzerland. Mary loves her Buckie holidays: building hay houses in the pleasure park with wholesome country bairns, picking over the stepping stones in the Buckie burn, gathering a sheaf of grasses taller than herself to take home to Aunt Nell and Uncle Doad. But what a thrill to visit a land where the roofs are curly and the hills are sharp, where they talk funny and the sky is blue!

Day of Judgement. Every fourth weekend, a double overnight at Christmas and a week in the summer holidays.

Horse-dealing. Christmas Day and the feast of Stephen are normal working days for John. Jenny gets a cornucopia of holidays. So the double overnight at Christmas becomes a double overnight at Hogmanay. John, three hundred pounds in debt because of this latest action, surrenders the week in the summer holidays in return for child-support being reduced to one shilling a year.

No grown-up letters home, then. No Switzerland or Germany.

Willie Galbraith's happy in Drumchapel. He avers it's the best move Jenny ever made. Deafened long ago by the big guns, he hears only what's yelled in his ear. Still he teaches Mary to play dominoes, to play cards. When Jenny's not at home to disapprove they play for ha'pennies. He sings to Mary. He makes her a swing to bang about with on the narrow balcony. Mary strokes his bald pow and yells in his lug that he's beautiful. That fair gies him a laugh. When Mary gets a piece to eat he tells her she's got a richt sair haun. Unaware of the Scots idiom, she thinks: the bleared eyes of an old man, mistaking the bread for a bandage.

For Mary's seventh birthday he gives her a present: a pair of knickers (which Jenny bought because it's what Mary needs) and a picture postcard of a train.

Mary's touched that he bought her a present at all. She takes the card into school to show it off. The weans make the usual birthday fuss, give her her dumps. She loses it.

Mary is horrified. She must atone. Demonstrate how she valued the card. She wails at her desk. The teacher tells her to stop, first sympathetically, then angrily. The weans say it's bad luck to greet on your birthday. She keens all the louder.

Someone finds the card on the stair. Mary rewards Fate with a promise that she'll smile all day as hard as she so recently grat.

Willie makes a letter box and nails it across the slot in the front door. Jenny worries that he's returning to his old phobias, thinking the neighbours are keeking in at him.

In later years he sinks into melancholia. He stares into the fire, head bowed, hands drooping between his knees. He develops inoperable prostrate cancer so that he and Jenny are always involved with secret tubes and bottles. He leaves the taps on and floods the downstairs neighbours. He sets the frying pan on fire. When they come home from school he's often gone. They take the bus into town, Mary sitting on one side, and Jenny on the other and watch the two pavements all along the bus route. Sometimes they find him that way. Other times the police bring him home.

Jenny pays her cousin Margaret Ramsay to come in and stay with him while they're out. This arrangement ends when Willie becomes convinced that Margaret's his dead wife Mary and, embarrassingly, starts behaving towards her like a husband.

On the strength of the shrapnel wound from the Boer War,

Jenny gets Willie taken into Erskine Hospital for war veterans. She tells him it's a holiday. The nurses complain that by night he sings loudly and disturbs the other patients. Jenny and Mary visit him every Sunday. Every Sunday, until the night he dies, he asks when he's coming home to Drumchapel again.

Jenny finds Mary greeting in a corner. She's stumbled on a universal truth.

'You're going to die. I'm going to die. We're all going to die.'

Jenny comforts her. 'It won't be for a long, long time.' More wailing. 'Nobody knows what happens when you die. Some think you turn into an angel and fly about the sky.'

The wailing stops. 'And do you?'

'I don't know. Nobody knows. But a lot of people think that.' On the next access visit, sharing a bed with Violet in the endless night, Mary takes a second opinion. 'I'm scared of dying.' Silence. Then 'You don't need to be scared of dying.'

'Why not?'

'Could happen very suddenly. Maybe when you're crossing the road. . .'

'What's it like being dead?'

'Like being in a deep sleep without a dream.'

The angel story is much more attractive. Unfortunately Violet seemed more convinced about the dreamless sleep than Mummy was about the angels.

For the first couple of years the access visits are fun. After Daddy picks Mary up on the Saturday they visit Gran and Grandpa in Maryhill and meet up with Violet and Ronnie there. Gran and Grandpa talk to Mary and play with her. They make toast with a brass fork at the fire. Grandpa bounces her on his crossed ankle chanting 'Ride a Cock Horse'. Gran gives her soft boiled egg mixed up in a cup – different from Mummy's soft boiled eggs served in a saucer with a spoon. She sings a different song from Mummy – 'Tom Bowling'. Mary's upset to learn that 'gone aloft' means Poor Tom Bowling is dead.

On Saturday nights they take the tramcar back to Allan Street. They put up a camp bed for Mary while Ronnie sleeps in his cot.

Used to late bedtimes, Mary's always the last to fall asleep. She imagines she's on the deck of a steamer about to depart, watching all the folk of her world racing along the quay to catch it. Mummy and Grandpa who share her home. Daddy, Violet and Ronnie. Aunties, uncles, cousins, classmates. The neighbours. She gets a warm glow with each acquaintance who safely boards the Good Ship Togetherness. Much better than counting sheep.

In the morning Daddy's exuberant. He bounces around pretending to dunt both Mary and Ronnie on the head: 'Thwump! Thwump!' Sometimes he still gives Mary a coal-carry, or rides her about on his shoulders. He has a tank with two shubunkins in it: Floss Hilda and Leviathan. They remind Mary of Goldie.

Ronnie's a happy-natured, impulsive boy. He laughs and cries often but briefly. He uses his surplus energy in mad ways. He runs up and down the room, not slowing when he reaches a wall. He runs full tilt into the wall, knocks himself down, picks himself up, cries for a short time if hurt but usually just charges off towards the opposite wall. He has a good vocabulary. On a visit to a paediatrician the doctor asks what he has in his hand.

Ronnie: Kots.

Paediatrician: I beg your pardon?

Ronnie: Kots.

Paediatrician: It's a stone.

Violet: He's trying to tell you it's quartz.

Mary's bemused by Ronnie's physical activity but proud to be somebody's big sister. She's pleased to have a playmate and she makes up play-acting games to share with him.

On the sole occasion when Daddy's ill and doesn't turn up to take her away, Mary watches at the window all afternoon for him and is disappointed.

However, tensions develop. Violet's profoundly protective of her vulnerable wee boy. She sees all other children as a threat to him. Mary included. When Ronnie's three he wants to go out to play with the big boys. He falls over often and is a target for others. Violet tells Mary to accompany Ronnie to protect him. 'You're responsible for him.' Mary enjoys the unaccustomed role of body-guard and is relieved to be out from under Violet's suspicious gaze. Unfortunately Ronnie's a boy who attracts trouble:

Ronnie: (to big boy) This is ma big sister.

Big boy: You huvnae goat a big sister.

Ronnie: Aye ah huv.

Big Boy: Ye huv no.

Ronnie: Ah huv so!

Big Boy: Ur ye so his big sister?

Mary: Aye!

Ronnie: Ma big sister can batter your big brother.

Big Boy: Naw she cannae.

Ronnie: Aye she kin.

Big Boy: Naw she cannae.

Ronnie: Aye she kin. Ma big sister can batter your big brother wi wan haun tied behind hur back.

Big Boy: Naw she cannae.

Ronnie: Aye she kin.

Big Boy: Ah'm goanny go an get ma big brother, well.

Ronnie: Goan, well.

Big boy: Ah'm goannae.

Ronnie: Goan. An she'll batter him, so she wull.

Mary: We've to go home now, Ronnie – your mother'll give us a row.

Occasionally Ronnie wants to go out without his minder. Then Violet stations Mary at the window under orders to tell her the second a boy hits Ronnie or causes him to fall.

Sooner or later it happens. Ronnie runs gleefully into the circle and a shove lands him sprawling on the road.

Mary leaps into action:

'Boy with the striped pullover!'

'Boy with the balaclava!'

Violet leaps into action: grabs the broom from its cupboard and *off!* If she catches an offender she marches him round to his Dad. When she returns there's always a dramatic story.

'I told the man his son had hit my son. The boy told his father I'd hit him with the brush. The man said, 'Well, he shouldnae hit him but you shouldnae hit him wi the brush either.' I said I didn't hit him with the brush – I only poked him to make him go faster.'

At home Mary has the run of all her mother's books. However John's of the school of thought that children mark books with sticky fingers, dog-ear the pages. Only one book does he allow Mary to read.

This book was given to him one Christmas by his mother. It has hundreds of dreamy, foamy bubbly art nouveau illustrations by the famous Scottish artist Anne Anderson. It has poems and extracts by Swift, Stevenson, Masefield, Kipling, Dickens, Shakespeare, Cervantes, Wordsworth, Walter de la Mare, Tennyson and the Brothers Grimm. The book is a bond between John and Violet, because she also once owned a copy, now long lost.

Mary asks for the *Golden Wonder Book* every access day and often gets it. She reads tales from the Arabian Nights, from Greek mythology and the Gesta Romanorum. She cries over the Little Matchgirl. She gets goose-pimples over the Snow Queen whose kiss freezes the soul and enslaves the heart. She reads the book cover to cover, month by month, Hogmanay by Hogmanay, down all the years of the access arrangements.

Ronnie, pre-literate and of a more active disposition, is jealous of the book. He pummels Mary for attention.

If Mary shoves him off he runs and tells Violet who rushes ben, scraiching fury. Her scraichs are scarey. Her eyes, with dark brown irises, bulge showing white all round. When she scraichs at Mary, her voice hits a note which rings in all the tumblers and resounds in Mary's heart.

Violet screams, 'You don't lay a hand on him! I don't care what he did to you. If he hurts you, you come and tell me. I'm the only one who lifts a hand round here.'

When Mary tells Violet that Ronnie is hitting her/kicking her/ pulling her hair, Violet has a reasoned response: 'Do you know what a clype is? A clype's a nasty character who tells tales.'

Sometimes Violet sits ands watches Ronnie raining blows on Mary, laughing cheerily all the while. Violet explains to visitors, 'He copies that from John. John thumps the children on the head in the morning and Ronnie doesn't realise John's pulling his punches.' She doesn't explain this to Ronnie because she thinks Ronnie's too wee to understand.

Ronnie has no malice – to him it's a game. Nobody's told him that even if you're four years old, hitting people with all your force hurts.

Mary's four and a half years older. Bigger and stronger. Mary isn't scared of him. Only once when he hits her repeatedly over the head with the poker (still chortling gleefully) as she lies in bed. And another time when he chases her with an axe from the coal bunker.

Then the notion that it's no more use reasoning with this laughing infant than it would be to discuss crime and punishment with a mad dog scares Mary. She covers her head with the pillow and screams into the mattress (the poker incident) or (the axe) deliberately runs past a grown-up so Ronnie might be stopped but nobody can accuse her of clyping.

Feart of Violet, Mary wreaks vengeance on Ronnie in subtle ways. When he's wee she gives him surreptitious nips. When he's older she makes a wonderful discovery: if ordered *not* to do something he invariably does it. In this way she gets him to commit a confession-box full of sins.

While the grown ups are at a tram-stop, focussed on watching for the car, she gets him to enter a close and ring the doorbell. Here Ronnie displays quick thinking. When the door opens Ronnie asks, 'Ony ginger boattles?' The baffled man closes the door. Mary knots herself in glee.

She gets him to drink Daddy's full glass of whisky one Hogmanay up at Gran and Grandpa's. The beauty of this is that when Mary informs Gran (who has no quarrel with clypes – thinks they're useful) and the anticipated glorious hell breaks out, there is no defence. If Ronnie says 'Mary telt me no tae dae it' that just puts the sheen of virtue on Mary.

'So she should!'

'How d'ye no dae whit she telt ye?'

Ronnie's still too inarticulate to explain that Mary put the idea in his head in the first place.

Unlike Ronnie, Mary does have malice.

'Don't go telling people you want to be an unmarried mother.'

'Why not, Mummy?'

'Because you're a wee girl. You're not supposed to know about stuff like that.'

'But unmarried mothers are all over the newspapers.'

'People would think it was queer, you wanting to be one.'

'But I do. Babies are nice. Don't know if I want a husband – don't know what I'd do with one.'

'Just don't run around telling folk – all right?'

Daddy never hits Mary or even tells her off much. Looking sorrowful while Violet's exploding is as close as he gets.

Mary tells him Ronnie's spitting bread at her and making her sick. Daddy responds, 'Shouldnae let it make ye sick.' Mary then has to sit still, quelling each boke, as Ronnie smilingly, methodically chews his way through a piece and jam, emptying each mouthful of soggy bread into her lap. She keeps the *Golden Wonder Book* out of range.

Daddy specialises in the slapstick, like thwumping them on the head in the mornings.

Violet's in charge of family discipline. Ronnie gets skelped sometimes, though never screamed at. He often wears lederhosen, bought in Germany. Violet's hand hits the lederhosen with a satisfying *Thwack*.

Violet's also in charge of emotional input, cuddles and comforting. If either Mary or Ronnie whimper and try to cuddle up to Daddy he takes refuge in simile and metaphor. Sometimes with a classical allusion:

'Och yon's a castor ile face!'

'Ye're like Hecuba o Troy drowning in the desert o her grief!'

Violet on the other hand calls Ronnie her wee tumshie and pets him when he greets. At night, when she's undressing him, Violet uses this quality time to bond:

'What'll we do with her, my wee tumshie, eh? Will we shoot the boots off her? Will we shoot her down in flames?'

Ronnie and Violet laugh and Mary smiles to prove she can take a joke.

Ronnie repeatedly tries to steal the *Golden Wonder Book* from Mary. If he succeeds or if it turns into a tug of war Daddy confiscates the book and puts it back in the bookcase.

For a while Mary takes refuge in Ronnie's cot. He's too wee to understand how to lower the side and climb in himself. If Mary sits in the middle and bunches up her legs he can't reach the book. However in time Ronnie's cot is replaced with a bed. Another strategy is required.

At school, the teacher who takes Mary's class dies. The class is taken over by Jenny. Mummy is Mary's teacher! Mary's teacher is Mummy! They discuss the protocol.

Mary will say the Lord's Prayer along with the others. Then she must sit while the others are, according to gender, saluting or curtseying and drawling 'Go-o-o-d M-o-o-r-ning M-i-i-s-s-i-i-s Macgregor!' She won't call Mummy Mummy or Mrs MacGregor. She won't call her anything.

No matter how hard she sits up nicely, Mummy will never pick her to give out the jotters in case this looks like favouritism.

One morning Ronnie tires of raining blows on Mary's back or trying to pull away the *Golden Wonder Book*. He scampers out the room and into the kitchen. Mary jumps up and snibs the room door behind him.

She reads away, oblivious to his hammering. Until he says, 'Ah'm goannae tell ma Mummy.' Mary's at the door like greased lightening, unsnibbing the door. 'Come back, Ronnie! It's aw right, ye can come in!'

Horror-stricken she hears him telling Violet that Mary has locked him out of a room in his own house. Sick to her stomach she awaits the volcano. Some time later Violet bustles in, vacuum cleaner in hand. She doesn't look at Mary. She plugs it in and pushes it back and forth.

'I'm going to get away with it!' Mary can hardly credit her luck. Her heart sings.

In the afternoon Daddy goes out to buy an Evening Times. Violet calls Mary from the kitchen.

'Mary!'

Mary at once lays down the *Golden Wonder Book* and scampers ben. The kitchen door's snibbed. Mary tries the handle. Won't budge. She keeks through the keyhole. Nobody there. Kitchen's empty. Timidly she calls: 'Violet?'

No response.

No sooner is she back in the room than Violet calls again. In anger.

'Mary! When I call I expect you to come! At once!'

Another frantic scramble to the kitchen door. Again it's snibbed. Again nobody inside.

Is she alone in the house? Where can they possibly be? It's not a big house. Mary checks the toilet. A long narrow room with a zinc bathtub lying on its side along the wall and a WC at the far end under the window. Surely they're not out in the close? If they've gone away and left her how will she find her way home to Mummy?

And if she doesn't find them right now Violet's going to be totally enraged. Screaming mad.

As Violet is as soon as Mary returns to the room. This is the real scraiching, goggle-eyed Violet – stuff of nightmares.

'Are you deaf? You *wee besom!* Get over here *right now* or there'll be *huge trouble!*'

Snivelling, Mary hurries back out and hesitates in front of the kitchen door. Tentatively she turns the handle.

Still snibbed. She starts greeting in earnest. She goes to the front door and turns that handle. The front door opens. She looks out into the close. Nobody. She shuts the front door again and goes back to stand in front of the kitchen door.

Whisperings. Relief! She isn't alone in a screaming house. She puts her ear to the door. Laughter. Violet and Ronnie giggling.

'Now *she* knows what it's like to be locked out, doesn't she, ma wee tumshie?'

Only then does Mary connect to the event of six hours ago.

The inhabitants of the Ladies' staff-room of Glenross School are Mrs McQuarrie, Mrs Baillie, Mrs Clark, Mrs Rais. Jenny never learns their Christian names, nor they hers.

Each has her own chair, her own cup, her own story to tell. Mrs Rais is married to a Czech and tells them how things are done in Czechoslovakia.

Mrs Clark has a motherless granddaughter four years older than Mary. Jenny and Mary visit them at home and Vera Clark introduces Mary to the game Monopoly. Mary has never played such an interesting board game. Much more complicated than Snakes and Ladders. However she expects it's too expensive for Jenny to buy.

Mrs MacQuarrie speaks with a Kelvinsaide eccent. She offers her grand-niece Virginia Baird as an American pen-pal for Mary. Mary's thrilled. Next best thing to going abroad is knowing somebody who stays there. Ginny Baird sends her glossy coloured comics with stories that last page after page about characters such

306

as Bugs Bunny and Daffy Duck. Mary's ashamed of the *Buntys* and *School Friends* – black and white on rough newsprint – which she posts Ginny in exchange.

As well as a pan-loaf accent and American relatives Mrs MacQuarrie has a son at Ardmore School. This is an experimental school attached to the Teacher Training College, used to try out new methods. There are nominal fees of £3 a term. Parents have to buy the uniform and all books and equipment. It's within a short bus ride or even walking distance of Glenross School. There's an entrance test, and the pupils who pass it are all terribly smart.

'Mary will never get enough stimulus at Glenross School. There's no competition for her here. You heve to send her to a *good* school!'

One August day Mary stands in front of forty strangers in her brown uniform and panama hat, clutching a bag of books bought second-hand out of the ABC Educational Company.

She's bid goodbye to: the Sousa band on the janny's gramophone as they march down the stairwell. Scratcher pens, inkwells and florid loopy handwriting. Rows of double open-fronted desks all facing the teacher. The cracked wall-map with half the world in pink. Peely-wally shilpit manky 8-year-olds in sannies or wellies who play ring games and peever, who shout when the bell rings 'The Bell the Bell the B-E-L! Tell the teacher Ah'm no well!' and who go 'Oh-ah!' if they glimpse each others' knickers.

She bids good morning to: desks set in a semi-circle surrounding a Nature Table. Fountain pens and plain joined script. Personal desks which shut and can be used to keep books, jotters and mouldy play-pieces. Walls garnished in splashy pictures and coloured friezes. Persil-white 8-year-olds who read as fluently as they speak, who hold Brains Trusts in the classroom, who go to Sunday School, who pull their gymslips over their heads and go to drill class in brown regulation knickers and who tell her the dismal truth about Santa Claus.

At Glenross she was one of a minority living in a house with a bathroom. At Ardmore she's possibly unique, living with a lone parent in a tenement in a distant council scheme with no phone, no TV, no fridge and no car.

Always insomniac, Mary's scared on access nights. She knows the jagged lights flashing over the ceiling are the headlamps of passing cars. But they remind her that something with large fangs might be prowling round the room. Pouncing on moving objects. She lies rigidly (and icily) in bed so's not to attract its attention. Sometimes she reaches out and draws the hand of the sleeping Ronnie from under his blankets into her own bed. So nothing can snatch her away without taking him too, while the only flesh exposed to danger is his wrist, not hers.

Mary the feartie.

One Saturday evening John, Violet, Mary and Ronnie go out for fish suppers. Ronnie wants to go a different way home. He trots off on his own round the block. He seems to know the way. Violet orders Mary, 'You go with him. You're responsible for him.'

Allan Street ends in a countrified lane. They wander down it past the huts Jenny lived in long ago. Ronnie says, 'I'm going to the Clyde.' He sets up a canter.

Mary has no idea whether the Clyde's nearby.

For her, city navigation involves accompanying a grown-up. But she knows the Clyde is a river. She knows Mummy tells her not to play near rivers. She knows Ronnie's accident-prone. Gran told her that on holiday he got a soaking in the shallows of the Rhine.

She runs after Ronnie. 'Don't go to the Clyde. It's dangerous. Come home.'

Unexpectedly, Ronnie digs in his heels. 'Waant tae go tae the Clyde. Ah'm gaun.'

They physically struggle. Mary's nine and small for her age. Ronnie's five. Although Mary can carry Ronnie about when he cooperates, she can't when he's fighting her. But by hanging on she can stop him going any further.

He can't progress towards the river. She can't bring him home.

It's a draw.

The shadows of the prefabs stretch across and meet. By now Daddy and Violet will be combing the neighbourhood. Violet will be flaming. Staring. Glaring. Scraiching.

'Uch, Ronnie, *please* come home. We're going to get an awful row.'

'Don't waant tae. Waant tae go doon the Clyde.'

A boy comes by. Ronnie strikes up a conversation. Ronnie stops straining away. Mary can relax her hold and recoup her strength. She hopes when the boy leaves Ronnie'll have forgotten his plan to drown himself. Doesn't usually take much to divert him.

But no. The boy leaves and Ronnie redoubles his effort. He pulls. She pulls. They stay that way: pulling in opposite directions. The street lights pulsate into pink and then glow steady orange.

Venus is a jewel in the sky when Mary gets a brilliant idea.

'If you come home I'll give you a penny.'

Ronnie turns about and home they trot. She can't believe how easy it was.

At home Daddy's alone and looking blue.

'Wherr huv ye been? Violet's away oot lookin fur yese. She's been aw ower Sunnybank Street and everywherr. She's flamin mad. Yese ur fur it noo, the perra yese.'

Mary feels sick to her stomach.

Ronnie says, 'Wherr's ma penny?'

Half-heartedly Mary goes for her handbag. She knows exactly what's in her purse. Every access day Mummy gives her two shillings to take with her 'just in case'.

'In case' never happens. The florin travels back and forth between Airgold Drive and Allan Street and never gets spent. It's probably been the same florin for the whole three years of the access arrangements.

Mary shows Ronnie the florin. 'I've no change. I'll give it to you next time.'

It's the kind of thing a grown-up says to palm off a wean. Mary knows Ronnie will accept that. She also knows that by next month he'll have forgotten it.

She has other concerns.

Violet comes flying in, eyes sticking out her head. She grabs Ronnie. 'Thwack! Thwack' on the lederhosen. Ronnie greets. Violet turns on Mary. The scraiching starts.

'Where on earth have you been? Do you realise. . .'

'Ronnie wanted to run away down the Clyde! I was trying to stop him! I couldn't carry him, he was too strong. . .'

'You should have left him where he was and come back here and told us.'

'But by then he would have been away down the river! He might have fallen in. . .'

'Have you any *inkling* how worried we were about you?'

'Yes! But I couldn't get Ronnie to come home. . .'

'You should have left him!'

'You said I was to stay with him! You said I was responsible. . .'

'Well, you've behaved very irresponsibly today!'

Violet's eyes. Mary's eyes. Welded together.

As sure as the Clyde is chilly and wide Mary knows that if she *had* abandoned Ronnie Violet would have blamed her more. Justifiably more.

Violet says something she's never said before. 'You can thank your lucky stars you're not my child or I would thrash the living daylights out of you.'

Mary wants the access visits to stop.

When Mary's eight Jenny's maternal instinct kicks in again. She decides Mary should have a sister. For four years they go the rounds of adoption agencies.

In the 1960s children's homes are full of young children. Some languish there from birth to adulthood. Jenny has hopes of success. It's not to be. Jenny fills up forms galore applying for a child aged 3 to 5. Old enough for school or nursery, but with a character still receptive to love. In response to the standard questions Jenny answers that race is irrelevant and that she can look after a mentally or physically handicapped child as long as the child doesn't need full-time nursing care.

Social workers promise to check out the suitability of the MacGregor household. Jenny and Mary tidy up and wait in weekend after weekend.

The social workers never show. The applications founder on the same two points:

1. Jenny is not a Church member (although she agrees to send the child to a Sunday School of any denomination they suggest).

2. Jenny can't give up her job and become a knitting, baking homemaker (although she points out that she has school holidays).

One social worker remarks that a child's as well remaining in care as becoming the latchkey kid of a working mum.

Jenny gives up the idea.

Later she gets a new one. Jenny and Mary visit a children's home where Jenny asks to become a social auntie, taking a child at weekends. By now Mary's 14 and Jenny asks for a girl around ten years old. There and then the Matron calls down 11-year-old Marilyn.

Marilyn was adopted as a baby by a well-to-do couple with a bungalow in Kirkintilloch. At 10 she was out of control and the couple put her back into care.

Jenny and Mary take Marilyn home weekends and Hogmanays. In summer they take her to Buckie. This arrangement continues for five years until Marilyn gets into trouble and goes into secure care.

Marilyn hitches to England where she leads a chequered life: spells of homelessness, a baby given up for adoption, jail. Sporadically, perilously – this is the period of the Fred West murders – she hitches lifts up to Scotland where Jenny finds her digs and gives her small gifts of money. Eventually she marries and has three children of her own who in turn lead difficult lives. Down the decades she stays in touch with Jenny and Mary and visits from time to time.

One Hogmanay, up at Gran and Grandpa's, Daddy gets guttered. It's the only time Mary ever sees him plastered. He gazes at Mary with a soft grin on his coupon. As they stroll along Gairbraid Avenue towards the car-stop in Maryhill Road his gait is unsteady and Violet lends a supporting arm.

Ronnie: 'Daddy's drunk.'

Violet: 'Daddy is *not* drunk. He's just not very well.'

Ronnie: 'He is so drunk.'

Violet: 'He's not very well.'

Ronnie (to Mary): 'Sure Daddy's drunk?'

Mary (looking at Daddy, then Violet, then Ronnie): 'He's not very well.'

On the tramcar they sit at the door. Mary and Ronnie sit on one side, facing Violet and Daddy across the aisle. Daddy reaches across and grabs Mary's hand: 'Come over here, pet, and sit beside me.'

Mary rises.

Violet snaps: 'You stay where you are.'

Mary sits. A good thing, as it turns out, because next minute Daddy leans forward and bokes all over the floor.

Mary's tenth birthday falls on an access Sunday.

Daddy and Violet always ask her the month before what she wants. She never knows what to answer. Some things she assumes are out of her league. A dolls' house (too expensive). A kite or a toy sailing yacht (not widely available and generally thought of as toys for the boys).

She already has plentiful supplies of the things she imagines are on offer. Dolls, jigsaws, balls, crayons.

Whatever she asks for, the presents she gets are always nice. Musical box from Switzerland with a carved edelweiss on it. Willow pattern dolls' tea-set of real china. Records with dramatisations of fairy tales set to classical music: Tchaikovsky's *Sleeping Beauty*.

After she's opened her presents, she sits on the centre chair reading the *Golden Wonder Book*. Daddy's seated to her left. Violet to her right. Ronnie's behind nipping her to get her attention.

He pulls a lock of her hair. She tells him to stop. He pulls another lock. She tries to ignore it. She grasps it herself and holds it close to her head so that it won't hurt. Ronnie giggles and pulls harder. Daddy and Violet look up and smile.

Ronnie starts playing to the gallery. He squeezes in behind her on the chair. He grasps another tuft and pulls full force. Mary squeals 'Oh!' Tears spring to her eyes.

Laughing, Ronnie yanks another lump of hair as hard as he can. Mary bursts into tears. She carefully puts the book down on the seat and crawls on to Daddy's lap. She tucks her head under Daddy's arm, hoping Ronnie won't reach her there and that if he does Daddy will fend him off. As she hides there sniffling Ronnie follows her on to the lap, giggling, reaches under Daddy's arm and pulls her hair really hard again.

Mary wails with abandon. Doomed to coorie there suffering the tugs till Ronnie gets bored. Daddy won't stop him. Nothing she can do. Or is there?

In a flash she realises: for once both Daddy and Violet are watching. If she retaliates in kind, so obviously in self-defence, maybe Violet won't scream at her?

Worth a try, anyway.

For the only time in her life Mary jumps up, grabs Ronnie's fringe with one hand and his head with the other and yanks the two apart.

Openly. Full force.

Ronnie starts howling. Mary scurries back, snivelling, to coorie under Daddy's arm.

Violet says nothing. Mary gets away with it.

The worst birthday ever.

The stuffy 50s yield to the permissive 60s. The decade will bring drama for some.

For Huldie mounting frustration. Theo refuses to raise the prices of his lessons from the 1929 level, reasoning that education is a human right and it's wrong to make a profit from it. He gives his possessions (Huldie's as well) to anyone who comes to the door.

Huldie's own wages (as the supervisor of domestic staff at the Western Infirmary) cover the bills. Theo and Huldie lead separate lives. She has her empire in a room at the end of a corridor. A world of crocheted wall hangings, classical gramophone records and hand-made ornaments. Theo has the rest of the rambling house. Two book-lined teaching rooms with blackboard, typewriter, board-room sized tables and cuckoo clock. Dusty study crammed with boxes and ancient books. Labyrinthine cellar reeking of wood, oil and coal.

One December Huldie spends many evenings designing and knitting a whole range of dolls' clothes to give as Christmas presents to the children in the hospital where she works. The night before she is to take them into work she is surprised, coming along St Vincent Street, to find a patch of sunshine yellow in the gutter. Wee knitted bonnet, soaked in slurry, almost washed down a stank. Back home she rushes to the room where she had the clothes laid out on the sofa. Not a stitch of knitting left. In her absence a waif had come begging. Lacking money or sweets, Theo had stuffed all the dolls' clothes into a carrier bag and handed it over.

For a few hundred pounds Huldie buys outright a room and kitchen with shared outside toilet in Arden Street, Maryhill and flits there. To the end of his life Theo tries to win her back with baskets of fruit.

Left to itself, Theo's life takes a downturn. Phone, gas and electricity are cut off. The young folk who come begging put stones through his windows when he has no money to give. A tribe of feral cats take over his premises. They evict the Ditschers' own pet cat Smokey. They produce litters and excrement around the range where Theo still cooks and works by candlelight. His students fall away as classes become chaotic. Hospitalised twice by a stroke, each time he returns to find his house trashed. Theo looks at the mess. Typewriter with twisted keys, books ripped and papers dumped in the middle with flour and ketchup poured over them. Through his tears he observes, 'They must have been hungry. All they took was food.'

His many friends rally round. They donate a new typewriter, have a whip-round and pay off his debts. They persuade him to apply for a state pension; to his astonishment, despite being a Swiss national, he gets one.

One day a man comes to his door begging. Theo explains that he has neither crumb of food nor penny of cash in the house. The man punches Theo on the face and knocks him to the ground. Theo has another stroke and lies there for some time.

His last hospital stay is defined by weakening resistance to the nurses who are determined to administer medication which he is equally determined not to accept.

The staff at Glenross move on to Christian names. Only Jenny remains 'Mrs MacGregor' throughout her 25 years at the school. Initially this is because she keeps herself the outsider, avoiding the staff-room with its difficult small talk. Later as she becomes the eldest it's a mark of respect.

Were Jenny to give voice she would expose ideas far beyond their consensus. Scorn for the monarchy, distrust of marriage, dislike of censorship, love of liberty. She scythes her own quiet path through the jungle. The weeds prohibit followers.

Jenny introduces her pupils to many subjects which don't appear on her 'Record of Work'. Or, as she lightly calls it, her 'Record of Lies.'

Years before the Scottish Education Department puts musical instruments on the curriculum, Jenny brings in ukeleles, suited to small hands, and teaches them chords. She brings in boxes of stick insects (bought by mail order) and ants (dug up by Mary and herself on trips to Cumbrae), demonstrating that invertebrates also have the right to life. She gets the girls to perform street songs and write the words in an illustrated book. She records the voices and makes silent, super-8 movies of the actions.

Every end of term Jenny writes a note to Mary's school to let her come and give puppet shows to all the classes of Glenross School. Mary writes the shows herself; the pupils make the theatre and the puppets are bought. Mary composes four plays each time so that both the younger pupils and the older pupils get a double feature. Like at the cinema.

Puppet Show Day brings anxiety beforehand but triumph when it's over. The Head Teacher, Miss Brock, pays Mary ten shillings out of the school funds. The first money she's ever earned.

Jenny recognises the value of the basics. In a school like Glenross, even by Primary 6 some children still struggle with literacy. The only materials the school provides at that level are the Janet and John series used by the infant classes.

John can jump.
Janet can skip.
Janet and John can jump and skip.

Jenny and Mary scour the book shops for 'Easy Readers' with large print, short words and interesting stories. From her own pocket Jenny buys a selection of them. Many years before schools introduce 'paired reading' schemes, she puts a good reader with a poor reader in a quiet corner while she takes the rest of the class. No wean ever leaves her class illiterate.

Jenny's a reluctant cook. Visitors are discouraged and restricted to close relatives. Isolated with her mother, miles from school and with no car (too dangerous!), no phone (waste of money!) and no television (mass-produced entertainment!) Mary reaps the benefit of Jenny's pedagogy.

Jenny teaches Mary zoology by way of a series of pets, vertebrate and invertebrate. Genetics with reference to their own relatives. Genealogy with reference to their ancestors. Psychology with reference to their shared and unshared acquaintance. Philosophy is at the core of every theme.

Strolling along by day Jenny teaches Mary to hold a melody while Jenny puts in a harmony. She encourages her to think in sol-fa.

By night Jenny points out the constellations and describes the planets in such glory that Mary pines to go.

'In Lochnagar Byron talks about the bright polar star. But really the pole star's a pale wee thing. You'll never find it except by following these pointers on the Plough.'

Jenny overhears Miss Brock complaining that she's inundated with parents wanting their child to be in Mrs MacGregor's class. Miss Brock disapproves of parents calling the shots and never directly tells Jenny about it.

A school inspector, Dr Garioch, waxes lyrical. 'An enlightened teacher carrying out enlightened work'. Dr Garioch suggests she apply for promotion. Quickly she replies that she prefers to remain at the chalk-face.

A few months after the inspection Jenny receives the offer of a job in the primary department of Ardmore School. The same experimental school where Mary is now a secondary pupil. Where she's a classmate of Dr Garioch's own son.

Jenny and Mary discuss the job offer. Mary at the time is feeling excluded. The gossip is of TV programmes she can't see. School socials she can't attend. She tells Jenny the school's full of right-wing snobs. Jenny rejects the offer. Later Mary regrets having put her mother off in this way.

Jenny has no regrets. Even in her 90s ageing pupils stop her in the street. Tell her she changed their lives.

'You made it fun!'

'Your lessons were always interesting!'

'You were the only good teacher in that school!'

'Your ukulele lessons made me take up guitar. Now I've played in a band for 40 years!'

She fails to recognise the wean in the face of the pensioner.

But the name recalls that wean's special gifts. Beautiful artist. Academically poor but a natural comic. In trouble with the law but highly imaginative.

On returning from a spell in hospital, in her penultimate year of teaching, Jenny enters the boys' playground and is met with cheers. The cheers fill the playground and follow her: into the building, upstairs and into the classroom, into her memory for the rest of her days.

After the miserable tenth birthday Mary obsesses with cutting down the access visits. Jenny says, 'I'm done with lawyers. This would have to come from you. You'd have to talk to Daddy yourself.'

Mary sees this is true, but is feart. Understandably, Daddy doesn't take her side against Violet. He lives with Violet every day and with Mary only one weekend a month. But neither does he actively side with Violet. If he were to turn against Mary and the two of them screamed at her in unison, this world would be no more for her. Mary wonders if this might be a way out if having to go again. She contemplates different methods. All seem painful, or to require special equipment.

Jenny's always warned her against touching the element of the electric fire with the coal fire poker, so it must be a deadly thing to do. Mary lifts the poker and points it towards the glowing bar. Six inches away. Three inches away. An inch away – from oblivion if you believe Violet, the Pearly Gates if you believe Great-Aunt Nell in Buckie. She hopes death will be instantaneous.

The door opens and Mummy comes in with the dinner. Mary drops the poker. So much for that. Likely she'd only have got a sore arm.

One day Dan Hammond hangs up his railwayman's coat and cap on the back of the door and comes into the kitchen.

Blood. On the floor. On the walls.

Mary Morrow sprawls unconscious on the bed-settee. At first Dan thinks she's been attacked by a burglar, but there's no wound. The blood is seeping from her nose and mouth.

Still seeping. Still alive. Dan runs down all six flights of stairs, along the road to a phone-box. Five hours later Mary dies.

The immediate cause of death is a stroke. But the hoodies have circled for years. Reynaud's disease. Cataracts. Cirrhosis of the liver, although no drop has passed her lips since she left Canada.

In life she docked two years off her age and in death the lie follows her. Her age goes down as 60. She's actually only a month shy of her sixty-second birthday.

For Mary Morrow the whole idea of abroad had been discoloured by an unhappy experience in Canada. She would never more venture south of Whitley Bay.

Not so her widower. Within a year Dan starts travelling. Austria. Switzerland. Italy. France. Spain. The privilege ticket gets him free UK travel and cheap travel in Europe. He loves Italian opera and for years studies the language at night school.

For John MacGregor the decade has got off to a terrible start. No Swinging Sixties for him. The year after he loses his mother he also loses his daughter.

For the previous five years their contact was prescribed by court order. For the next nine years it will be circumscribed by restraint. On his side, birthday postal orders without accompanying letter. On her side formal thank you letters and small gifts: gloves, cigars.

There's only one way John can rescue the decade for himself.

That summer John, Violet and Ronnie take the train to Zermatt. The ogre, dazzling and murderous, hoary horn against the brilliant blue, mesmerises John, scorns him, draws him. It has already lured four hundred souls across the Styx.

The Matterhorn, dazzling and murderous, mesmerised John

John's plan is to ascend alone. Violet persuades him to accompany a climber from the German border, who knows the route. Violet and Ronnie remain at base camp.

Roped together they thump in the ice-picks. Carve handholds. Stamp in the crampons. Inch along the rope. The ogre roars at them, hurls its challenges at them. Blinding blizzards, sheer ice as far as the eye can follow.

John hammers on up the Hörnli ridge. Good right leg finding its niche, pulling up the polio leg. He passes the point where he surrendered a decade ago, with a different wife and a different child awaiting him in a different country.

He thinks of his mother, cold and thin, dead before her time. Of the daughter he fought two court cases to win, now maybe lost. His own Götterdämmerung.

The ogre spits in his eyes, eats his hands. Fury seizes John against Jenny, against the judge at the custody hearing. His deceptive father. His prevaricating mother. The haughty mountain. Energy drives his limbs like pistons. The ogre moans. Greets icy tears. Falls back. Submits. It places its head beneath his foot.

From the ghostly summit John's image looms triumphant from Italy into Switzerland. A rainbow laurel crowns his head. The Valkyries swoop through swirling clouds to bear him to Valhalla. And reel away, blinded by this glory.   □